JN327204

中川信義著

田中祐二・中本悟・杉本良雄編集

世界価値論研究序説

御茶の水書房

著者（中川信義）

はしがき

本書は、二〇一一年二月一七日に逝去された中川信義先生（元大阪市立大学名誉教授）の膨大な数に及ぶ研究論文のなかから国際価値論にかかわる論稿を一書としてまとめたものである。この遺稿集の作成には、田中祐二氏、杉本良雄氏、そして私が編集の任に当たったが、田中祐二氏は解題を書かれたので、必ずしも私が適任とは言えないだろうが、ここに私のほうで本書作成の経緯などを述べ、蕪辞ながら「はしがき」としたい。

中川先生の本格的な研究の歩みは、一九六四年四月に九州大学大学院経済学研究科に入り高木幸二郎先生のもとで取り組んだ国際価値論の研究から始まった、と言って差し支えないであろう。当時、学界では国際価値論争が盛んに行われており、中川先生はその学問的影響を受けただろうと思われる。また折しも、九州大学には国際価値論の論客であった木下悦二先生もおられ、中川先生は高木ゼミおよび木下ゼミで国際価値論研究を深められ、一九七八年には「世界市場と価値法則―国際価値論研究―」という学位論文を九州大学に提出し、博士学位を取得された。

中川先生は、大学院博士課程を経て一九七〇年一〇月に大阪市立大学経済研究所に助手として入所されてからは、二〇〇三年三月の定年退職までの三二年余りの長きにわたり、国際価値論を中心とする理論研究を続けられる一方で、アジア経済と多国籍企業の実証研究に精力的に取り組んでこられた。とくに一九八〇年代には韓国資本主義論争に触発され、次々と韓国資本主義論を発表され、一九九〇年代に入ってからはＮＩＣｓ（新興工業国）論を踏まえて「アジア新工業化論」を提起し、アジア工業化の共同研究をリードされた。さらに一九九〇年代後半以降は中国の現地調査を重ねられるとともに、中国の社会主義的市場経済論に強い関心をもたれたようであった。

中川先生は、世界経済の現実を自らの依って立つ方法――それはマルクスの理論であり、あるいはマルクスと連なる多くの古典、さらには多くの歴史研究に裏付けられたもの――によって、最新のデータを分析するやり方で解明した。こうして世界経済の新しい動きを捉える一方で、研究生活の初めに取り組んだ国際価値論については、定年退職後も理論的・学説史的研究を続けてこられたのであった。

この結果、中川先生の論文のスタイルは、理論・学説史研究では多くの引用注や文献注がある一方で、現状分析では多くの最新のデータが掲示される、というまったく異なった外観を呈した。しかし、中川先生にとっては、これら二つのスタイルは、複雑で多様な現実を理論的かつ統一的に把握するために不可分のものであったに違いない。私は、大阪市立大学経済研究所で一五年間先生とご一緒させてもらったが、読書好きと文献渉猟は徹底しており、その博識と学問的厳密さには何度も驚かされた。日常的には、大学の正門を出て電車に乗れば、大学内の諸々の事は忘れ、すぐに読みかけの理論や歴史書の読書に集中するといった具合であった。

さて中川先生は、生前その膨大な研究論文を、『世界価値論序説』、『世界価値論研究』(Ⅰ)・(Ⅱ)、『多国籍企業論研究』、『アジア経済論研究』の一連の研究書としてまとめる意向を表明されておられた。しかし、残念ながら自らの手でそれを実現しないまま逝かれたのである。

本書はそのなかで、中川先生自らが二〇一〇年三月末に書かれた『世界価値論研究序説』の構成に関するメモに基づいて編成したものである。そのメモは、次のようなものであった。

中川信義著『世界価値論研究序説』

序章 「世界市場における価値法則と競争―価値法則の国際的適用について―」(高木幸二郎編『再生産と産業循環』

ミネルヴァ書房、一九七八年、所収）

第一章「国際貿易の理論問題」（久保新一・中川信義編『国際貿易論』有斐閣、一九八一年、所収）

第二章「『不等価交換』と国際価値論」（新日本出版社『経済』一九八三年六月号）

第三章「国際価値論の若干の理論問題」（奥村茂次・村岡俊三編『マルクス経済学と世界経済—木下悦二先生還暦記念論文集—』有斐閣、一九八三年、所収）

第四章「国際的交換」（木下悦二・村岡俊三編『資本論体系8』有斐閣、一九八五年、所収）

第五章「国際価値論争史再考」（大阪市大経済研究会『季刊経済研究』第二五巻第三号、二〇〇三年一二月、三八—六一ページ、改稿予定）

結章「国際価値論から世界価値論へ」（新稿予定、二〇一〇年）

見られるように第五章は改稿を、そして結章は書き下ろしを、それぞれ意図されていた。そこで、このメモに基づいて第五章までの遺稿を一書にまとめたものが本書である。先生は自ら「これまでわたしは約四〇年かけて『世界市場とは何か』というテーマについて研究してきた」と述べておられた（田中祐二・中本　悟編著『地域共同体とグローバリゼーション』晃洋書房、二〇一〇年、二九〇ページ。なお本書は、中川先生の発案による共同研究の成果の書である。本来であれば、先生は本書の第一章に「世界市場と共同市場」と題する論文を書かれる予定であった）。したがって本書は、中川信義先生の文字通り生涯をかけた研究の成果なのである。

先生は日ごろから、共同研究に流されることを嫌い、むしろ自由な個人研究を推奨するとともに、自ら率先して個人研究を実践してこられた。したがって、大学院生の真摯な個人研究には、たとえそれが未熟なものであっても、その個性を大事に育てるように研究指導をしておられたように思う。自らは確固とした理論体系をもちながらも、研究における個性や自由を尊重されたのであった。「和して同ぜず」というか、日ごろの付き合いは穏やかであり、身近にあって「破顔一笑」というべき場面も多かった。しかし、行動や研究においては群れたり、多数を頼んで事を処するということはなかった。むしろ、日常的には不遇の学生や職員への眼差しは暖かく、それだけに先生を慕い、先生に勇気づけられた人たちも多かっただろう。

中川先生が、その長い研究生活において心血を注いだ世界価値論研究がこのような形で出され、現在のグローバリゼーションや地域主義や共同市場、そして世界的な経済格差の原理的な把握に大きな刺激を与えることを願うばかりである。論争好きの中川先生こそ、このことを最も強く望んでおられるのではないだろうか。なお、中川理論の特徴については、本書末尾の田中祐二氏の解題が役に立つ。

最後になったが、本書の作成に当たり、世界価値論研究の分野で長らく先生に師事してきた杉本良雄氏、および煩瑣な校正で多大のご苦労をおかけした御茶の水書房の小堺章夫氏に心から感謝申し上げる次第である。

中本　悟

世界価値論研究序説　目　次

目　次

世界価値論研究序説

序章　世界市場における価値法則と競争
――価値法則の国際的適用について――

第一節　問題提起

周知のように、マルクスは、経済学的諸範疇の序列について、それらを歴史的な順序でならべ立てることは間違いであり、むしろ、その序列は近代ブルジョア社会におけるそれらの相互に対する関係によって規定されると考えていた。そのさい、その序列は、商品、貨幣といった最も単純な諸規定から出発し、資本、土地所有、賃労働を経て、さらに国家、外国貿易、世界市場へと上向するものと見なされていた。

ところで、この上向の諸段階にある経済学的諸範疇が、労働時間による価値規定の法則といったいどこまで合致し、またはこれと矛盾するかという点は、実のところ、経済学が解明すべき最も重要な課題となるものであった。

したがって、世界市場をいかなる性格のものとして理解するにせよ、それをこの価値法則との関連をぬきにしては語ることができない。むしろ、この点では、本章が明らかにする価値法則の国際的適用という課題は、世界市場論の基本的課題のひとつたることを失わないのである。

本章は次のように展開される。第一に、国際間における価値法則のモディフィケーションについては、これを価値法則が国際間に適用されるさいの貫徹様式であると理解する。第二に、国際価値については、この貫徹様式を国民的必要労働時間ではなく、より具体的に世界的または国際的必要労働時間による価値規定と関係づけ、これを国際価値の理論として展開する。第三に、世界市場における競争と費用価格の関係については、これを費用価格を縮減させる諸方法および費用価格を構成する諸成分の検討という観点から考察する。第四に、世界市場における競争と国際価格の関係については、これを市場価値論の国際的適用、いうところの国際市場価値論でもって考察する。

第二節　国際間における価値法則のモディフィケーション

商品交換は、共同体がつきるところで、ひとつの共同体が他の共同体と接触する地点でまったく偶然的に始まったものだが、資本主義的生産様式が支配的に行なわれているような社会においては、それはひとつの規則正しい過程になるにいたる。他方、マルクスがいうように、「価値法則はその完全な展開のためには、大工業生産と自由競争との行なわれる社会、すなわち近代ブルジョア社会を前提する(1)」。

ところで、マルクスは、一般に一国民がそのもとで生存する資本主義的生産様式の継起的発展諸段階は、相異なる諸国民がそのもとで生存しているこの生産様式の相異なる同時並存的発展諸段階でもある、と見なしていた。このような視角から見れば、資本主義的生産様式によって支配されている世界市場は、この生産様式の相異なる発展諸段階にある諸国民経済からなる複合市場として把握されることになり、したがってまた、この場合には、一国民のもとにある価値法則はそのままの形で他の国民のもとで妥当するとはいえなくなるであろう。価値法則は、その国際的適用においては、いうところの一定のモディフィケーションをこうむるのである。

周知のように、この価値法則のモディフィケーションの問題は、『資本論』第一巻第二〇章その他のマルクスの叙述に端を発しているので、ここでもこれらの叙述を手がかりにして、この問題に検討を加えることにしよう(2)。

さて、マルクスは、第一に相異なる諸国民は資本主義的生産様式の相異なる発展諸段階にあり、そのため国民的労働の強度にもいちじるしい相違があるという事実によって、価値法則は、その国際的適用において、ひとつのモディフィケーションを受ける、という。この労働の強度の相違にもとづく第一の価値法則のモディフィケーションは、まず『資本論』第一巻第一五章の次の叙述で与えられている。

「労働の強度がすべての産業部門で同時に同程度に増加すれば、その新たなより高い強度が、普通の社会的標準度となり、したがって、外延的大いさとしては計算にはいらなくなるであろう。とはいえ、その場合でさえも、労働の平均強度は、国が異なれば異なっており、したがって、相異なる国民諸労働日への価値法則の適用をモディファイするであろう。より強度の大きい一国民の労働日は、より強度の小さい他の国民の労働日にくらべれば、より大きい貨幣表現であらわされるのである(3)」。

また、同様の見解が『資本論』第二〇章にも見いだせる。

「どの国にも一定の中位の労働強度として認められているものがあって、それよりも低い強度では労働は商品の生産にさいして社会的に必要なよりも多くの時間を費やすことになり、したがって正常な質の労働としては計算されない。与えられた一国では、単なる労働時間の長さによる価値の度量を変更するのは、ただ国民的平均よりも高い強度だけである。個々の国を構成部分とする世界市場ではこれと異なる。中位の労働強度といっても国々で変化する。ある国では大きく、他の国では小さい。だから、これらの国民的諸平均は段階状をなすのであって、その度量単位は世界労働の平均単位である。だから、より強度の大きい国民的労働は、より強度の小さい国民的労働にくらべれば、同じ時間により多くの貨幣で表現されるより多くの価値を生産する」(4)。

国際間における労働の強度の相違にもとづく価値法則のモディフィケーションに関する上のふたつの叙述は、次のようにまとめることができよう。

どの国でも一定の中位の労働強度なるものがあって、この資格をそなえた労働がその国の価値規定労働である。したがって、これ以下の強度の労働は標準的な質の労働としては計算されないが、反対にそれ以上の強度の労働はそうでない労働にくらべてより多くの価値を生産し、単なる労働時間による価値の規定を変更、すなわちモディファイする。しかし、労働の強度が産業部門の全般にわたって同時に同程度に高まれば、そのより高い強度が新たな社会的標準度になるから、それは外延的大いさとしては計算にはいらなくなる。国際間における労働の強度の相違の場合は、明らかにこれと異なる。ある労働が価値規定労働になるための条件である労働の平均強度はある国では大きいが、他の国では小さい。したがって、これらの国民的諸平均は段階状をなし、それらの諸平均をはかるのは世界労働の平均単位である。したがって、より強度の大きい国民的労働は、より強度の小さい国民的労働にくらべて、同じ時間内により多くの価値を生産し、それはより多くの貨幣表現であらわされる。すなわち、労働の内包的な大いさがその外延的な大いさとして計算される。この場合には、価値法則は、その国際的適用において、モディフィケーションを受ける。

さらに、上の叙述を受けて、次の労働の生産力の相違による第二の価値法則のモディフィケーションの叙述がつづく。すなわち、相異なる諸国民のもとでは、資本主義的生産の発展段階に応じて労働の生産力に大きな相違があるという事実によって、価値法則は、その国際的適用において、さらにいっそうのモディフィケーションを受ける。

「しかし、価値法則は、その国際的適用においては、次のことによって、さらにいっそうモディファイされる。すなわち、世界市場では、より生産的な国民的労働も、そのより生産的な国民がその商品の販売価格をその価値にまで引き下げることを競争によって強制されないかぎり、やはり、より強度の大きい国民的労働として計算されるということによって、である(5)」。

ここに、労働時間による価値規定の法則が、その国際的適用において、さらにいっそうのモディフィケーションをこうむるのは、より生産的な国民的労働が、世界市場でより強度の大きい国民的労働として計算されるということによってであるが、これは次のようなことである。

国際間において労働の生産力に大きな相違があれば、資本主義的生産様式の進んだ国では、それが後れた国よりも、個々の商品の生産に要する国民的労働時間は小さく、したがってその国民的価値は小さい。したがって、世界市場では、先進国の資本は競争による強制がないかぎり、その商品を国民的価値以上の国際価格で販売することができ、それでもって超過利潤を取得することができる。この場合には、より生産的な国民的労働はより強度の大きい国民的労働として世界市場で評価されることになり、このことを通じて、国際間において価値法則がモディファイされる。

ちなみに、以上の解釈は、マルクスが『資本論』第一巻第一版および第二版において述べた見解、すなわち、世界市場ではより強度の大きい国民的労働日はそれだけ長い国民的労働日として計算され、また、より生産的な国民的労働日がより強度の大きい国民的労働日として、したがってそれだけ長い国民的労働日として計算され、さらに、以上のより強度の大きいそしてまたより生産的な国民的労働日は世界市場でより高い貨幣表現を受けるという見解、をここで想起するならば、その意味がよりいっそう明らかとなろう。

「世界市場では、より強度の大きい国民的労働日は、より大きい労働時間をもつ労働日として、すなわち外延的により大きい労働日として計算されるばかりでなく、より生産的な国民的労働日は、そのより生産的な国民が競争によってその商品の販売価格をその価値にまで引き下げることを強制されないかぎり、より強度の大きい労働日として計算される。だから、より強度の大きいそしてまたより生産的な国民的労働日は、より強度の小さいあるいはより生産性の低い国民的労働日にくらべて、全体としてより高い貨幣表現であらわれる[6]」。

しかし、いったい世界市場においてどうしてこういう事態が生ずるのか。第一の強度の場合には、労働の内包的な大いさがその外延的な大いさ、つまり労働日の長さとして計算されるということは、普通、どこにでも見いだされる現象であるから、この点は何ら問題がないが、第二の労働の生産力の場合のように、より生産的な労働がそれだけより強度の大きい労働として、したがってまたそれだけより長い労働日として計算されるのはどうしてなのか。マルクス自身も、ここでは「世界市場では、より生産的な国民的労働も、そのより生産的な国民がその商品の販売価格をその価値にまで引き下げることを競争によって強制されないかぎり」という条件を付しているだけで、それ以上の理由を示してはいない。しかし、この点は、実は国際価格、したがってまた国際価値をいかに概念的に把握するかという課題とも関係しているので、これの検討は次節で行なうことにして、ここでは国際間における価値法則のモディフィケーションとは何かという点について簡単に述べておくだけにとどめたい。

さて、マルクスが『剰余価値に関する諸学説』のリカード（Ricardo, D.）価値論の構成について論じているところで、たとえば「労働時間による交換価値の規定を変更する」という一句をまた「労働時間による価値の規定をモディファイする」ともいいかえていること、[7]さらに、エンゲルス（Engels, F.）の手になる『資本論』第一巻第三版以降の「単なる労働時間の長さによる価値の度量を変更する」という一句がもとのフランス語版では「単なる労働の継続時間による価値の度量をモディファイする」[8]であることなどを想起すれば明らかなように、価値法則のモディフィケーションとは、簡単にいえば、単なる労働時間による価値規定の変更をいいあらわす言葉であることがわかるであろう。

この価値法則のモディフィケーションは、それが国際間に適用されるばあいにのみ起こるものではない。価値法則のモディフィケーションは国内であっても起こる。[9]すなわち、価値法則のモディフィケーションは、資本主義的生産様式の発展段階の相違にもとづく国民的労働の強度および生産力の相違という厳然たる事実によって、たとえば世界市場においてある国民の一日の労働が、他の国民の三日の労働とひとしいというふうに行なわれるばかりか、国内でも、それより強度の大きいまたはより生産性の高い一時間の労働が、より強度の小さいまたはより生産性の低い三時間の労働と等しい、というふうにも行なわれるものなのである。そして、ここにいう単なる労働時間とは、圏内では、より強度の大きいまたはより生産性の高い労働時間と対比しての社会的必要労働時間のことであり、また世界市場では、この社会的必要労働時間にほかならない国民的必要労働時間のことであって、かつこれが国際間でそのままの形では妥当しないことを示す言葉なのである。とはいえ、価値法則のモディフィケーションは、価値法則の廃棄を意味するのではなく、それの貫徹を意味するのである。

最後に、マルクスが一八四〇年代の諸労作、すなわち『経済学研究』、『賃労働と資本』、『自由貿易問題についての演説』、および『共産党宣言』において示した国際間における搾取の問題が、この価値法則のモディフィケーションといかなる関係に立つかについて、見ておくことにしたい[10]。

世界市場において、一般に、何らかの事情により時間数の相異なる労働が相互に交換されることをもって、先進国民が後進国民を搾取するということができようか。この点は、同じく一労働日と三労働日の交換、価値法則のモディフィケーションといっても、それが労働の強度の相違にもとづく場合と労働の生産力の相違にもとづく場合とでは、明らかにその内容に違いがあるのだから、一労働日と三労働日の交換をもって国際的搾取とはただちにいえない。すでに見たように、労働の強度の場合には、一労働日と三労働日の交換は、実質をそなえた労働、つまり労働の内包的大いさと外延的大いさとの同じ分量どうしの交換であった。これに対し、労働の生産力の場合には、より生産的な労働が、世界市場においてより強度の大きい労働にいわば擬制されるだけであって、その労働は明らかに実質をそなえたものではない。したがって、この場合には、先進国民のより少ない労働が後進国民のより多くの労働と交換されるのであって、たとえ両国民がこの交換において生産物の分量の点で互いに利益を得るとしても、前者による後者の搾取が行なわれるということができる。しかし、一労働日と三労働日の交換といっても、それが商品の交換法則に反するわけではない。国際間の搾取は価値法則の侵害から生ずるのではなくて、まさにこの法則の適用から生ずるのである。この点は、価値法則のモディフィケーションが国際間におけるそれの貫徹様式であることを想起すれば、ただちに首肯できよう。

以上、国際間における価値法則のモディフィケーションとは、国際間において価値法則が貫徹される様式であったのであり、労働日の変動も労働の強度の変動も事実上知らなかったリカードが誤まって見なしたように[11]、価値法則の廃棄ではないことがわかった。したがって、次の課題は、国際交換を規制する法則をこの価値法則の貫徹様式にもとづいて明らかにすることでなければならない。

第三節　国際価値

国際間における価値法則のモディフィケーションを、そこにおける価値法則の貫徹様式と考えるその裏には、当然、この法則を単に国民的必要労働時間による価値規定の法則として見るのではなく、それをより具体的に世界的または国際的必要労働時間による価値規定の法則として見る考え方が存在する。周知のように、この問題は、国際価値の理論として取り扱われる。

この国際価値の理論は、ミル（Mill, J. S.）が最初にまとまった形で提出したものである。ところで、彼の理論はすぐあとで見るように労働価値説にもとづく価値法則論として展開されたものではない。この点ではそれはマルクスの理論とはまったく異質のものである。しかし、ここでは、ミルの理論をまずひとつの手がかりにして、この問題を考察することにしたい。

ミルは、『経済学原理』第三篇第一八章「国際価値について」のはじめの四節で、彼の国際価値の理論の中心部分をなす相互需要説について述べている。まず彼は、最初リカードが述べ、のちにシーニア（Senior, N. W.）がそれでもって輸入貨幣の価値を説明した[12]のと同じ見解、輸入商品の価値はそれの獲得費に依存するという見解を明らかにする。したがって、いまもしイギリスがスペインからブドウ酒を輸入し、ブドウ酒一樽ごとにラシャ一梱を提供するものとすれば、イギリスにおける一樽のブドウ酒の価値は、スペインにおいてブドウ酒の生産が要した費用に依存しないで、イギリスにおいてラシャの生産が要した費用に依存するということになる。

「言葉を換えていえば、外国産諸商品の価値は、国際交易の諸条件（terms of international exchange）に依存するわけである。それでは、これらの条件は何に依存するか[13]」。

この国際交易の条件は、ミルによれば、生産費の法則によっては説明されない。それだから、彼にあっては、これまで同じような困難に直面したときにしたように、需要供給の法則に立ち帰らなければならない。このようにして、彼はその国際価値の理論を展開するわけだが、その内容は彼がすでに『経済学の若干の未解決問題に関する試論』において明らかにしていたものである。その第一論文「諸国民の間の交易の法則、および商業世界の諸国間への通商の利得の分配について」において、彼は、労働の節約から生ずる生産物の増加分がいかなる割合で貿易当事両国に分配されるかを考察する。したがって、この立場からまず彼のリカード外国貿易論に対する次のような批判がでてくる。

「リカード氏は外国貿易の利益が何からなり、いかなる事情のもとに生ずるかを示す以上にこの問題にたち入るまいと心がけながら、不用意にも、別々に、一国および他国におけるふたつの商品の比較費用の差額を利得するように述べた[14]」。

しかし、外国貿易の利益が労働の節約から生じ、労働の節約は他方の商品とくらべた一方の商品の費用の二国における差額に等しいから、リカードがいうように、二国をあわせてこの差額以上に利得することはできない。こうしてミルは、貿易上の利益が二国間でいかなる割合で分配されるかを考察していくのであるが、それを彼は二国間で交換される二商品の交換比率が何によって規制されるかを明らかにすることによって果たそうとする。

ミルの国際価値の理論は、だいたい次のような内容のものである。彼は、まず一〇ヤールの広幅ラシャがイギリスでは一五ヤールのリンネル、ドイツでは二〇ヤールのリンネルと「同じ労働」[15]を要するものと仮定する。そうすれば、イギリスにとってはドイツからリンネルを輸入することが利益となり、反対にドイツにとってはイギリスからラシャを輸入することが利益となる。

いま、スミス（Smith, A.）が「市場のかけ引き」と呼ぶところのものによって、一〇ヤールのラシャが一七ヤールのリンネルと交換されることになったとしよう。ミルによれば、需要は価格によって変動する。しかし、その価格はここでは貨幣額であらわされるそれではなく、一商品の他商品に対する比率、すなわち商品の交換比率である。したがって、ドイツでの輸入ラシャ一〇ヤールの価格は、このばあいリンネル一七ヤールである。いま、この価格でラシャの需要が1,000×10ヤールであるとしよう。他方、イギリスでの輸入リンネル一七ヤールの価格はラシャ一〇ヤールであるが、いまこの価格でリンネルの需要が1,000×17ヤールであるとしよう。この場合、1,000×17ヤールは1,000×10ヤールに等しく、需要と供給の原理によって要求される諸条件はみたされるので、一〇ヤールのラシャに対して一七ヤールのリンネルという交換比率は維持される。

しかし、この交換比率で、いまドイツは変わりないとして、イギリスでリンネルの需要が800×17ヤールをこえなかったとすれば、ここに仮定した交換比率では、ドイツは1,000×17ヤールのラシャに対して支払いをなすに足りないであろう。かくして、リンネルの需要は価格を下回り、ラシャの需要は供給をこえていることになり、リンネルをラシャに対して相対的に安くするように市場の力が働く。

もし、イギリスが、一〇対一七の交換比率では、800×17ヤールではなく、1,200×17ヤールのリンネルをひき受けるとしたら、上の場合とまったく逆のことが起こるであろう。

以上が、ミルの国際価値の理論と呼ばれるものである。しかし、ここにいう国際価値とは、見られるように商品の交換比率のことであり、それはまた貿易当事両国における消費者たちの何か漠とした志向その他に依存するにすぎないものである。したがって、彼もいうように、この志向その他はいかなる法則にも従うものではなく、その国際価値もいかなる法則の支配のもとにもおかれないかのようである。しかし、この場合にも、ラシャとリンネルというふたつの質的に異なった商品が一定の量的比率において等置されるのであるから、当然、そこにラシャでもリンネルでもない共通の第三者の存在を見るほかないのだが、ミルはそうは見ないで、ただ需給の変動によってこの量的比率がどこに落ちつくかという点にのみ目をうばわれていた。しかし、需給の不均衡は、国際価値からの国際価格の背離を説明するだけである。需給が一致するとき、ミルの例でいえば、1,000×10ヤールのラシャの需要が1,000×17ヤールのリンネルの需要に等しいとき、国際価格は国際価値に一致する、ミルの例でいえば、一〇ヤールのラシャが一七ヤールのリンネルに等しい。そこで、この国際交換の比率を分析すれば、ラシャとリンネルに同じ大きさの国際価値が、すなわち同じ大きさの労働が含まれていることがわかる。

国際価値は、ミルのいうように、単に需給関係や何か偶然的な事情によって規定される相対的な交換比率といったようなものであろうか。そうではない。それは、国際間において取り引きされる商品に客観的に内在するものであり、その実体は一般に価値の実体が労働であるのと同様に労働にほかならない。それでは、国際価値の実体はいかなる労働か、またその大きさはどのように規定されるのであろうか。この点が明らかにされねばならない。

明らかに、ミルや彼に追随する経済学者、たとえばスターリング（Stirling, P. J.）やケアンズ（Cairnes, J. E.）などが主張するように[16]、国際需給の変動によって規制されるその時々の国際交換の比率が国際価値なのではない。その反対に、国際交換される商品に内在する国際価値によってこの交換比率が規制されるのである。商品の交換比率、すなわち交換価値は国際価値の現象形態なのである。また同じことだが、交換比率または交換価値において表示される共通者は、国際価値である。

この国際価値の実体は、結局、種々の点から考えてマルクスのいう世界労働（universale Arbeit）と考えざるをえない。そこで、次にこの点を見よう。

マルクスは、この世界労働について、次のような見解を明らかにしていた。国民的労働の中位の強度というものは、国が異なれば異なるもので、それはある国民のもとでは大きいが、他の国民のもとでは小さい。したがって、これらの種々の国民的諸平均は、世界市場では段階状をなすのであって、その度量単位は、世界労働の平均単位、すなわちその中位の、または「通常の強度」[17]なのである。しかし、段階状をなす諸国民労働の中位の強度を度量する世界労働とはいったい何か、また、この労働への国民的労働の還元はいかに行なわれるか。

これまでの論述からも明らかなように、国際交換が、その内実はともかく一労働日と三労働日の交換というように直接に労働の交換比率として示されるのではなかった。労働の交換比率は商品の交換比率として、たとえばミルの設例でいえば、イギリスの一〇ヤールのラシャとドイツの一七ヤールのリンネルとの交換というように、示されるよりほかはない。しかも、国際需給の均衡のもとでは、ラシャがリンネルと一定の量的比率で等置されるのは、それぞれの商品がミルのいう「同じ労働」を要したからであり、それ以外の理由は考えられない。マルクスの言葉でいえば、それぞれの商品が同等な人間労働または抽象的人間労働の同等な分量を有しているからである。

したがって、さきに見たように、より強度の大きい国民的労働がより強度の小さいそれにくらべて、同じ時間内に、より多くの価値を生産するのは、それぞれ段階状をなす諸国民的労働がそれらの共通の単位である世界労働に還元され、その世界労働の中位の、または「通常の強度」によって、価値すなわち国際価値が度量されるからにほかならない。またここに、国民的労働の世界労働への還元というのは、次のようなことをいいあらわすのである。一般に、それぞれ生産地を異にする商品が国際間で交換されるためには、その商品を生産する国民的労働が質的に異なる有用的労働として相対していなければならない。このような質的差別を有する国民的有用労働の総体が、国際交換によってのみ媒介される国際分業を形成するのであって、この場合には、国民的労働が世界労働なのである。したがって、それは、もろもろの局地的諸市場の世界市場への発展に照応した概念であるといえる。

他方、国際価値について、マルクスは労働の国民的強度および生産性の相違にもとづく国際間における価値法則のモディフィケーションについて述べたあと、つづけて次のように述べている。

「ある一国で資本主義的生産が発達していれば、それと同じ度合いでそこでは労働の国民的な強度も生産性も国際的水準の上にでている。だから、相異なる国々で同じ労働時間に生産される同種商品の相異なる分量は、不等な国際価値をもっており、これらの価値は、相異なる価格で、すなわち国際価値の相違にしたがって相異なる貨幣額で表現される[18]」。

この文章を敷衍すれば、第一に、国民的労働の強度および生産力は資本主義的生産が発達している国では「国際的水準の上にでている」こと、第二に、国民的労働の強度および生産力が一様に作用して、国際間において「同じ労働時間」に「同種商品の相異なる分量」を生産すること、第三に、これらの相異なる分量は、「不等な国際価値」をもつこと、第四に、これらの価値は、「国際価値の相違にしたがって」貨幣表現されること、以上である。しかし、国際間におけるこのような相違にもかかわらず、同じ種類の個々の商品の国際価値は同一である。むしろこれが同一であることを前提にして以上の諸点が成り立っていると見ることができる。

いま、これを労働の強度の場合と労働の生産性の場合とに分けて考察しよう。労働の強度の場合には、その相違は、同一労働時間に生産される商品の分量の相違とともにその価値の分量の相違によってもあらわされる。この点は国内でも世界市場でもまったく同じである。したがって、世界市場で取り引きされる個々の商品をとって見れば、その国際価値は同一である。いま、国際間で労働の強度の相違があり、たとえばより強度の大きい国民的労働の一日がより強度の小さい国民的労働の三日と等しいとすれば、それは世界労働ではかつて前者が後者に対してちょうど三対一の関係にあるからである。

しかし、労働の生産性の場合には、これとややおもむきが異なる。商品の分量に関しては、その相違は、まず国内でも世界市場でもともに同一時間に生産される商品の分量の相違によってあらわされる。しかし、商品の価値に関しては異なる。国内では、そのような相違にもかかわらず、商品の価値の分量は同一であるが、世界市場では、その相違は、商品の分量に応じた国際価値の分量の相違によってあらわされる。とはいえ、この場合でも、個々の商品の国際価値は同一であると見なしうる。

しかし、このように世界市場の場合には、労働の生産力の国民的相違が国際価値の分量の相違によってあらわされ、したがって、たとえばより生産性の高い一国民的労働日がより生産性の低い三国民的労働日と交換されるのは、なぜだろうか。

この点は、これまで、より生産性の高い国民的労働が世界市場でより強度の大きいまたはより複雑な国民的労働として評価されるということがただ単にいわれるだけで、そうした評価がなぜなされるのかという点については、何も明らかにされていなかった。

一般に、商品の価値の大いさはその商品の生産のためにすでに投下された労働の分量によって規定されるのではなく、同種の商品を新たに再生産するために社会的に必要とされる労働の分量によって規定される。この場合には、個々の商品は、「その商品種類の平均見本」(19)として見なされる。この点は、世界市場でも事情は何ら変わらない。すなわち、世界市場では、国際価値の大いさは世界労働の分量、したがって世界的または国際的必要労働時間によって規定されるのであって、個別的必要労働時間によってそれが規定されるのではない。したがって、当然、世界市場では、同種の商品の国際価値の大いさは同一である。したがってまた、いま労働の国民的生産力にさきに見たような相違があれば、それは、より生産性の高い国民的労働がより生産性の低い国民的労働にくらべてより多くの国際価値を生産するということによってあらわされることになる。

ところで、世界市場では個々の商品の国際価値の大いさは同一であるとしたが、少したち入って見れば、この点は複雑な問題を含んでいることがわかる。一般に、国民的生産力の高い進んだ国でも、個別的生産力の点で相対的にさらにより高いまたはより低い産業部門があり、また、反対に、国民的生産力の低い後れた国でも、個別的生産力の点で相対的にさらにより低いまたはより高い産業部門がある。したがって、たとえ同種の商品であっても、労働生産力のこの相違に応じて、個々の商品の生産に要する世界労働の分量はいちじるしく異なってくる。これは、いったい何と呼ばれるか。一応、ここではこれを国際個別的価値と呼ぶことにしたい。

しかし、世界市場では国際価値が現実の価値であり、国際個別的価値は実在しないかのように見える。だが、そうではない。国際個別的価値は上に見たようにすでに商品に対象化された個別的必要労働時間にほかならず、それが世界市場で国際価値としてどのような評価を受けようとも、すでに一定分量の凝固した労働時間として実在しているのである。この点は、同じく国際価値と対比される国民的価値の場合も同様である。すなわち、国民的価値とは、個々の国にあってその商品の生産に要する国民的労働の分量つまり国民的必要労働時間そのものであって、それが世界市場でたとえどのような評価を受けようとも、その商品にすでに対象化された労働として実在しているのである。世界市場の複合市場としての特殊性とは、まさに国際価値とならんでこの国民的価値の実在を許す点にある。

第四節　世界市場における競争と費用価格

国際価格を単に国際価値の貨幣表現であるというだけでは、明らかに不十分である。国際価格は、一面では日々変動にさらされている国際市場価格そのものであるが、他面では国際需給の一致した場合での国際市場価格、すなわち国際市場価値でもあるからである。国際市場価格はただ国際需給関係の変化によってのみ国際市場価値の上下に変動する。それではこの国際市場価値は何によって規制されるか。

国際市場価値は国際価値が現実化したものであり、それは世界市場での競争のただなかで形成される。世界市場での競争は、さまざまな水準にある国際個別的価値をならしてひとつの国際市場価値、国際市場価格を成立せしめる。この場合には同じ種類の商品には同じ価格が支払われる。しかし、ここでは、この国際市場価格をひとまず与えられたものとして前提した上で、世界市場での競争を競争諸国間における国民的費用価格の相違とかかわらせて考察することを課題としている[20]。国際市場価格、したがって国際市場価値がいかに形成されるかは、次の課題である。

さて、相異なる諸国民が資本主義的生産様式の相異なる発展諸段階にあれば、労働の生産力その他の生産諸条件は大きな相違をなし、したがってそれは費用価格の国民的相違としてあらわれる。国際市場価格が与えられた大きさであれば、この価格と国民的費用価格との差額は、明らかに外国貿易から得られる利潤の大きさをあらわす。したがって、世界市場での競争はこの差額を拡大するための費用価格の縮減をめぐって展開される。

ところで、商品が価値以上に販売される場合はもちろんのこと、それが価値どおりに販売される場合でも、商品の価値がその費用価格をこえる超過分に等しいだけの利潤が得られる。他方、商品がたとえ価値以下で販売される場合であっても、その販売価格が費用価格以上でありさえすれば、商品に含まれている剰余価値の一部分はつねに実現され、したがって利潤はつねに得られる。諸資本の競争は、商品の価値と費用価格との差額から生ずる利潤を得ながら商品をその価値よりも安く売るこの可能性にもとづいている。世界市場での競争の場合でも、事情は少しも変わらない。この場合には、利潤は、世界市場での価格と費用価格との間の差額から生ずる。したがって、資本家は、この利潤を得るためには、自分の費用価格をたえず世界市場での価格と比較する必要に迫られる。

「産業資本家の前には、いつでも世界市場があり、彼は自分の費用価格を自国の市場価格とだけではなく、全世界の市場価格と比較しており、また、たえず比較しなければならない[21]」。

この比較は、以前はもっぱら商人または商業資本家だけがする仕事であった。しかし、機械制大工業の支配的な時代には、一般に、商業資本家は産業資本家に従属している。それでも、この時代には、外国貿易に従事する商業資本家がその商品を自分の支配下にある独立生産者や小さな産業資本家から買い入れ、それを輸出する場合や、また、産業資本家が商業を営み、直接に商業のために大規模に生産する場合には商業資本家によるこの比較が行なわれる。そして、この場合には、商業資本家は相異なる諸国民の生産価格の間の差額を搾取する。このことを通じて、国際間において、労働時間による価値規定のモディフィケーションの上に、価値法則が貫徹される。

このように商業資本家によるものであろうと、また直接に産業資本家によるものであろうと、輸出貿易から得られる利潤が費用価格と世界市場での価格との差額であるかぎり、この比較はつねに行なわれるであろう。いま、国際市場価格が資本家にとって与えられた大きさであれば、この差額の拡大のために彼の個別的費用価格の縮減がなされなければならない。

費用価格は不変資本価値・プラス・可変資本価値によって構成されているので、この縮減は、さしあたり個別的に不変資本かまたは可変資本の諸要素を節約するかまたは低廉化するかによって達成される。費用価格を縮減させる方法には、一般的には不変資本充用上の節約、および主として輸入貿易と結びついている原料・補助材料や食料の低廉化などの方法があるが、最も基本的なものはといえば、それは、個別的費用価格の縮減による超過利潤の取得の方法でもある次のふたつの事情である。

第一に、より大規模な機能資本が充用されるならば純粋な流通費、保管費および運輸費、その他工場経営上の種々の費用、など生産上のいっさいの空費が減少することによって、個別的費用価格が縮減する。さらにまた、この資本のもとでは協業や分業などといった労働の生産力を高くする一般的な諸原因がより高い程度、より大きな強度で作用することによって、費用価格は縮減する。第二に、このより大規模な資本の充用とは別に、資本がより生産的な方法で充用される仕方によっても、すなわちより大きな規模での科学および技術の応用、生産過程の社会的結合、生産手段の作用などといったものによっても、費用価格は縮減し、この資本のもとでは超過利潤が生ずる。

要するに、費用価格の縮減は、量的に、機能資本がその生産部門において国民的平均水準をこえるより大きな規模で充用されるか、それとも、質的に、資本がその部門の平均水準をこえる新しい、より改良された生産方法で充用されるか、のどちらかから生ずる。しかし、当然、第一の事情は、その部門において同じ大きさの資本が平均的に充用されるようになれば解消してしまうものであるし、また第二の事情も、その例外的な生産方法が普及するか、またはより発達した生産方法によって追いこされるかすれば、たちまち解消してしまうものである。

個々の国民経済の内部でのこのような事情の時間的系列が、世界市場においては同時並存的な相違としてあらわれる。世界市場では、資本も労働力も移動しないか、移動するとしてもそれは部分的な現象にとどまる。このため、競争によるさまざまな大きさの機能資本の規模の平均化や、労働の生産性の平準化は、このような傾向そのものまで否定できないにしても、世界市場では大きく制限される。こうした事情が、世界市場での競争条件の相違を成立せしめる。すなわち、機能資本の規模および労働の生産性の国民的相違にもとづいて費用価格の国民的相違が生ずる。この費用価格は、上に述べたところから明らかなように資本主義的生産様式の進んだ諸国民のもとでの方が、それが後れた諸国民のもとでよりも、小さい。

いま、世界市場において、個々の商品の国際市場価格が与えられているとすれば、この市場価格と個別的費用価格との間の差額としての利潤の大きさは、したがってまたこの市場価格と個別的費用価格の間の販売価格があらわれる範囲も、先進諸国民資本のもとでの方が、後進諸国民資本のもとでよりも、大きい。したがって、先進諸国民資本のもとでは、後進諸国民資本とくらべて、その個別的費用価格が低く、かつ国際個別的価値も小さいので、利潤を得ながら商品を国際市場価格以下の安い価格で売る可能性がはるかに大きい、ということになるだろう。

他方、競争においては、事態が転倒されてあらわれる。この転倒は、資本主義的生産を社会的生産の永遠の自然形態として受けとる経済学において、平均利潤率や生産価格が取り扱われる場合、また労賃、利潤、および地代が単に収入と見なされる場合に生ずるが、とりわけ商品の価値についてはそうである。

たしかに、不変資本を補填する価値部分を無視すれば、商品の価値は、労賃、利潤、地代に分解する。しかし、同じく不変価値部分を無視しても、逆に、労賃、利潤、地代が商品の価値を構成するということはできない。にもかかわらず、競争の世界では、いっさいが転倒されてあらわれる。たとえば労賃は、さまざまな事情によって規定されているとはいえ、個々の資本家にとってはある与えられた大きさである。つまり、それは、商品の価値が生産される以前に契約によって定められた大きさである。それゆえ、労賃は、資本家にとってはつねにある与えられた大きさをもつ価格要素としてあらわれる。同様にして企業者利得も、利子も、地代も彼にとってはつねにそのような価格要素としてあらわれる。このようにして、資本家の意識には労賃、企業者利得、利子、地代などに分解されるべき商品の価値が、逆に、それらによって構成されるかのように見える。

しかし、利潤のみを追求する資本家にとっては、いまや利潤以外の労賃、利子、地代などは費用価格の諸成分としてあらわれ、したがって利潤はその費用価格をこえる超過分としてあらわれる。いぜんとして競争はこの費用価格をこえる超過分の取得をめざして行なわれる。かくして、不変価値部分をのぞけば、個々の資本家は、彼が労働者、貨幣資本家、土地所有者にそれぞれ労賃、利子、地代を支払ってなおかつ利益をあげることができるかどうかだけに関心をもつ。すなわち、世界市場での競争のばあいには、これらの諸支払を行ないながら商品を国際市場価格でかまたはそれ以下で販売して利益をあげることができるかどうかだけが問題となる。

そこで、この費用価格を構成する諸成分のうち比較的大きな部分を占める労賃および利子について見れば、だいたい次のようにいうことができよう。

まず、労賃に関していえば、これは生活必需品の価格および範囲、労働者の教育費、婦人・児童労働者の役割、それに労働の生産性、労働の強度、労働日など、要するに労賃の大きさを規定するあらゆる要因が考量されなければならない。しかし、このなかで最も重要なものといえば、それは労働の生産性であろう。いわゆる国際競争力なるものは、多くの場合、競争諸国間の商品の輸出価格の大小でもって示されうるが、これは労働の生産性の国民的相違が労賃の国民的相違より大きいか、またはその逆かという関係によって決せられると見てよい。これを具体的にいえば、資本主義的生産様式の進んだ国の場合には、輸出産業のより高い労働の生産性が、その国のより高い労賃をどれだけ埋め合わせるかということ、また後れた国の場合には、反対に、より低い労賃がその国の輸出産業のより低い労働の生産性をどれだけ埋め合わせるかということ、この点が競争上の決定的な条件となるということである。したがって、ある国において、輸出産業のより高い労働の生産性が何らかの事情によって、より低い労賃と結びつけば、その産業は世界市場において圧倒的な強さを発揮することになろう。

ところで、労賃は、先進諸国民のもとでの方が後進諸国民のもとでよりも、労働の生産性および強度が高いから高くなるであろう。しかし、相対的労賃、すなわち商品の価値または剰余価値とくらべての労働の価格もそうだとはいえない。これは、後進諸国民のもとでの方が、先進諸国民のもとでよりも大きい。したがって、世界市場での競争においては、高い労賃を支払う先進諸国の資本家の方が、低い労賃しか支払わない後進諸国の資本家よりも、むしろ有利に立つ。この点は理論的にそうなるというよりも、たしかな事実なのであって、ユア（Ure, A.）がその著作で引用しているように、すでに工場調査官カウエル（Cowell, J. W.）がその紡績業に関する調査報告のなかで、「ヨーロッパ大陸におけるよりもイギリスでは、賃金は職工にとっては高いけれども、資本家にとっては事実上低い[22]」と指摘し、これを立証しようとしていたし、さらにミル（Mill, J. S.）は次のように述べ、この点を明らかにしていた。

「諸外国における工業労働の賃金はイギリスのそれよりも安い、しかも低賃金が資本家にとってひとつの有利な条件となるところのあらゆる意味においてそうである、ということは、はたして正しいかどうか。ガンやリヨンの職人は、一日に得るところの賃金も少ないかもしれないが、またなすところの仕事も少なくはないか、能率の程度を考慮しても、雇主に対する彼の労働の費用は小さいだろうか。賃金はヨーロッパ大陸の方が低くとも、『労務費』――競争において真の要素となるものはこれである――はほとんど同じではないだろうか[23]」。

次に、利子に関していえば、一般に利子率は、資本主義的生産様式の発展した諸国での方がそれが未発展な諸国でよりも、資本の有機的構成が高く、したがって平均利潤率が低いから、低くなる。しかも、発展した諸国での方が未発展な諸国でよりも信用制度が発達しており、より多くの蓄蔵貨幣が貨幣市場に供給され、貸付資本としてより多く利用される。したがって、発展した諸国の個々の資本家は、トウック（Tooke, T.）もいうように、低い利子率でもってその商品の生産費をいくらか低下させることができる。

「利子率の引き下げはかならずしも物価を引き上げる傾向を有するものではない。反対に、それは、生産費の低下の、したがって商品廉価の一原因である[24]」。

世界市場での競争において、それぞれ規定的な大きさとして資本家の計算はいりこむこれらの国民的労賃、国民的利子、国民的地代などの相違について、マルクスは次のような示唆に富む見解を明らかにしている。

「ある国では、資本主義的生産様式が一般に発展していないために労賃や土地の価格は低いが資本の利子は高く、別のある国では労賃や土地の価格は名目的に高いが資本の利子は低いとすれば、資本家は一方の国ではより多く労働や土地を充用し、他方の国では比較的より多くの資本を充用する。この場合に両国間の競争がどの程度まで可能かという計算には、これらの要因が規定的な要素としてはいる。だから、この場合に経験が理論的に示しており資本家の利害計算が実際的に示していることは、商品の価格は、労賃、利子、地代によって、すなわち労働、資本、土地の価格によって、規定されているということであり、また、実際にこれらの価格要素が規制的な価格形成者であるということである(25)」。

しかし、資本家にとっては、ただ労賃や利子や地代だけが費用価格を構成する諸成分として、したがって商品の価格要素としてあらわれるだけではない。彼にとっては、いまや平均利潤そのものまでが労賃や地代などと同じく商品の価格要素としてあらわれるのであって、結局彼には生産価格が生産費としてあらわれる。この点は、とりわけ外国貿易に従事する資本家の場合にはそうなのであって、ここから彼には、商品をこの生産費以上の価格で売らねばならない動機が生ずる。かくして、世界市場での競争はこの生産費をこえる超過分、すなわち平均利潤以上の超過利潤の取得をめざして展開されることになる。

第五節　世界市場における競争と国際価格

これまでの考察においては、国際価格が与えられたものとして前提され、それが価値法則なり国際価値なりといかなる関係に立つかという最も重要な点には何ら考察を加えてこなかった。したがって、最後の課題は、この国際価格を概念的に捉えること、これの形成過程を明らかにすることでなければならない。ここでは、国際価格の形成がマルクスの市場価値論の国際的適用によって明らかにされるが、これは価値法則をより具体的な次元で国際間に適用することである。そこで、まず適用されるべき当の市場価値成立の条件およびその一般的規定について簡単に述べておくことにする。

マルサス（Malthus. T. R.）は、スミスやリカードらとは違ってすでに市場価値、すなわち「いずれかの場所、または時における一商品の市場価値（market value）あるいは現実の価値（actual value）」の定義を、「その場所およびその時におけるそれに対する評価にして、いつの場合にも、需要と比較しての供給の状態によって、また通常はその状態を規制する基本的生産費（elementary cost of production）によって、決定されたもの(26)」というように与えていた。このマルサスの定義において重要なことは、その「市場価値」が需要との対比において捉えられながらも、やはりそれが「基本的生産費」によって規定されている点である。

これに対して、マルクスの場合には、市場価値はどのようなものとして考えられていたか。マルクスは、結局のところ、市場価値を諸資本の競争や社会的欲望などを媒介にして規定し、一応はそれを社会的価値と区別しながら、本質的には両者は同じものであると見なしていた。

マルクスは、市場価値の成立を説きながら、同一生産部面の同種かつ同質の商品がその価値どおりに販売されるためには、次のふたつの条件が必要であるといっている。すなわち、第一の条件は、「相異なる個別的価値がひとつの社会的価値に、市場価値に、平均化されていなければならない」ことであり、そのためには「同じ種類の商品の生産者間の競争」と「彼らが共通に商品を提供するひとつの市場の存在(27)」とが必要なことである。第二の条件は、需要と供給が一致しなければならないこと、より具体的には、「この商品種類の総量にふり向けられる社会的労働の総量」と「この商品に対する社会的欲望すなわち支払能力ある社会的欲望の量(28)」とが対応していなければならないことである。したがって市場価値は、まず抽象的には第一の「生産者間の競争」と「ひとつの市場の存在」という条件によって規定されるが、さらにそれは、現実には「購買者間の競争[29]」によって媒介されなければならないのである。ここに「購買者間の競争」によって媒介されるということは、結局、第二の「社会的労働の総量」と「社会的欲望の量」とが対応するという条件と同じことなのである。

要するに、同一生産部面内の相異なる生産諸条件のもとで生産される相異なる個別的諸価値が、その各々の個別的価値どおりに販売されずに、ひとつの市場価値で販売されるのは、そこに生産者間、購買者間、および生産者と購買者との間の三つの競争が同時に作用しているからである。この点についてはマルクス自身、最も明確な形で次のように述べている。

「この場合（市場にある同じ種類の生産物は同じ価格、同じ市場価値をもつばあい——引用者）には、一部は資本家たちどうしの競争、一部は彼らと商品の購買者との競争、また商品の購買者どおしの競争が作用して、そのために、特殊な生産部面の各個の商品の価値は、この特殊な社会的生産部面の商品総量が必要とする社会的労働時間の総量によって規定されることになり、個々の商品の個別的価値または個々の商品がその特殊な生産者および販売者に費やさせた労働時間によって規定されないことになる[30]」。

ところで市場価値は、マルクスによれば、社会的必要労働時間による価値規定を「ひとつの部面全体の生産物として市場にある商品量[31]」に適用したものであり、その内容は、一面では「ひとつの部面で生産される諸商品の平均価値」と見なされるべきものであり、他面では「その部面の平均的諸条件のもとで生産されてその部面の生産物の大量をなしている諸商品の個別的価値[32]」と見なされるべきである、といいあらわされるものである。これは、需給一致という条件のもとで、市場価値を一部面での平均価値であると基本的に規定した上で、さらにそのような平均価値としての市場価値が形成される条件のもとでは、その部面の平均的な生産諸条件のもとで生産されてその部面の大量を占める商品の個別的価値が、市場価値と近似的に一致すると述べたもの、と解されよう。これは、市場価値を個別的諸価値の加重平均と見るのと同じことを意味する。

マルクスはこれにつづけて、異常な組合わせが行なわれる場合にのみ、最悪の条件のもとまたは最良の条件のもとで生産される商品が市場価値を規制するのであって、市場価値はまた市場価格の動揺の中心をなし、市場価格は同じ種類の商品については同じであると述べ、さらに「平均価値での、すなわち両極の中間にある大量の商品の中位価値での、商品の供給が普通の需要をみたす場合には、市場価値よりも低い個別的価値をもつ商品は特別剰余価値または超過利潤を実現するが、市場価値よりも高い個別的価値をもつ商品はそれ自身が含んでいる剰余価値の一部分を実現することができないのである[33]」と述べている。

周知のように、マルクスは市場価値の三つの規定を次のように与えている。第一に、中位の生産条件のもとで生産された商品が大量を占める場合には、その商品の個別的価値が市場価値を規制する。

第二に、最悪の生産条件のもとで生産された商品が大量を占め、最良の条件のもとで生産された商品量によってそれが相殺されない場合には、その最悪の条件のもとで生産された商品の個別的価値が市場価値を規制する。

第三に、これと反対に、最良の生産条件のもとで生産された商品が大量を占め、最悪の条件のもとで生産された商品量とそれが均衡しない場合には、その最良の条件のもとで生産された商品の個別的価値が市場価値を規制する。

ここで問題にされているのは、市場価値そのもののさまざまな規定であって、市場価格が市場価値から背離するかいなか、または市場価値が変動するかいなか、ということではない。すなわち、これらの最良、中位、最悪の三つの相異なる生産諸条件のもとで生産される商品が市場価値を規制するのも、需給が一致していることを前提してはじめていえることであって、これは他面から見れば、社会的労働の配分が社会的欲望に対してちょうど均衡していることを意味する。

さて、マルクスは、競争の作用を第一に一生産部面において市場価値を成立させる作用と第二に相異なる生産諸部面における相異なる諸利潤率を一般的利潤率に均等化し、生産価格を成立させる作用とに分け、後者のためには前者のためよりも資本主義的生産様式のより高い発展を必要とすると指摘したが、世界市場での競争に関するかぎり、その作用は第一のそれに限定されねばならない。すなわち、世界市場での競争はひとつの国際市場価値を成立させる作用である。そこでこの点からまず検討を加えることにしよう。

すでに述べたように、国際市場価値は国際価値にほかならず、前者は後者が世界市場での生産者間の競争という条件のもとで現実化、または具体化されたものである。したがって、さきに見たように世界労働が国際価値の実体であるから、それはまた国際市場価値の実体でもなければならない。ところで、労働の強度の場合をひとまずおき、労働の生産力の場合について見れば、世界労働としては互いに何ら区別がないにもかかわらず、労働の生産力の相違によって個々の国で生産される同じ種類の商品は相異なる国際個別的価値をもつ。このような場合には、世界市場での同一生産部面内での競争は、これらの国際個別的価値をひとつの国際市場価値に平均化するであろう。したがって、世界市場では同じ種類の商品には同じ価格が支払われねばならないであろう。そして、このようにある生産部面で国際市場価値が成立することは、その部面において諸国民的労働が世界労働へ還元されることをも内包しているのである。

ある生産部面で生産された商品の価値が世界労働の中位の強度によって度量される平均価値でありながら、同時にそれがその部面での標準的諸条件のもとで生産され、かつその部面での生産物の大量を占めれば、そのような条件のもとで生産されるその国の国際個別的価値が国際市場価値となる。しかし、この同じ種類の商品の生産地が異なり、そのためその生産諸条件にいちじるしい相違が生じ、生産される商品量がある国では多いが、他の国では少ないというような場合には、この国際市場価値はどうなるか。この場合には、さきの異常な組合わせが行なわれるのであって、この場合には、最良のまたは最悪の条件のもとで生産されるその国の国際個別的価値が、国際市場価値を規制するのである。

ところで、このように国際市場価値が成立しておれば、この国際市場価値以下の国際個別的価値をもつ商品を生産するより生産性の高い国民資本は超過利潤を取得するが、反対に、この国際市場価値以上の国際個別的価値をもつ商品を生産するより生産性の低い国民資本は、その商品に含まれる剰余価値の一部を実現することができない。ここから、諸国民資本は、その個別的価値を引き下げ、個別的費用価格を低廉化しようとする動機が与えられる。この競争が、また各国の国際個別的価値をならして、ふたたび新たな国際市場価値を成立せしめる。このばあいの国際市場価値の変動は、これまでの比率での世界労働の配分が変更されること、したがってまた国際需給の変化がそれにともなって起こったことを意味する。

さて、市場価値を国際間に適用する場合のおそらく最も大きな困難は、国際需給の均衡、さらにいえば国際市場価値の実体としての世界労働の国際的な比例的配分をいかに立証するかという点である。しかし、この点は次のように考えれば、解決がつくだろう。

一般に、需給が一致するとき、需給のあらゆる作用も中止する。国際市場価格は、もはや需給の関係には依存しなくなるのだから、その価格は、あたかも需給の作用が存在しないかのように規定されねばならない。人が国際市場価格について語り、また国際価値、したがって国際市場価値について語ることができるのも、需給を一致させ、国際市場価格や国際市場価値がその概念に照応するように操作しているからにほかならない。このようにして「同じ生産部面のなかの競争の結果として生ずるものは、この部面の商品の価値と、その部面で平均的に必要とされる労働時間によって規定すること、つまり市場価値の成立である」[34]という事情が、世界市場についても語ることができるのである。

しかし、需給の一致、正確にいえば国際需要に一致した労働の国際的配分の問題は、どのように理解すればよいだろうか。しかし、これは人がなぜ世界労働について語るかを考えれば、解決されよう。さきに見たように、より強度の大きい国民的労働がより強度の小さい国民的労働にくらべて、同じ時間内に、より多くの価値を生産するのは、それぞれ段階状をなす諸国民的労働がそれらの共通の単位である世界労働に還元され、その世界労働の中位の、または通常の強度によって、価値が度量されるからにほかならなかった。国民的労働と世界労働とがこのような関係に立つと考えれば、世界労働の比例的配分についても語ることができる。

もともと世界市場を研究対象として取り扱うということは、国際分業にもとづく国際商品交換をそのような対象として取り扱うということと同じことなのである。国際分業といい、また国際交換といわれるのも、そこに世界労働の国際需要に見合った配分が諸国民的労働の配分という形を通してであれ、行なわれているからであって、もしそのような労働の配分が行なわれていないとしたら、それは国際分業も国際交換も実在しないというに等しい。

国際市場価値が世界労働の国際需要に照応した配分という条件のもとで成立するという事情は、まさにこのことを指すのである。これは、いいかえれば、世界市場での生産者間、購買者間、および生産者と購買者との間の競争の媒介によって国際市場価値が成立するということである。しかし、これは世界市場規模での素材転換にほかならない国際分業とそれにもとづく商品の国際交換、したがって国際再生産が、結局、国際市場価値を成立させる前提条件であることを示したものにほかならない。

最後に、国際市場価値が国際需給の一致という条件のもとで成立するといっても、その一致はまったく偶然的な事情にゆだねられていることは明らかである。この場合には、国際市場価値からの国際市場価格の背離が起こる。国際市場価値は国際市場価格の動揺の中心であり、後者はまた国際需要の関係によって規制されるから、事態は次のようになる。国際需給が一致すれば、国際市場価格は国際市場価値に一致し、国際需給が一致しないならば、国際市場価格は国際市場価値以上または以下に変動する。

注

（1）K. Marx, *Zur Kritik der politischen Ökonomie.*『経済学批判』大月書店版、『マルクス・エンゲルス全集』第一三巻、四五頁。

（2）この点については、拙稿「国際間における価値法則のモディフィケーションについて——世界市場と価値法則（2）——」（大阪市立大学『経済学雑誌』第六五巻第五号、一九七一年一一月）を参照せよ。

（3）K. Marx, *Das Kapital*, Bd. I.『資本論』大月書店版、『マルクス・エンゲルス全集』第二三巻、六八〇頁。

（4）K. Marx, *ibid.* 同上訳、七二八頁。

（5）K. Marx, *ibid.* 同上訳、七二八頁。

（6）K. Marx, *Das Kapital*, Bd. I, Hamburg, Verlag von Otto Meissner, 1867, S.549; do., Das Kapital. Bd.I, Zweite verbesserte Aufl. Hamburg, Verlag von Otto Meissner, 1872, SS. 584–5.

（7）「第一章は『価値について』論じている。それはさらに七節に分かれている。第一節で研究されているのは、本来は、労賃は商品の価値がそれに含まれている労働時間によって規定されるということと矛盾するかどうか？　ということである。第三節では、私が不変資本と呼んでいるものが商品のなかにはいることは価値規定と矛盾しないということ、また、労賃の騰落も同じように商品価値に影響をおよぼさないということが証明されている。第四節では、機械およびその他の固定的で耐久的な資本の充用は、それが別々の生産部面でいろいろに違う割合で総資本のなかにはいるかぎりにおいて、どこまで労働時間による交換価値の規定を変更する（alteriert）か、が研究されている。第五節では、別々の生産部面で不等な耐久性と違った回転時間をもつ諸資本が充用されるとすれば、労賃の騰落はどこまで労働時間による価値の規定をモディファイする（modifiziert）か、が研究されている」（K. Marx, Theorien über den Mehrwert, 2 Teil.『剰余価値学説史』大月書店版、『マルクス・エンゲルス全集』第二六巻第二分冊、二一四頁、傍点は引用者のもの）。

（8） K. Marx, *Le capital*, traduction de M. J. Roy, entièrement revisee par l'auteur, Maurice Lachatre, Paris, 1872～75. p. 243.

（9） 「とはいえ、ある限界のなかでは、モディフィケーションが生ずる。価値に対象化される労働は、社会的平均質の労働であり、したがって平均的労働力の発現である。ところが、平均量というものは、つねにただ同種類の多数の違った個別量の平均として存在するだけである。どの産業部門でも、個別労働者、ペーターやパウノレは、多かれ少なかれ平均労働者とは違っている。この個別的偏差は数学では『誤差』と呼ばれるものであるが、それはいくらか多数の労働者をひとまとめにして見れば、相殺されてなくなってしまう」（K. Marx. *Das Kapital*, Bd. 1. 同上訳、四二四頁）。

（10） この点については、拙稿「国際間における搾取について――世界市場と価値法則（1）――」（大阪市立大学『経済学雑誌』第六五巻第二号、一九七一年八月）を参照せよ。

（11） 「彼（リカード――引用者）は、労働日の長さの変動にも労働の強度の変動にも気がつかないので、彼のばあいには労働の生産性がおのずから唯一の可変的要因になるのである」（K. Marx, *ibid.* 同上訳、六七八頁）。

（12） N. W. Senior, *Three lectures on the value of money*, 1829; do., *Three lectures on the cost of obtaining money* 1830. 拙稿「貨幣の相対的価値の国民的相違――その世界市場での諸資本の競争との連関について――」（1）（九州大学大学院『経済論究』第二二・二三合併号、一九六九年三月）を参照せよ。

（13） J. S. Mill, *Principles of political economy, with some of their applications to social philosophy*, ed. by Sir W. J. Ashley, p. 584. 末永茂喜訳『経済学原理』（3）、岩波文庫、二七九頁。

（14） J. S. Mill, *Essays on some unsettled question of political economy*, 1848, pp. 5～6. 末永茂喜訳『経済学試論集』、岩波文庫、一三頁。

（15） J. S. Mill, *ibid.*, p.6, 同上訳、一三頁。

(16) P. J. Stirling, *The Australian and Californian gold discoveries*, 1853, letters XXⅡ-XXⅣ; J. E. Cairnes, *Some leading principles of political economy*, 1874,part Ⅲ, chapt. Ⅲ.

(17) K. Marx , *Le capital*, traduction de M. J. Roy, entiérement revisée par l'auteur, Maurice Lachatre, p. 242.

(18) K. Marx, *Das Kapital*, Bd. I. 同上訳、七二八頁。

(19) K. Marx, *ibid.* 同上訳、五三頁。

(20) この点については、拙稿「世界市場での競争と費用価格」(大阪市立大学『経済学雑誌』第六六巻第二・三号、一九七二年三月)を参照せよ。

(21) K. Marx, *Das Kapital*, Bd. Ⅲ.『資本論』大月書店版、『マルクス・エンゲルス全集』第二五巻、四一九頁。

(22) A. Ure., *The philosophy of manufactures*,1835, p.314.

(23) J. S. Mill, *Principles of political economy*, ed. by Sir W. J. Ashley, p. 681. 末永茂喜訳『経済学原理』(3)、岩波文庫、四五一頁。

(24) T. Tooke, *An inquiry into the currency principles*, 1844, p. 123.

(25) K. Marx, *ibid.*, Bd. Ⅲ. 同上訳、一一一八頁。

(26) T. R. Malthus, *Definitions in political economy*, 1827, pp. 242-3. 玉野井芳郎訳『経済学における諸定義』岩波文庫、一八一頁。

(27) K. Marx, *Das Kapital*, Bd. Ⅲ. 同上訳、二二七～八頁。

(28) K. Marx, *ibid.* 同上訳、二四二頁。

(29) K. Marx, *ibid.* 同上訳、二三二頁。

(30) K. Marx, *Theorien über den Mehrwert*, 2 Teil. 同上訳、二六六頁。

(31) K. Marx, *Das Kapital*, Bd. Ⅲ. 同上訳、二二九頁。

(32) K. Marx, *ibid.*, SS. 187～8. 同上訳、二二五頁。

(33) K. Marx, *ibid.*, S. 188. 同上訳、二二五頁。

(34) K. Marx, *Theorien über den Mehrwert*, 2 Teil. 同上訳、二六九頁。

第一章　国際貿易の理論問題

第一節　国際価値論争の現段階

本章は、前章の国際貿易の基礎過程の分析に続き、その理論問題を取り上げる。ここにいう理論問題とは、国際間における価値法則の修正、国際搾取や不等価交換、国際間における貨幣の相対的価値や労賃の相違、世界市場における競争と国際価格形成などの諸問題いわゆる国際価値論問題を指す。この問題をめぐって、かつて多くの論争と論議が巻き起こり、それは国際価値論争と呼ばれた。わが国の国際価値論研究の礎石を置いたのは、一九四九年に刊行された故名和統一教授の著作『国際価値論研究』（日本評論社）であり、現在なおも終結しない国際価値論争の火ぶたを切ったのは、同年四月に発表された平瀬巳之吉教授の論文「外国貿易と不等価交換」（木下悦二編『論争・国際価値論』〔弘文堂、一九六〇年〕所収）であった。

一九五〇年代から六〇年代はじめにかけてわが国のマルクス経済学者と近代経済学者とを巻き込んで展開されたこの国際価値論争は、自ら著作『資本主義と外国貿易』（有斐閣、一九六三年）をもって研究の一頂点に立つ木下悦二教授によって、「国際価値論争の展望」（同編『論争・国際価値論』所収）、「マルクス経済学派」（赤松要他監修『講座・国際経済』第三巻〔有斐閣、一九六一年〕所収）、「国際価値論」（遊部久蔵他編『資本論講座』四〔青木書店、一九六四年〕所収）および「国際価値論争」（佐藤金三郎他編『資本論を学ぶ』Ⅱ〔有斐閣、一九七七年〕所収）と四度にわたって論点が整理されている。このうち、その論点整理と並んで本章の課題との関連で注目されるのは、その四番目の論稿において木下教授が国際価値論研究史を回顧され、この研究の三つの潮流を明らかにされている点である。すなわち、第一は、一九三〇年代の終り頃の故名和統一教授の先駆的研究に始まり戦後の論争を経て現在まで継続しているわが国における研究、第二は、一九五〇年代後半にコメコンを舞台に社会主義国間貿易における等価交換原則をめぐって展開されたソ連および東欧における研究、第三は、一九六〇年代末頃から始められた帝国主義批判のなかに見出される西欧における研究、である。

このうち第三の潮流のなかのフランス派の国際価値論争ないし研究は、一九六〇年代の南北貿易における発展途上国側の交易条件悪化の原因究明を契機に始められたもので、ベトレームの「序文」と「理論的評注」を付して刊行されたエマニュエルの著作『不平等交換』(A. Emmanuel, *L'échnge inégal: Essai sur les antagonismes dans les rapports économiques internationaux*, Paris, Francois Maspero, 1969) が起点となっている。その後の論争ないし研究はパロワの著作『開放経済における成長の諸問題』(C. Palloix, ploblèms de la croissance en économie ouverte Paris, Maspero, 1969)、アミンの諸著作、ラトゥシュの著作『帝国主義批判』(S. Latouche, Critique de l'impérialisme: Une approche marxiste non léniniste des ploblémes théoriques du sous-développement, Paris, Anthropos, 1979) などの相次ぐ刊行と、『現代政治』(Politique aujourd'hui)、『人間と社会』(L'homme et la societe)、『経済学批判』(Critique de l'économie politique) 誌上でのエマニュエル、パロワ、アミンなどの相互の間の批判と反批判によって展開された。アミンの諸著作のうち、「帝国主義システム、不平等交換、国際貿易および不均等国際分業」などを主題としているものは、『世界的規模における蓄積』(S. Amin, L'accumulationa l'echelle mondiale, 2 tomes, Paris, Anthropos, 1970〔野口祐他訳『世界資本蓄積論――世界的規模における資本蓄積《第一分冊》――』、野口祐・原田金一郎訳『周辺資本主義構成体論――同《第Ⅱ分冊》――』柘植書房、一九七九年〕) のほか、彼自身の指示によれば、以下の諸著作である（S. Amin, Classe et nation dans l'histoire et la crise contemporaine, Paris, Minuit, 1979, p. 263）。『不均等発展』（Le dévelopment inegal: Essai sur les formations sociales du capitalisme périphérique, Paris, Minuit, 1973）の第Ⅲ章、『帝国主義と不均等発展』（L'impérialisme et le dēvelopment inégal, Paris, Minuit, 1976〔北沢正雄訳『帝国主義と不均等発展』第三書館、一九八一年〕）の第Ⅱ章六、『不平等交換と価値法則』（L'échange inégal et la loi de la valeur: La fin d'un debat, Paris, Anthrtopos, 1973〔花崎皐平訳『不等価交換と価値法則』亜紀書房、一九七九年〕）、『価値法則と史的唯物論』（La loi de la valeur et le matérialisme historique, Paris, Minuit, 1977）の第五章、『アフリカにおける帝国主義と低開発』（Impérialisme et sous-développement en afrique, Paris, Anthropos, 1976）の序文、などである。フランス派の見解は多種多様であり、文字通り複雑多岐にわたるが、その特徴は次の五点に要約される。すなわち、①資本も労働力も国際的に可動的としたブハーリン流の誤りは免れてはいるものの、資本の可動性および労働力の非可動性から利潤率の国際的均等化を導くバウアーやグロースマン流の誤りを共有していること、②国際間における価値法則の修正や貨幣の相対的価値の相違の問題が理論体系から欠落していること、③国際間における搾取を不等価交換と混同していること、④国際間における賃金の不等（inégalité）から交換の不等（inégalité）を導くエマニュエルの「不平等交換」（l'échange inégal）、およびエマニュエル理論批判の見地に立つアミンの「国民価値に対する世界価値の優位性」やパロワの「国際価値から世界生産価格への推移」などが代表的な理論として挙げられること、⑤『ル・モンド』誌上でのベトレームとの論争においてエマニュエルが行なったように「不平等交換」から労働者の国際連帯に関する否定的な結論が導き出されやすいこと（A. Emmanuel/C. Bettelheim, Deux thèses sur les 'salaires' se reclamant du marxisme, Le Monde, 27 nov./3dec. du 1969）、などである。このうち、エマニュエルの「不平等交換」論は本章の第三節bで、アミンの「世界価値」論は第三節aで、パロワの「世界生産価格」論は第五節bで取り上げ、批判的に検討する。

これに対し、同じ第三の潮流のなかの西ドイツ派の国際価値論争ないし研究は、一九六〇年代末から七〇年代はじめにかけて頻発した国際通貨危機とこの頃から本格化し始めた多国籍企業と結びついた資本輸出の解明を契機に始められたもので、概ね第二の潮流のコールマイの有名な論文「カール・マルクスの国際価値論」(G. Kohlmey, Karl Marx'Theorie von den internationalen Werten mit einigen Schlußfolgerugen fur die Preisbildung im Außenhandel zwischen den sozialistischen Staaten, in Probleme der politischen Ökonomie, Bd. 5 Berlin 1962)を受け容れている点で、フランス派のそれとは際立った違いを示す。主要な著作としては、ブッシュ、シェラー、ゼーロウの『世界市場と世界通貨危機』(Busch/ Scholler/ Seelow, Weltmarkt und Weltwahrungskrise, Bremen, Herausgber Gruppe Arbeiterpolitik, 1971)、ノイジースの『帝国主義と資本の世界市場運動』(C. Neusüss, Imperialismus und Weltmarktebewegung des Kapitals: Kritik der Leninschen den kapitalistischen Metropolen, Erlangen, Politladen, 1972)、ブッシュの『多国籍企業』(K. Busch, Die multinaionalen Konzerne: Zur Analyse der Welmarktbewegung des Kapitals, Frankfurt/M., Suhrkamp, 1974)、シェラーの『世界市場と資本の再生産』(W. Scholler, Weltmarkt und Reproduktion des Kapitals, Frankfurut/M., Koln, Europäische Verlagsanstalt, 1976)、マイヤーの『世界市場での競争戦』(H, -D.. Meier, Der Konkurrenzkampf auf dem Weltmarkt, Frankfurt/New York, Campus, 1977)、ゴラルチクの『国際企業』(D. Goralczyk, Der internationale Konzern: Zu Genesis, Funktionsweise und Empire einer modernen Kapitalform, Frankfurt/M., Bern, Cirencester, Peter D. Lang, 1979)、シュミットの『国際分業または不平等交換』(A. Schmidt, Internationale Arbeitsteilung otder ungleicher Tausch: Kontroversen uberden Handel zwischen Industrie-und Entwicklungsländern, Frankfurt/New York, Campus, 1979)、ジーゲルの『世界システムとしての資本主義』(T. Siegel, Kapitalismus als Weltsystem: Methodische Probleme einer marxistischen Analyse des Weltmarkts, Frankfurt/New York, Campus 1980)、などが挙げられる。また、論文としては、『階級闘争の諸問題』誌上でのアルトファーター、ノイジース、ブランケの共同論文「資本主義的世界市場と世界通貨危機」(E.

Altvater/C. Neusüss/B. Blanke, Kapitalistischer Weltmark tund Weltwährungskrise, in: Problene des Klassenkampfes, Nr. 1, Berlinl 1971〔野口祐監訳『通貨危機の経済学』亜紀書房、一九七九年〕)、『剰余価値』誌上でのコッホの論文「世界貨幣と価値法則」(B. Koch, Weltgeld und Wertgesetz, in: Mehrwert, Nr 7, Berlin 1974)、などが知られる。西ドイツ派の主張も複雑多岐にわたるが、その内容は、①世界市場における価値法則の修正、②為替相場論、③国際市場価値論、④フランス派の「不平等交換」論批判、⑤国際価値論を援用した多国籍企業論、の五点に要約されよう。

このように、仏独両派は一九六〇年代の交易条件悪化と七〇年代の国際通貨危機というようにその問題関心において分岐し、国際価値論の構成をめぐっては前者が国際生産価格論、後者が国際市場価値論と対立しているが、多国籍企業論に関しては一部にむしろ相互浸透が見られる。この点では、西ドイツ派のブッシュやゴラルチクの著作をフランス派のパロワの一連の著作と対比できよう（C. Palloix, L'economie mondiale capitaliste, 2 tomes, Paris, Maspero, 1972; Les firmes multionationales et le procès d'internationalisation Maspero, 1973; *L'économie mondiale capitaliste et les firmes multinationales*, 2 tomes, du capital: Elments critiques, Maspero, 1975)。

西欧における国際価値論争ないし研究がこのような状況にあったのに対し、日本における論争ないし研究はその後複雑な過程を辿り、いわゆる宇野経済学派やその他の経済学派からの批判や無視という状況が続き、西欧における研究が最も盛んであった一九六〇年代末から七〇年代にかけての時期には、一部の研究を除いてまったく停滞した。そのため、論点の多くが未解決のまま残され、むしろ論争の不毛性すらいわれるようになった。論争の基本的争点がいささかも解消されていないことは、国際価値論の基本課題ともいうべき、(1)国際間における価値法則の修正、(2)国際価値、(3)世界労働、(4)国際不等価交換、(5)国際間における貨幣の相対的価値の相違、(6)国際市場価値をめぐって次のような見解の対立があることを見れば、明らかである（中川信義「〈第一報告〉旧国際価値論争の

総括」; A. Emmanuel /C. Bettelheim /S. Amin/C. Palloix, Imperialismo y comercio international: El intercambio desigual, Mexico, Ediciones Pasadoy Presente, 1971〔原田金一郎訳『新国際価値論争』柘植書房、一九八一年、所収〕参照)。

(1)国際間における価値法則の修正　この修正については、国際不等労働量交換が国際不等価交換であり、この交換がまた国際間における価値法則の修正であるとする見解が一方にあり、他方では、国際間における価値法則の修正とは、異なった条件のもとでそれが姿を変えて自らを貫徹することだとする見解、『資本論』第一巻二〇章の「労働時間の単なる長さによる価値の度量を変更する」ことだとする見解、国際間に価値法則の貫徹の面のみを見てその修正を否定する見解、修正を社会的に必要な労働時間による価値規定の変更と見なし国際間におけるそれを価値法則の国際的貫徹様式だとする見解などがある。

(2)国際価値　国際価値論争のなかで最も大きな対立点は、この国際価値をめぐる理解の仕方にあり、これを国民労働ないし国民価値相互間の国際価値関係を指すものと見なす見解と、これを世界労働という社会的実体をもつものとして規定する見解とが対立している。

(3)世界労働　世界労働については、国際価値実体説をとる研究者は肯定、国際価値関係説に立つ研究者は否定と、大きく見解が分かれている。とりわけ、世界労働を世界的または国際社会的な再生産を担う労働と規定し、国際交換によって媒介される国際分業の諸環としてこれを具体的に掴まえようとする見解と、これをあくまでも架空のものとして斥け、その存在すら認めようとしない見解とが鋭く対立している。

(4)国際不等価交換　国際不等価交換を国際間における不等労働量交換として理解し、これをまた価値法則の修正と結びつける見解と、このような見解を批判して国際等価交換を国際等価値交換すなわち世界的または国際社会的に必要な労働時間にもとづく等価値交換と理解し、国際不等価交換を国際間における不等労働量交換ではなく不等価値交換と見なす見解とが対立している。

（5）国際間における貨幣の相対的価値の相違　この問題のとりわけ貨幣の相対的価値の理解について、これを物価水準の逆数ないし貨幣の購買力の別称とする見解、貨幣価値の他の諸商品の量による相対的表現とする見解、金の一定分量が代表する国民的労働の分量と掴まえる見解、貨幣の価値と解する見解、などが対立し合っている。国際間におけるそれの相違についても、貨幣価値が一定という前提のもとでの相違なのか、それとも商品および貨幣の価値の同時的相違という前提のもとでの相違なのかという見解の対立がある。

（6）国際市場価値　国際市場価値を市場価値論の国際的適用によって展開するかあるいはそれを国際社会的価値として理解する見解と、このような国際市場価値概念を否定する見解とが大きく対立し、前者の立場に立つ研究者の間でまた市場価値論を国際間に直接適用して国際市場価値を導く見解と、国際価値を国際個別的価値と見なし世界市場における競争を介して国際市場価値を導く見解とが対立している。

このほか、（7）国際搾取、（8）「基軸産業」、（9）「国民的生産性」、（10）貿易の超過利潤の源泉、などの諸問題をめぐってても激しい意見の対立が見られる。（7）については国際等価交換すなわち国際価値通りでの交換のもとでの不等労働量交換を国際搾取と見なし、これを国際不等価交換すなわち国際詐取と区別すべきであるとする見解と、搾取は階級間の関係を指すのであって、国際間のそれをいうのではないとする見解とが対立している。（8）は故名和教授、（9）は木下教授の独自の構想に発するもので、両者の間には国際間における貨幣の相対的価値の相違の規定をめぐって対立があり、前者が「基軸産業」の労働生産性が逆比例的にこの相違を規定していくと掴まえるのに対し、後者はこの相違を「国民的生産性」に求めている。（10）については、木下教授と柴田固弘教授（「貿易の超過利潤の源泉について」金沢大学『経済論集』一八号（一九八一年三月））との間で現在継続中の論争であって、木下教授がこの源泉を国際分業にもとづく社会的労働の節約に求めるのに対し、柴田教授は、究極的にはそれを富国による貧国の搾取に求め、外国貿易部門における特別剰余価値がその本質であると理解している。

本章は、以上のようなフランス派、西ドイツ派、それに「日本派」の国際価値論争の現段階を踏まえ、冒頭に見た、①国際間における価値法則の修正、②国際搾取や不等価交換、③国際間における貨幣の相対的価値や労賃の相違、④世界市場における競争と国際価格形成などの諸問題を国際価値論の基本問題と設定し、これを、世界市場においてどのようにして価値法則が貫かれるかという根底的な問い掛けを中心に据えた観点から、系統的に解明することを課題とする。そのさい、このような問題の立て方そのものが、問題自体の最も適切な配列を示すので、したがってその配列が本章の構成をなす。

第二節　国際間における価値法則の修正——国際価値論（1）——

1　国際間における価値法則の修正

(1)「資本と労働の交換」と「国際交換」

ある商品の価値の大きさは、その商品の生産のために社会的に必要とされる労働時間によって規定される。そして、この価値規定を基礎にして商品の生産および交換を規制する法則が価値法則にほかならない。この法則の理解のためには、規定（Bestimmung）と規制（Regelung）のこの関連が正しく掴まえられていなくてはならない。このような価値法則が一般的に作用するためには、私的労働が商品交換を通じて社会的労働となる商品生産が発展すること、したがってまた資本主義的生産様式が一定程度発展することが必要である。つまり「価値法則はその完全な展開のためには、大工業生産と自由競争との社会、すなわち近代ブルジョア社会を前提する」（『経済学批判』全集⑬四五頁）のである。したがって相異なる諸国民が協業、分業にもとづく協業すなわちマニュファクチュア、あるいは機械制大工業、さらに装置工業やコンビナートなどの資本主義的発展のさまざまな諸段階にある場合、一国民のもとで作用している価値法則は、国際間に労働の強度や生産性にいちじるしい相違があるのだから、そのままの形では他の国民のもとで作用するということはない。「労働時間による価値の均等化、ましてや一般的利潤率による費用価格の均等化は、別々の国の間に……直接的な形では存在しない。」（Mw. II, SS. 198–99）価値法則が国際的に適用される場合には、一定の修正が加えられるのである。

この国際間における価値法則の修正についてのマルクスによる最初のまとまった叙述は、周知のように『剰余価値学説史』第二〇章「リカード派の解体」のなかの一挿入句として、次のように記されているものである。

「セーは、コンスタンショによるフランス語訳のリカード『原理』への彼の注釈のなかで、ただ一つだけ対外貿易（commerce etranger）について正しい発言をしている。〔1〕利潤は、一方が利益を得て他方が損をするという詐取（Prellerei）によっても得ることができる。一つの国の内部での損失と利益とは相殺される。相異なる国々の間ではそうしたことはない。〔2〕そして、リカードの理論でさえも――セーは述べていないことだが――ある国の三労働日は他の国の一労働日と交換されうることを考察している。この場合には価値の法則は本質的な修正（wesentliche Modifikation）を受ける。〔3〕そうでない場合には、一国の内部で、熟練した複雑労働が不熟練な単純な労働に対して（skilled, composed labour zur unskilled, simple）どうであるかということも、同様であろう。〔4〕このような場合には、より富んでいる国がより貧しい国を搾取する（exploitieren）ことになり、それは、たとえ後の方の国が交換によって利益を得るにしても、そうである。このことは、J・S・ミルも彼の『経済学の未解決の諸問題に関する試論』のなかで説明している通りである。」（Mw. Ⅲ, S. 101,〔1〕～〔4〕の数字は引用者）

この文章の内容は、次の通りである。〔1〕セーがいうように利潤は一国民が他国民の損失により利益を得る詐取によってでも得られる。〔2〕リカードでさえ国際間では一労働日と三労働日が交換されるのを知っているが、この場合には価値法則は本質的な修正を受ける。〔3〕そうでない場合には、相異なる国民的諸労働日は熟練した複雑労働と不熟練な単純労働として互いに関係し合うのである。〔4〕この場合には、より富んだ国がより貧しい国を搾取するのだが、これはミルも述べているようにたとえ貧しい国がこの交換によって利益を得るにしてもそういえるのである。なお、冒頭に「セーは、コンスタンショによるフランス語訳のリカード『原理』への彼の注釈のなかで、……正しい発言をしている」というのは、次のことである。「生産された効用および価値によって得られる利得のほかに、ひとは他人の損失から利益を引き出すことができる、他人のポケットからもたらされたこの利益によっては、国民は何ものも失いも得もしない。この他人が他国民である場合には、そのひとが属している国民は他国民が失うものを得る。わたしはこの利得を正当化するつもりはない、この事実を証明するだけにとどめる。」（D. Ricardo, Des principes de l'économie politique et de l'impot, traduit par F. S. Constancio. Avec des notes par J. B. Say, 2 nde ed., Paris 1835, p. 148）。また、「ミルも……説明している通りである」というのは、彼が「労働の節約から生ずる生産物の増加がいかなる割合で二国間に分配されるか、これを研究することがこの試論の目的である」（J. S. Mill, Essays on some unsettled questions of political economy, London 1844, p. 5〔末永茂喜訳『経済学試論集』（岩波文庫）一二頁〕）としたその『試論』において述べた、おそらく次のことを指しているのであろう。「利益は、おそらくは、挙げることのできるある不平等な（unequal）比例で分割されるよりも平等に（equally）分割される方が多いだろう、もっとも分割は概して平等であるよりも不平等である方がはるかに多いだろうが。」（J. S. Mill, *op. cit.*, p. 14〔同前二三頁〕）。

さて、マルクスの文章は一見して明らかなように、〔1〕〔4〕が国際搾取に関するもの、〔2〕〔3〕は、それぞれその理由づけが異なっているが、いずれも国際間における価値法則の修正に関するものである。マルクスの出発点は、このように国際搾取と国際間における価値法則の修正の問題であった。つまり、後者の修正を通じていかにして前者の搾取が行なわれるか、という問題であった。マルクスはすでに『経済学批判要綱』において、労働時間による価値規定を基礎に交換価値、部分的に価値形態、それに貨幣の形態諸規定を論じ、さらに資本と労働の交換論に取り組み、労働能力の価値、剰余価値を論じてこの交換が商品交換の法則に完全に照応する等価交換であることを明らかにし、それによって等価交換のもとで資本による賃労働の搾取が行なわれることを暴露していた。しかしマルクスは、リカード学派が直面した困難の一つ、資本と労働の交換論をこのように解決してはいたが、リカード自身が挫折した国際貿易を価値法則にもとづいて解明するというより重要な課題にはまだ立ち向かっていなかった。この大きな仕事は、『学説史』以前の著作、たとえば初期の『賃労働と資本』や『自由貿易問題についての演説』などに見られるように一種の譲渡利潤論にもとづく国際搾取論を展開しているだけで、いまだ手付かずのまま残されていたのである。つまりマルクスは、資本と労働の交換論を分析して剰余価値論を明らかにしていたが、国際交換論を分析して国際価値論を解き明かすまでにはまだこの段階では到ってなかったのである。

マルクスが国際交換論の研究に際して最初に直面したのは、国際間における価値法則の修正問題、これであった。さきの〔2〕と〔3〕の問題、すなわち国際間で一労働日と三労働日が交換される問題と、相異なる国民的諸労働日が熟練した複雑労働と不熟練な単純労働の関係として互いに関係し合う問題であった。第一の場合は、マルクスも

「価値の法則が本質的な修正を受ける」と述べているように、価値法則により根本的な修正が生じる場合であり、これは文脈から見て国際間における労働の生産力の相違にもとづく修正の場合と見なしてよいであろう。これに対して第二の場合は、「そうでない場合には」とあるように、労働の生産力の相違にもとづかない場合であり、この場合には、一国の内部と同様に国際間においても相異なる国民的諸労働日は複雑労働と単純労働の関係として互いに関係し合うのである。とりわけ、この複雑労働がより生産的な労働という意味ではなく、ここでは何よりも強度のより大きい労働という意味に理解されていることは、この同じ『学説史』のなかに、次のように複雑労働が労働の強化したがってまた労働の強度に関係づけて論じられていることによっても明らかである。

「もしこのような労働の強化（Intensifikation der Arbeit）が一般的ならば、商品の価値は、それに費やされる労働時間の減少に応じて、低下せざるをえないであろう。この強度（Grad der Intensität）が平均強度となり、その自然的な性質になるであろう。これに反して、もしそれが特定の諸部面だけで生ずるならば、その労働は複合された力能を高められた単純な労鋤（komponierte, potenzierte einfache Arbeit）に等しい。その場合には強度のより大きい時間は、外延的により長い時間と同じ大きさに数えられ、同じ価値を与えるのである。」（Mw. Ⅲ, S. 302）

この「複合された力能を高められた単純な労働」は複雑労働である。「より複雑な労働（kompliziertere Arbeit）は、ただ、力能を高められたまたはむしろ数倍された単純な労働（potenzierte oder vielmehr multiplizierte einfache Arbeit）と見なされるだけである。」（K. I, S. 59）。以上によって、この場合の国際間における複雑労働と単純労働の関係は、強度のより大きい労働と強度のより小さい労働の関係であることがわかる。

マルクスは国際交換論を研究して価値法則の修正という問題に到達した。彼のこれ以後の課題は、資本と労働の交換論の分析の場合同様、これがいったいどこまで労働時間による価値規定と合致するのかあるいはしないのか、これを追究することであった。そこで次に、国際間における価値法則の修正とは何か、またこれが国際間における労働の強度および生産性の相違にもとづいて起こる場合の両者の違いとその関連を明らかにしなければならない。

(2) 国際間における価値法則の修正

価値法則の修正とは何か。修正、変容、変更などさまざまに訳されるモディフィケーション（Modifikation, modification）という語の本来の意味は、あるものの本質を変えない範囲内でのそのものの変化という意味である。したがって、価値法則の修正というのは、価値法則という本質を変えない範囲内での価値法則の変化、もう少し厳密にいえば、労働時間による価値規定という本質を変えない範囲内での価値規定の変更ということである。これはいったいどういうことか。マルクスはこれを『資本論』現行版第一巻第五篇第一五章「労働力の価値と剰余価値との量的変動」の第二節と同第六篇第二〇章「労賃の国民的相違」において考察している。そこで、これの検討から始めなければならないが、ここでは特に修正に関して叙述がより正確な『資本論』フランス語版によって見ていくことにしたい。ただし、フランス語版では現行版の第一五章が第一七章に、第二〇章が第二二章に変わっている。

相異なる諸国民は資本主義的生産様式の相異なる発展諸段階にあり、そのため労働の強度にも大きな相違があるという事実によって、価値法則は、その国際的適用においてひとつの修正を受けるが、マルクスはこのことを次のような文脈で語っている。

「労働が一国のすべての産業で、いままでよりも大きな同じ強度に同時に達するならば、この強度は、それからは国民的労働の通常の強度になって、考慮されなくなるであろう。しかし、この場合でさえ、労働の平均強度が国民によって違いのあることには変わりなく、したがって、価値法則の国際的適用では、この法則を修正するであろう（modifieraient……la loi de la valeur dans son application internationale）が、それというのも、一方の国民の強度のより大きな労働日が、他方の国民の強度のより小さい労働日よりもいっそう大きな価値を創造し、いっそう多くの貨幣で表現されるからである。」（K. Marx, Le Capital, Traduction de M. J. Roy, entiérement revisée par l'auteur, Paris 1872–1875, p. 226 II〔江夏美千穂・上杉聴彦訳『フランス語版資本論』（法政大学出版局、一九七九年）下巻一六七頁）

「それぞれの国には通常の平均強度というものがあって、この強度が欠けると、労働は一商品の生産において社会的に必要な時間よりも多くの時間を消費し、したがって、標準的な質の労働としては計算されない。任意の一国では、労働時間だけによる価値の測定を修正する（modifie la mesure de la valeur par la seule duree du travail）ものは、平均よりも高い強度だけである。しかし、それぞれの国が構成部分をなすにほかならない世界市場では事情が違う。国民的労働の平均的あるいは通常の強度は、国が違えば同じではない。それはこの国ではより大きくあの国ではより小さい。これらの国民的諸平均は一つの階段を形成しているのであって、世界労働の通常の強度がこの階段の尺度単位になっている。強度のより小さい国民的労働に比較すれば、強度のより大きい国民的労働は、同じ時間において、より多くの貨幣で表現されるより多くの価値を、生産する。」（K. Marx, *op. cit.*, p. 243 I-II〔同前二〇九–一〇頁〕）

この二つの文章によって明らかなように、価値法則の修正とは「労働時間だけによる価値の測定を修正する」こと、ドイツ語版にいう「労働時間の単なる長さによる価値の度量を変更する」（*K*. I, S. 584）ことであり、また、これが労働の強度の相違にもとづいて起こるのは、強度のより大きいすなわち内包的により大きい労働がより大きい労働時間をもつすなわち外延的により大きい労働として数えられるからであって、それ以外の理由はない。すぐ後で見るように、価値法則の修正が労働の生産性の相違によっても起こるのは、より生産的な労働が商品交換を通して世界市場で強度のより大きい労働としてすなわち外延的により大きい労働として数えられるからであって、この生産性の相違の強度の相違への還元がなければ、この場合価値法則の修正は起こらない。このことが掴まえられておれば、『資本論』初版および第二版の、「世界市場では、強度のより大きい国民的労働日はより大きい労働時間を持つ労働日として、すなわち外延的により大きい労働日として数えられるばかりか、より生産的な国民的労働日は、…強度のより大きい労働日としても数えられる」（K. Marx, Das Kapital, Bd. I, Hamburg, Verlag von Otto Meissner, 1867, S. 549; Ebenda, zweite verbesserte Auflage, Hamburg 1872, S. 584）という文章が国際間における価値法則の修正について述べられたものであることは容易に理解できよう。

そして、ここに修正される価値規定とは、国内では強度のより大きいまたはより生産的な労働時間に対比される、社会的に必要な労働時間による価値規定であり、国際間ではそのそれぞれが一つの階段をなしている、国民社会的に必要な労働時間による国民価値規定である。しかし、価値法則の修正は国内であれ国際間であれこの法則の廃棄を意味するのではなく、逆にこの法則の貫徹をこそ意味する。国際間における価値法則の修正をこの法則に特有な国際的貫徹様式と考えるその根拠は、以下に見るように、価値法則を世界的または国際社会的に必要な労働時間による国際価値規定の法則すなわち国際価値法則としてより具体的に把握するところに存する。

なお、相異なる諸国民は資本主義的生産のさまざまな発展諸段階にあり、それに応じて労働の生産力に著しい相違があるという事実によって、価値法則がその国際的適用においてさらにいっそうの修正を受けるのは、より生産的な労働が強度のより大きい労働として数えられるというただそのことだけによって起こる。世界市場においては、より生産的な労働が強度のより大きい労働として、強度のより大きい労働がまたより大きい時間をもつ労働として数えられるからである。

「価値法則は、それが国際的に適用される場合には、さらに一層大きく修正される（dans son application internationale, la loi de la valeur est encore plus profondément modifiée）。というのは、より生産的な国民が、自国の商品の販売価格をその商品の価値水準まで引き下げることを、競争によって強制されない限り、世界市場では、より生産的である国民の労働がやはり、強度のより大きい労働として数えられるからである。」（K. Marx, Le capital, p. 243 II〔同前二一〇頁〕）

しばしば誤解されていることだが、国際間における価値法則の修正が強度の相違によるものと生産性の相違によるものと二つあるのではなく、このように生産性の相違にもとづく修正の仕組みがただ二重になっているだけなのである。つまり、価値法則の修正に強度の場合と生産性の場合との二通りがあるのではなく、修正はあくまで社会的に必要な労働時間による価値規定の変更ただひとつだけなのである。西ドイツ派の国際価値論研究者の多くが依拠するコールマイですら、この点では間違っている。彼は基本的に二つの修正を認める立場に立っている。「価値法則の二つの修正は世界市場で国民的生産性および強度の差異によって異なった国民価値諸量が交換されるということに導く。」（G. Kohlmey, Karl Marx' Theorie von den internationalen Werten, a. a. O., S. 45）

国際間における労働の生産力の相違が真に大きな意味をもってくるのは、このような価値法則の修正の場合ではなく、第五節で見るように、世界市場における競争論とりわけ国際市場価値論の展開においてである。

2　世界労働

(1)「ユニフェルゼル」と「国民的」

さきに引用した『資本論』第一巻フランス語版第二二章の文章は、「しかし、それぞれの国が構成部分をなすにほかならないユニヴェルセルな市場（marché universel）では事情が違う。国民的労働の平均的あるいは通常の強度は、国が違えば同じではない。それはこの国ではより大きくあの国ではより小さい。これらの国民的諸平均は一つの段階を形成しているのであって、ユニヴェルセルな労働（travail universel）の通常の強度がこの階段の尺度単位になっている。強度のより小さい国民的労働に比較すれば、強度のより大きい国民的労働は、同じ時間において、より多くの貨幣で表現されるより多くの価値を、生産する」（K. Marx, Le capital, p. 243–II〔同前下巻、二〇九－一〇頁〕）となっていた。「ユニヴェルセルな労働」という語を含むこの一節は、ドイツ語第三版では「これらの国民的諸平均は一つの階段をなしているのであり、その度量単位はウニフェルゼルな労働（universelle Arbeit）の平均単位である」（K. Marx, Daskapital, Bd. I, dritte vermehrte Auflage, Hrsg. v. F. Engels, Hamburg, Verlag von Otto Meissner, 1883, S. 573）となり、これが現行版にそのまま引き継がれている。ここに用いられた「ユニヴェルセルな市場」、「ユニヴェルセルな労働」または「ウニフェルゼルな労働」とは何か。これがここでの問題である。

マルクスは「ユニヴェルセルな市場」という語を、シスモンディの著作『経済学新原理』（パリ、一八一九年）から採っていることは明らかである。シスモンディが「ユニヴェルスの市場（marché de l'universe）もまた前に各国民の市場がそうであったように限られている」（J.-C.-L. Simonde de Sismondi, Nouveaux principes d'économi politigue, Paris 1819, tome 1, p.336〔菅間正朔訳『経済学新原理』（世界古典文庫）上巻、二八一頁〕）とか「ユニヴェルセルな市場（marché universel）の需要は、かくして、さまざまな産業諸国民が相争う量と正確に一致する」（Ibid., tome 2, p. 316〔同前下巻、二三七頁〕）とか言う場合の「ユニヴェルスの市場」「ユニヴェルセルな市場」がそれであって、文意から見て「世界市場」を指していることは明らかである。この点はまた、『資本論』フランス語版の「ユニヴェルセルな市場」がドイツ語第三版で「世界市場（Weltmarkt）」（K. Marx, a. a., O., S573）と訳されていることによっても確かめることができる。この点は何ら問題がない。

しかし、「ユニヴェルセルな労働」または「ウニフェルゼルな労働」という語であればどうであろうか。この語は、マルクス自身の言葉ではないが、彼が『哲学の貧困』においてプルードンに対置させた、初期社会主義者ブレイの著作『労働の害悪と労働の救治』（リーズ、一八三九年）のなかに見出すことができる。すなわち、ブレイが「平等交換の原理（the principles of equal exchanges）は、その真の性質にもとづいてユニヴァーサルな労働（universal labour）を確実にするはずである」（J. F. Bray, Labour's wrongs and labour's remedy, Leeds 1839, pp. 109–10）と述べた文章のなかの「ユニヴァーサルな労働」、すなわちマルクスの『哲学の貧困』のなかの「ユニヴェルセルな労働」（K. Marx, Misere de la philosophie, Marx-Engels, Historisch-Kritische Gesamatausgabe, erste Abteilung, Bd. 6, Berlin 1933, S. 153）または「ウニフェルゼルな労働」（『哲学の貧困』全集④、一〇一頁）がそれである。しかし、この語は、ブレイが平等交換の原理について述べた文章中にあることからも明らかなように、共産主義社会における労働のある特別な在り方を示す言葉であり、ここで「普遍的労働」（同前）という適切な訳語が当てられているように、共産主義社会における平等を実現させるある特別な役割を担う労働の意味なのである。

『資本論』における「ユニヴェルセルな労働」または「ウニフェルゼルな労働」は、明らかにこれとは異なる。これが個々の国をその構成部分とする世界市場という文脈において語られている言葉であるからである。公刊されているマルクスの著作中には、実際この「ウニフェルゼルな労働」という語は見出せない。

しかし、『資本論』以外にこの語の用例が見当たらないとはいえ、「ウニフェルゼル」という語であれば、『資本論』フランス語版をはじめ、マルクスの初期および中期の作品にも頻出する。たとえば、この語はマルクスとエンゲルスの共同著作『ドイツ・イデオロギー』のなかで、生産力の大きな向上、その高度な発展に伴って、人間の「局地的な在り方」に代わって「世界史的な在り方」が現われるという内容の文章に続く、次の一節のなかに見出すことができる。

「ただ生産力のこのウニフェルゼルな発展（universelle Entwicklung）とともにのみ人間たちのウニフェルゼルな交通（universeller Verkehr）が実現し、それゆえ、このウニフェルゼルな交通は一方では『文なし』大衆の現象をあらゆる民族のうちに同時に生み出し（普遍的競争〔〈die〉 allgemeine Konkurrenz〕）、それら諸民族のそれぞれを爾余の民族の変革に依存させ、そしてとどのつまりは世界史的な（weltgeschichtliche）、経験においてウニフェルゼルな諸個人（universelle Individuen）を局地的な諸個人に取って代わらせているからである。」（『ドイツ・イデオロギー』全集③、三一頁。強調はマルクス）

これとほぼ同じ内容の文章は、『経済学批判要綱』の「貨幣に関する章」のなかに見出せるが、ここでは同じ章のなかで「ウニフェルゼル」という語が「国民的」という語に対比されて用いられている用例を挙げておこう。

「それだから貨幣は、鋳貨においてもやはりただ章標にすぎないのであって、その材料はどうでもよいものである。だが鋳貨としては、貨幣はまたそのウニフェルゼルな性格（universeller Charakter）を失い、国民的・局地的な（nationaler, lokaler）性格を受け取る。……それはまた再び国民的な性格（nationaler Charakter）を失い、諸国民間の交換手段として、ウニフェルゼルな交換手段（universelles Tauchmittel）として役立つのであるが、しかしもはや章標としてではなくて、一定量の金銀としてである。」（Gr., SS. 137–38）

この二つの用例、とりわけ後者から明らかなように、「ウニフェルゼル」という語は「国民的」という語に対比して用いられているのであり、文意から見てこの語は「世界的」という意味に解さなければならないであろう。したがって、前の文章中の「ウニフェルゼルな発展」とは「世界的な発展」、「ウニフェルゼルな交通」とは「世界的な交通」、そして「ウニフェルゼルな諸個人」とは「世界的な諸個人」すなわち、「局地的な諸個人」に対比される「世界史的な、経験において世界的な諸個人」という意味であり、後の文章中の「ウニフェルゼルな性格」とは「国民的・局地的性格」に対比される「世界的な性格」という意味であり、最後の「ウニフェルゼルな交換手段」とは「世界的な交換手段」という意味であり、それは世界貨幣のことであろう。したがって、「ウニフェルゼルな労働」とは、結局国民的な労働に対比される「世界的な労働」すなわち次に見る世界労働のことなのである。

（2）世界労働

世界労働とは何か。世界労働とは「世界的または国際社会的な再生産を担う労働」（中川信義「世界的労働」『経済学辞典』〔大月書店、一九七九年〕五八〇頁）である。資本主義的生産は、ローザのいうように、「もともと世界的生産

（Weltproduktion）」（Rosa Luxemburg, Die Akkumulation des Kapitals: Ein Beitrag zur ökonomischen Erklärung des Imperialismus, Gesammelte Werke, Bd. 5, Berlin, Dietz Verlag, 1975, S. 250〔長谷部文雄訳『資本蓄積論』（青木文庫）中巻、三三九頁〕であってみれば、資本主義的労働も始めから世界労働でなければならないであろう。しかし、資本主義的労働と並存する前資本主義的労働あるいは非資本主義的労働、たとえばマルクスの時代のアメリカ南部諸州やカリブ海の黒人奴隷や東ヨーロッパの農奴の労働あるいは現代の社会主義社会の労働であればどうであろうか。これらの黒人奴隷や農奴の労働も、その綿花や砂糖や小麦などの生産が同時に世界市場向けの商品生産を行なっている限りは、世界労働であり、一部の社会主義的労働も、その外国貿易部門の労働が国際分業の諸環を構成する限りは、世界労働である。

ここで想い起こされるのは、『資本論』第二巻第四章「循環過程の三つの図式」のなかの、産業資本の循環が世界市場においては非常にさまざまな社会的生産諸様式の商品流通と交錯しているというマルクスの次の指摘である。

「産業資本が貨幣かまたは商品として機能している流通過程のなかでは、産業資本の循環は、貨幣資本としてのそれであろうと商品資本のそれであろうと、非常にさまざまな生産様式――といっても同時に商品生産である限りでのそれ――の商品流通と交錯している。商品が奴隷制にもとづく生産の生産物であろうと、あるいは農民（シナ人、インドのライオット）の、あるいは共同体（オランダ領東インド）の、あるいは国営生産（ロシア史の古い時代に現われる農奴制にもとづくそれのような）の、あるいは半開の狩猟民族などの生産物であろうと、それらは、産業資本を表わす貨幣または商品に対して商品または貨幣として相対するのであって、それらは産業資本の循環にも入れば、商品資本によって担われる剰余価値の循環にも、この剰余価値が収入として支出される限りでは、入って行くのである。つまり商品資本の２つの流通分枝の両方に入るのである。」（K. II, S. 113）

この文章は、「生産諸様式の節合（1'articulation des modes de production）」の理論で知られるレーがその著作『階級同盟』（パリ、一九七三年）において、マルクス自身「他の生産諸様式の真ん中への資本主義の挿入」（P.-P, Rey, Les alliances de classes: "sur l'articulation des modes de production" suivi de, "materialisme historique et luttes de classes", Paris, Francois Maspero, 1973, p. 118）すなわち「節合」について述べたものと見なしているものでもあるが、産業資本の流通過程はこのように商品の出自を問わないのである。「産業資本の流通過程を特色づけるものは、諸商品の出生地の多方面的性格であり、世界市場としての市場の存在である。」（*K.* II, S. 113）

さて、世界労働、世界貨幣、国際価値およびそれら相互に関するマルクスの把握は、ブルジョア社会の抽象的な考察の段階から対外貿易の真の役割、また対外貿易による貨幣の世界貨幣への発展や抽象的労働の社会的労働への発展の考察を経て、ついには世界貿易による価値の世界的な展開または実現、国際労働日、世界労働、国際価値の考察に到る彼自身の辛苦に満ちた研究の歩みの一成果なのであった（中川信義「国際・価値論の基本問題――世界市場においてどのようにして価値法則が貫かれるか――」『世界経済評論』一九七九年八月号、五二頁）。

とりわけ、この対外貿易または世界貿易による価値の真の性質の発展、また価値の世界的な展開または実現、さらに抽象的労働の社会的労働への発展、しかも対外貿易と世界市場の基礎上でのみ行われるというその発展は、結局、労働の世界労働への発展、したがって価値の国際価値としての発展、そしてその価値の世界貨幣への発展に帰着する。国民労働に対比されている世界労働や、国際価値の量的規定についてのマルクスの理解は、このことを示唆している。このことから、逆に次のようにいうことができよう。すなわち、世界貨幣は貨幣したがって価値から、国際価値も同様に価値から、そして世界労働は何らかの労働から、それぞれ発展したものにすぎないということ、これである。

世界労働が労働から発展したものだとすれば、それはどのようにしてか。マルクス自身、市場の世界市場への発展に伴う抽象的労働の社会的労働への発展について、「抽象的労働は、具体的労働がさまざまな労働諸様式の世界市場を包括する総体に発展するのと同じ度合いで発展する」（Mw. Ⅲ, S. 250）と述べているが、これは、彼が市場の世界市場への発展、具体的労働の世界的規模における発展に伴う抽象的労働の世界的規模における発展について示唆したものと受け取ってよいであろう。したがって、次のようにいうことができよう。

互いに独立に営まれる各国民の私的諸労働の総体は、非常にさまざまな生産諸様式を含みかつ国際交換によってのみ媒介される国際分業を形成するが、この場合これらの私的諸労働は世界労働となる。したがって、世界労働とはもろもろの局地的または国民的諸市場の世界市場への発展に照応した概念である。世界市場においては、この労働の世界的または国際社会的性格は直接的には現われず、交換を通じて間接的にのみ現われるにすぎない。すなわち、労働そのものではなく、労働生産物の交換によってのみ、各国民の私的諸労働は世界総労働すなわち国際分業体制の諸環として実証されるとともに、他方ではそのそれぞれが他の有用な私的労働との同等性を証明する。この同等性は価値としての同等性に帰着するが、ここでの価値は世界的または国際社会的な価値すなわち国際価値にほかならない。そして、この国際価値の実体は世界労働であり、その大きさは世界的または国際社会的に必要な労働時間によって規定される。

なお、アミンがエマニュエルの「不平等交換」論の本質的貢献であると見なしている「世界（国際）諸価値の優位性」（la prééminence des valeurs mondiales〔internationales〕）（S. Amin, L'échange inégal et la loi de la valeur, p. 16〔花崎訳『不等価交換と価値法則』一三頁〕）または「世界諸価値の国民諸価値（valeursn ationales）に対する優位性（国際諸価値の優位性より正確な用語）」（S. Amin, L'impérialisme et le développement inégal, p. 48〔北沢訳『帝国主義と不均等発展』七七頁〕）なるものも、アミンが自らの「世界諸価値」の基礎に世界労働を置き、それと関連づけ、またそれを実体として呈示しない限り、理論としては無内容なのである。しかし、彼はどこにおいてもそれを行なってはいない。
最後に、「普遍的労働」について見ておくことにしたい。「普遍的労働（allgemeine Arbeit）というのはすべての科学的労働（wissenschaftliche Arbeit）、すべての発見、すべての発明である」（K. Ⅲ, S. 114）といわれるように、「科学的労働」こそこの概念に相応しいものである。したがって、国際価値の実体としての「ユニヴェルセルな労働」または「ウニフェルゼルな労働」の訳語として「普遍的労働」という語は、「普遍的」の原義から見ても不適切なのである。これが不適切なことは、ペティの著作『政治算術』（ロンドン、一六九〇年）のつぎの文章からも明らかである。

「産業の偉大にして究極的な成果は、富一般ではなくて、特に銀、金および宝石の豊富である。銀、金、宝石は、腐敗し易くないし、また他の諸物品ほど変質し易くもなく、いついかなるところにおいても（at all times, and all places）富である。ところが、ぶどう酒、穀物、鳥肉、獣肉等々の豊富は、そのときその場かぎりの（hic & nunc）富にすぎない。」（W. Petty, Political arithmetick, London 1690, The economic writings of Sir William Petty, ed., by C. H. Hull, vol. 1, Cambridge 1899, pp. 259–60〔大内兵衛・松川七郎訳『政治算術』（岩波文庫）五〇頁〕）

「全国民の富は、金、銀、宝石その他の普遍的富（Universal Wealth）をほとんどもたらさない普通の肉類、飲料および衣服等について行われる国内交易よりも、むしろ主として全商業世界との外国貿易における彼らの分け前に存するのである。」（W. Petty, *op. cit.*, p. 295〔同前、一一五頁〕）

要するに、「普遍的」という語は、金、銀、宝石などのように時間によってもまた場所によっても規定されないものを形容する言葉である。この点からいえば、労働に関して、空間を超えるが時間を超えない労働と空間も時間も超える労働との二つを区別しなければならない。国際価値の社会的実体としての世界労働は前者すなわち空間を超えるが時間を超えない労働に対応し、「科学的労働」としての「普遍的労働」は後者すなわち空間も時間も超える労働に対応している。

3　国際価値

(1)　その実体と大きさ

国際価値の実体が世界労働に還元できるとすれば、国際価値の大きさは世界労働の量によって規定されることになるのはいうまでもない。すなわち、この実体をより多く含めばその価値は大きく、逆ならば逆であろう。したがって、一商品の国際価格というものも、この観点から見れば、さしあたりその商品に対象化されている世界労働の量の単なる貨幣名でしかない、ということになろう。しかし、いったいこの世界労働の量はどのようにして測られるのか、これがここでの問題である。

『経済学批判（一八六一〜一八六三年草稿）』のなかのいわゆる「機械についての断章」において、マルクスは、具体的な事実を考察するさいに必要な方法論的観点を提示しつつ、世界市場における商品の価値の尺度に関する次のような注目すべき見解を書き記している。

「ひとたび問題が具体的な経済現象となると、けっして一般的な経済法則を単純かつ直接に適用してはならない……。……事実の考察では、われわれの対象からはるかに遠いところにある、そのうえ、ここでのわれわれにもまだ手の届く諸関係と比べてはるかに具体的な諸関係をあらかじめ展開しておかなければ、説明が不可能でさえあるような一連の状況が考察の対象になる。たとえば、〔1〕カリフォルニアとオーストラリアにおける〔金〕の発見およびそれと関連した諸事情の展開以後の世界市場の拡大に伴う需要の増大。〔2〕前述の現象が生じたちょうどその時期における原料（綿花）価格の安価と大量〔輸入〕などがそれらの産業の個々の部門に及ぼした影響。〔3〕最後に、たとえば綿花の価値の尺度は、イギリスの労働時間によって決まるのではなくて、世界市場における平均的必要労働時間（die average necessary time of labour auf dem Weltmarkt）によって決まるという事情。」（『一八六一〜一八六三年草稿抄――機械についての断章――』マルクス・ライブラリ②〔大月書店、一九八〇年〕二三頁、〔1〕〜〔3〕の数字は引用者）

ここに、〔1〕金発見と世界市場拡大に伴う需要の増大、〔2〕綿花の安価と大量輸入の産業に及ぼす影響、〔3〕世界市場における商品の価値の尺度として、「イギリスの労働時間」ではなく「世界市場における平均的必要労働時間」を見出すことができる。輸入国の、あるいはあの国やこの国の労働時間ではなく、「世界市場における平均的必要労働時間」が、世界市場における価値規定者としてはっきり摑まえられているのである。しかし、世界市場における具体的な経済現象の底流を流れる法則がこのように掴まえられているからとはいえ、この法則がこの「断章」において展開されているわけではない。

『資本論』第一巻初版の第六章に予定していた草稿『直接的生産過程の諸結果』の「個々の断片」のなかに、国際間における商品の価値規定に関するマルクスのより進んだ考えが示されている。

「〔1〕相異なる国々を見れば、継続時間や個々の労働者には依存しない生産性のほかに、労働日の強度がその長さと同様に大きな相違を示している。〔2〕強度のより大きい国民的労働日は、強度のより小さい労働日・プラス・Xに相当する。〔3〕金銀生産国の労働日を国際的労働日（internationaler Arbeitstag）の尺度とすれば、たとえば一二時間の、強度のより大きいイギリスの労働日は、強度のより小さいスペインの労働日よりも多くの金で表現されるであろう。〔4〕すなわち、それは、金銀に実現される中位の労働日（mittlerer im Gold und Silber realisierter Arbeitstag）と比べて、より高いであろう。」（『直接的生産過程の諸結果』〔国民文庫〕二〇八～九頁、〔1〕～〔4〕の数字は引用者）

これを敷衍すれば、次のようになろう。〔1〕国際間においては、労働日や労働の生産性のほかに労働の強度も大きな相違をなしている。〔2〕強度のより大きい国民的労働日は強度のより小さい国民的労働日よりも価値の点から見てその差等だけ、つまりプラスx分だけ大きい。〔3〕金銀生産国の労働日を「国際的労働日の尺度」とすれば、強度のより大きいイギリスの労働日は同じ労働時間の強度のより小さいスペインの労働日に比べてより多くの金銀で表現されるであろう。〔4〕強度のより大きいイギリスの労働日は、また「金銀に実現される中位の労働日」と比べてもより高いであろう。ここに始めて用いられた「国際労働日の尺度」や「金銀に実現される中位の労働日」が、のちの「世界労働の平均単位」に具体化されていくのは、容易に理解できる。マルクスはここで、強度のより大きい国民的労働日の貨幣表現を通して、価値すなわち国際価値の量的規定の問題に一歩近づいているのである。

『資本論』第一巻初版の第五章「絶対的および相対的剰余価値の生産についてのさらに進んだ研究」の末尾の三つの段落は労賃の国民的相違に関する研究であるが、その第二段落の冒頭には『諸結果』よりも簡潔に述べられている、次の一節が見出せる。これは第二版の第二〇章「労賃の国民的相違」のなかにも見出せるもので、内容はまったく同じである。

「〔1〕世界市場では、強度のより大きい国民的労働日は、より大きい労働時間を持つ労働日として、すなわち外延的により大きい労働日として数えられるばかりでなく、〔2〕より生産的な国民的労働日は、そのより生産的な国民が競争によってその商品の販売価格をその価値にまで引き下げることを強制されないかぎり、強度のより大きい労働日として数えられる。〔3〕だから、強度のより大きいそしてまたより生産的な国民的労働日は、強度のより小さいあるいはより生産性の低い国民的労働日に比べて、全体としてより高い貨幣表現で現われる。」（K. Marx, *Das Kapital*, Bd. 1, Aufl., S. 549; Ebenda, 2, Aufl., SS. 584–85,〔1〕～〔3〕の数字は引用者）

この内容は、〔1〕世界市場では強度のより大きい国民的労働日はそれだけより長い時間の労働日として数えられること、〔2〕より生産的な国民的労働日は強度のより大きい労働日として、したがってそれだけまたより長い時間の労働日として数えられること、〔3〕強度のより大きいまたはより生産的な国民的労働日は世界市場においてそれだけより高い貨幣表現で現われること、に尽きるが、このうち〔2〕には、後述する「そのより生産的な国民が競争によってその商品の販売価格をその価値にまで引き下げることを強制されない限り」という留保条件が付けられている。さきに見たように〔1〕〔2〕は国際間における価値法則の修正、そして〔3〕が『諸結果』と同様価値の貨幣表現すなわち国際価値の量的規定に関するものである。

国際価値の実体を世界労働に還元し、その量的規定を探究してまず「世界市場における平均的必要労働時間」や「国際的労働日」「金銀に実現される中位の労働日」の把握に始まり、ついで「世界労働の通常の強度」「世界労働の平均単位」を獲得するに到ったマルクスは、しかしいったいこれによって国際価値をどのように規定しているのであろうか。次に、これを見よう。

(2) 国際価値

国際価値に関するマルクスの最初にしておそらく唯一の見解は、『資本論』フランス語版第一巻第二二章の国際間における労働の強度および生産性の相違にもとづく価値法則の修正の命題に続く、次の一節のなかに示されている。

「〔1〕ある国で資本主義的生産がより発展しているのに応じて、それと同じ度合で、(国民的) 労働の平均的強度も生産性もそこでは、国際的水準を越えている。〔2〕だから、相異なる国々で同じ労働時間内に (dans le meme temps de travail) 生産される同種の商品の相異なる諸分量 (différentes quantités) は、〔3〕相異なる諸価格で (en prix différents)、すなわち国際価値の大きさにつれて大きさが変わる諸貨幣額で (en sommes d'argent dont la grandeur varie avec celle de la valeu r internationale)、表現される、〔4〕相異なる国際諸価値 (Valeurs internationales différentes) を、持っているのである。」(K. Marx, Le Capital, p. 243 II〔同前、二二〇頁〕、〔1〕〜〔4〕の数字は引用者)

〔2〕以下は、ドイツ語版では、「だから、相異なる国会で同じ労働時間に (in gleicher Arbeitszeit) 生産される同種商品の相異なる諸分量 (verschiedene Waren quanta) は、不等な国際諸価値 (ungleiche internationale Werte) を持っており、これらの諸価値は相異なる諸価格で (in verschiedenen Preisen)、すなわち国際諸価値の相違に従って相異なる諸貨幣額で (in je nach internationalen Werten verschiedenen Geldsummen)、表現される」(*K.* I, S. 584) となっており、フランス語版と

内容上変わらない。そこでこの文章を敷衍すれば、〔1〕資本主義的生産が発展していれば、それだけ国民的労働の平均的強度も生産性も国際的水準よりも高く、〔2〕そのため、国際間では同じ労働時間に同種商品の相異なる諸分量が生産され、〔3〕それらの諸分量は、相異なる諸価格で、すなわち国際価値の大きさに比例してその大きさが変わるような諸貨幣額で表現され、〔4〕そしてまた、それらの諸分量は、そのように表現される相異なる国際諸価値を持つ、ということである。この文章全体の主旨は、フランス語版でよりもドイツ語版での方がその意味がより明瞭に読み取れるように、同等な労働時間に不等な国際価値諸量が生産される、という点にあることは明らかである。すなわち、一時間にすべての国が等しく一〇〇フランの価値を生産するのではなく、たとえばA国で一〇〇フラン、B国で二〇〇フラン、C国で三〇〇フラン、等々の国際価値諸量が生産されるということである。それというのも、同じ一時間に同種の商品がA国で十個、B国で二〇個、C国で三〇個、等々が生産され、これらが世界市場ですべて同一の価格すなわち一個一〇フランで売られるからである。注意すべきは、国民的労働の強度や生産性、生産される商品諸分量、国際価値諸量およびそれらがそれでもって表現される諸貨幣額のこのような相違にもかかわらず、同じ種類の個々の商品の国際価値の大きさはすべて同一である、ということである。そして、これが同一であるという前提のうえに、以上の諸点が成り立っているのである。これはいったい何を意味するか。結論を先取りしていえば、これは、世界市場においては、一商品の価値が世界的または国際社会的に必要な労働時間によって規定されるということを意味する。世界的または国際社会的に必要な労働時間による国際価値規定の法則すなわち国際価値法則が貫かれることを意味する。

一般に、一商品の価値の大きさはその商品の生産のためにすでに投下された労働量によって規定されるのではなく、同種商品を新たに再生産するために社会的に必要とされる労働量によって規定される。これがマルクスの価値規定であって、リカードその他の単純な投下労働価値説とはそれは区別されなければならない。そしてこの場合には、個々の商品は、「それが属する種類の平均見本」（*K.* I, *S.* 54）と見なされる。世界市場でも事情は変わらない。すなわち、世界市場では、商品の国際価値の大きさはその商品の生産に世界的または国際社会的に必要な労働時間によって規定されるのであって、国民社会的に必要な労働時間によってそれが規定されるのではない。したがって、世界市場では、同種商品の国際価値の大きさは同一である。これは、資本主義的生産様式の生産物についてだけではなく、その生産が同時に商品生産である限りは、前資本主義的生産様式あるいは非資本主義的生産様式、たとえば前述の世界市場向けに生産する黒人奴隷制や農奴制あるいは社会主義的生産様式の生産物であっても、同じである。世界市場においては、これらの生産物は、同種商品である限りは、一個同一の商品として相対するだけであるからである。

国際価値量の多寡は商品量の多寡に依存する。すなわち、強度のより大きい国民的労働は同じ労働時間からなる強度のより小さい国民的労働に比べてより多くの商品量、したがってまたより多くの国際価値量を生産するのである。また生産性のより高い国民的労働も、それが強度のより大きい労働として見なされる限りは、生産性のより低い国民的労働に比べて同種商品のより多くの分量、したがってまたより多くの国際価値量を生産するのである。世界市場向けに生産していた黒人奴隷制や農奴制、たとえばアメリカ南部諸州の黒人奴隷制やドナウ諸侯国の農奴制の場合には、たいていは長い労働時間によって強度のより大きいまたは生産性のより高い労働に対抗したのである。

このように世界市場では国際価値が現実の価値であり、国民価値やその他の価値は実在しないかのように見える。しかし、そうではない。一商品の個別的価値はその商品の生産にすでに対象化された個別的に必要な労働時間にほかならず、その商品が国民市場で国民価値としてまた世界市場で国際価値としてどのような評価を受けようとも、すでに一定量の凝固した労働時間として実在している。コールマイがいうように、「局地的な諸市場では価値の大きさもまた局地的に規定され、国民的な諸市場では国民的に、限定的に国際的な諸市場（単にいくつかの国を含むだけの）では限定的・国際的に、そして世界的に国際的な諸市場（universell internationale Märkte〔世界諸市場〕）では世界的・国際的に価値の大きさは規定される」（G. Kohlmey, Karl Marx' Theorie von den internationalen Werten, a. a. O., S. 35）のであるが、しかしやはり個別的に必要な労働時間としての個別的価値は実在するのである。なお、コールマイのこの文章を引用して、ブッシュは「個々の生産者や個々の生産領域はたいてい同時に局地的、地域的、国民的および国際的な部分諸市場向けに生産しているので、空間的に相異なる価値形成諸過程の並存が存在する」（K. Busch, *Die multinationalen Konzerne, a. a. O.*, S. 36）と述べてコールマイを踏襲しているが、ゴラルチクは「国際諸価値もしくは世界市場諸価値の成立の場合には、抽象的に人間的な労働、価値の普遍的実体は、世界化（universalisieren）される」（D. Goralczyk, *Der internationale Konzern*, a. a. O., S. 100）と述べてむしろ価値と労働の関係の理解に混乱を持ち込んでいる。

ここで重要なことは、市場と労働と価値の関係である。市場が局地的なものから国民的なものへ、国民的なものから世界的なものへ発展していくにつれて、私的・個別的労働もまた局地的、国民的、世界的な労働に発展し、それとともに価値もまた局地的、国民的、世界的な価値に発展していくであろう。そしてこの過程はまた局地的、国民的、国際的な分業の発展に照応しているであろう。しかしそうだとはいえ、世界市場を構成する国家によって総括された国民経済または国民社会が実在している以上、国民価値もまた実在する。すなわち、一商品の国民価値はその商品の生産に国民社会的に必要とされる労働時間そのものであり、その商品が世界市場でどのような評価を受けようとも、そのことに関わりなく実在しているのである。世界市場の複合市場としての特殊性とは、世界市場と国民市場の並存のうちに、すなわち国際価値と国民価値の並存のうちに、存するのである。

第三節　国際搾取と国際不等価交換――国際価値論（2）――

1　国際搾取

（1）国際価値論なき国際搾取論

「価値は、最初は、最初の生産費によって、つまりその物を生産するために最初に必要だった労働時間に従って、決定される。ところが、生産されてしまうと、生産物の価格は、それを再生産するために必要な費用によって、決定される。しかも、再生産の費用は絶えず下がって行き、時代が産業的であればあるほどより急速に下がって行く。」（「一八五一年八月一四日付けマルクスのエンゲルス宛ての手紙」全集㉗、二六六頁、強調はマルクス）マルクスの価値論は、このように一八五〇年代初めにはすでに仕上げられていたが、それが貨幣論や資本と労働の交換論との関連でより一層豊かな展開を見せてくるのは、『経済学批判要綱』においてである。『要綱』の「貨幣に関する章」において、マルクスは自らの価値論を「価値を規定するものは、生産物に合体された労働時間ではなく、現在必要な労働時間である」（Gr., S. 54）と定式化している。したがって、この定式化のうえにいっさいの経済的諸現象を解明していく方法が厳密に採られるようになるのは、この『要綱』以降のことであり、それが国際交換論にまで及んでくるのは、さきに見たように『剰余価値学説史』や『直接的生産過程の諸結果』以降すなわち一八六〇年代に入ってからのことである。したがって、『学説史』以前の諸著作において国際搾取の問題が取り上げられることはあっても、それが価値論すなわち国際価値論と関連づけて論じられたものではなかったことに留意しなければならない。本来の国際搾取論の考察に入る前に、この国際価値論なき国際搾取論について見ておくことにしたい。

まず一八四四～四五年の九冊の抜萃ノートでは、対外商業の利潤と国内商業のそれとの間の区別をめぐるリカードとセーの論争に対する批判の次の文章は国際搾取に関するものである。

「リカードは、彼がセーの対外商業の利潤と国内商業の利潤との間の区別が分からない、と言っている。両方の場合とも利益は生産された効用であり、商業の目的は生産の増加にある、と。セー氏はリカードのこの素朴な疑惑に、利得は生産された効用および価値によってのみではなく、他人の損失によっても得られる、と答えている。国内商業においてはこの利得は国民にとっての利得ではなく、ただ一人のポケットから一人のポケットへの置き換えだけである。ところが、他人が外国人である場合には、『その他人が属している国民は、他国民が失うものを得る』。このことは明白である。」（K. Marx, Ökonomische Studien〔Exzerpte〕, Marx-Engels, Historisch-Kritische Gesamtausgabe, erste Abteilung, Bd. 3, Berlin 1932, S. 512）

またリストの『政治経済学の国民的体系』（テュービンゲンおよびシュツットガルト、一八四一年）に対する批判のなかの次の文章も国際搾取に関するものである。

「諸国民の多数者は、『諸国民の政治的諸関係』を『考慮に入れることなしに』掛値商売（Schacher）の諸法則に委ねられているのであるから、右の命題は次の意味しか持っていない。すなわち、『われわれドイツのブルジョアは、君たちドイツのプロレタリアがわれわれから搾取されているのと同じように、またわれわれが互いに搾取し合っているのと同じように、イギリスのブルジョアから搾取されたくはない。われわれは、君たちを交換価値の諸法則に委ねるが、自分をその同じ諸法則に委ねたくはない。われわれは、国内でわれわれが承認する経済諸法則を、国外に対してはもはや承認しようとは思わない』と。」（「リストの著書『政治経済学の国民的体系』について」全集補巻①、一一六頁）

次に一八四〇年代後半の主要著作、すなわち『賃労働と資本』、『自由貿易問題についての演説』、『共産党宣言』などでは国際搾取に関する次のような文章が数多く見られる。

「一国について見ても、また世界市場全体について見ても、資本家階級すなわちブルジョアジーが生産の純収益をどんな割合で自分たちの間に配分しようとも、この純収益の総額はいつでも、だいたいにおいて、蓄積された労働が生きた労働によって増やされた額にすぎない。」（『賃労働と資本』全集⑥、四一二頁）

「全世界的な状態での搾取を普遍的友愛（fraternité universelle）という名称で呼ぶようなことは、これこそブルジョアジーの胸中でなければ発生しえなかった考えだ。」（『自由貿易問題についての演説』全集④、四七〇頁）

「一国が他国を犠牲にして富むことができる様子を自由貿易論者が理解できないにしても、われわれは驚くに当らない。なぜなら、この当の論者は、どのように一国の内部で一階級が他の一階級を犠牲にして富むことができるかも、理解しようとしないのだから。」（同前、四七一頁）

「一個人による他の個人の搾取が廃止されるにつれて、一国民による他の国民の搾取も廃止される。一国民の内部の階級対立がなくなれば、諸国民の間の敵対関係もなくなる。」（『共産党宣言』全集④、四九三頁）

また一八五〇～五三年の二四冊の抜萃ノートでは、リカード外国貿易論への評注として次の一句が見出せる。

「一個人が他の個人を掠め取る（bestehlen）ように、一国民は他の国民を掠め取ることがないであろうか？」（Gr., S. 810）

さらに『経済学批判要綱』でも、マルクスが自分自身のために書いた「ノートへの心覚え」（ノートB''）の末尾に「2つの国民は利潤の法則に従って交換し、両者とも利潤を得るが、しかし一方はつねに騙されている」とあるが、これは「資本に関する章――第三篇果実をもたらすものとしての資本」（ノートⅦ）の最後の表題に当たるものであり、その内容は、冒頭で説明されているように、国際搾取に関するものである。

「利潤は剰余価値以下であっても差支えがなく、したがって資本は厳密な意味では自ら価値増殖することなしに、交換されて利潤を上げる〔ことができる〕ということから次のようなことが出てくる。すなわち、一人びとりの資本家ばかりではなく、諸国民もまた、相互に引き続き交換し、しかも諸国民はそのために一様に利得しなくともよいままに、絶えず増大する規模で引き続き交換を繰り返すことができるということである。一方の諸国民は他方の諸国民の剰余労働の一部分（ein Teil der Surplusarbeit）を、これに対して交換で何ら対価を支払わずに引き続き領有する（aneignen）ことができるが、ただこの場合は尺度は資本家と労働者の間の交換のようなわけにはいかない。」（Gr., S. 755）

なお、現代の国際搾取論のなかで注目されるのは、「低発展の発展（development of underdevelopment）」のテーゼの提唱で有名なフランクのそれであろう。「中枢―衛星構造」における「中枢」による「衛星」の「経済余剰」の「収奪／領有（expropriation/appropriation）」（A. G. Frank, Capitalism and underdevelopment in Latin America: Historica Studies of Chile and Brazil, rev. & enl. ed., New York & London, Monthly Review Press, 1969, p. 6〔大崎正治他訳『世界資本主義と低開発』柘植書房、一九七六年、所収、三三頁〕）に関する彼の理論は、一応国際間における「収奪／搾取」、すなわち価値または剰余価値の国際的移転を定式化したものといえるが、これは典型的な国際価値論なき国際搾取論である。

ところが、フランクのこのような国際搾取論こそ、次に見るようにアミンがその「世界価値の国民価値に対する優位性」論において出発点としたものであった（S. Amin, L'accumulation á l'échlle mondiale, tome 1, pp. 79–80〔野口他訳『世界資本蓄積論』六七―八頁〕）。

（2）国際搾取と「世界価値」

搾取とは何か。搾取とは「生産手段の所有者が直接生産者の労働の一部分を無償で自分のものにすること、すなわち剰余労働または不払労働を領有（appropriation; Aneignung）することと」である。したがって、「搾取は、この意味で、私有財産、とりわけ生産手段を奪い取るという意味の収奪（expropriation; Expropriation）とは厳密に区別されなければならない」（中川信義「搾取」大阪市立大学経済研究所編『経済学辞典』第二版〔岩波書店、一九七九年〕五〇四頁）のである。

このような搾取は、階級間の関係だけではなく、国際間の関係についても言えるであろうか。マルクスは、初期の著作だけではなく、『経済学批判要綱』、『剰余価値学説史』、『資本論』など主要な著作においても、この国際搾取について言及している。「一方の諸国民は他方の諸国民の剰余労働の一部分を、これに対して交換で何ら対価を支払わずに引き続き領有する。」（Gr., S. 755）「より富んでいる国がより貧しい国を搾取する。」（Mw. Ⅲ, S. 101）「恵まれた国は、より少ない労働と引き換えにより多くの労働を取り返す。」（K. Ⅲ, S. 248）これが国際搾取、今日の言葉でいえば、国際間の価値移転である。したがって、この搾取は、交換が価値を生むというような主張とはまったく無縁なものである。この点で、メイヤスーの次の批判は見当はずれのものといわざるをえない。「マルクス主義者と称される研究者が低開発問題について行った最近の研究の多くは、労働の搾取というよりも不平等交換（l'echange inegal）に力点を置いている。しかし、交換が価値を創造するということを古典派と同じように容認するのでない限り、帝国主義諸国の富裕化は、国際貿易によってではなく、低開発諸国の労働者の搾取によってしか生じえないのである。」（C. Meillassoux, Femmes, greniers & capitaux, Paris, Francois Maspero, 1975, p. 139〔川田順造・原口武彦訳『家族制共同体の理論』筑摩書房、一九七七年、一五七頁〕）

　メイヤスーのこの批判はアミンに向けられたものである。しかし、両者は奇妙にも、マルクスに反対して、相異なる生産諸様式の間の価値移転を「本源的蓄積のメカニズム」によるものと見なす点では一致している。「一つの生産様式の価値を他の生産様式に移転することによって蓄積が行われるとき、それを本源的蓄積という。」（C. Meillassoux, op. cit., p. 145, note 7〔同前、一六八頁、原注7〕）「資本主義的生産様式が前資本主義的生産様式と関係を持つときにはつねに、本源的蓄積のメカニズムの結果として後者から前者への価値の移転が生じる。」（S. Amin, 'acumulation a l'echelle mondiale, tome 1, p. 14〔野口他訳『世界資本蓄積論』一八頁〕）

　しかし、アミンの場合には、この「本源的蓄積のメカニズム」論は、『世界的規模における蓄積』に続いて刊行された『不均等発展』や『帝国主義と不均等発展』ではむしろ後退し、代わって「世界価値の国民価値に対する優位性」論が登場する。そして現代世界は、次のような「システム」、①諸商品の世界的性格、すなわち「世界価値の国民価値に対する優位性」、②資本の世界的性格、すなわちその国際可動性、③労働市場の頑固な国民的性格、すなわち労働力の非常に限定された国際可動性、などによって決定される「資本主義的諸構成の単一のシステム」（S. Amin, L'impérialism et le développement inégal, p. 48〔北沢訳『帝国主義と不均等発展』七七–八頁〕）によって構成されるようになるという。さらに、この「システム」は社会主義的市場をも包摂しているという。「資本主義的生産様式の支配は、またもう一つ別の次元で表現される。というのは、その次元はすべての構成が編成され階層づけられた単一のシステムに秩序づけられるような一つの世界システムを構成しているからである。かくして、二つの世界市場、資本主義的市場と社会主義的市場とがあるのではなくて、単一の市場、つまり資本主義的市場があるのであって、東ヨーロッパは限界的に参加しているにすぎない。」（S. Amin, Le developpement inegal, p. 17）

アミンがこの「世界システム」とともに持ち出した「世界価値」、これがここでの問題である。しかし、彼は、この「世界価値」について、その実体が何であり、その大きさはどのようにして規定されるのか、という最も重要な問題を明らかにしようとせず、ただ「世界価値の国民価値に対する優位性」という言葉を繰り返すだけで、課題に一歩も踏み込まない。しかし、彼は、ただ一点「世界価値」について、それが労働力の国際非可動性という前提のもとでも実在する、と正しく指摘している。「すべての生産物が国際商品であるということから、世界のさまざまな場所で支出され、それら生産物のうちに凝結された労働の同じ量は、たとえ労働力が国境を越えて循環しないから国際商品ではないにしても、やはり単一の世界価値を生産することになる。」（S. Amin, L'échange inégal et la doi de la valéur, p. 17〔花崎訳『不等価交換と価値法則』一四–五頁〕）しかし、このような「世界価値」は、彼の「不平等交換」すなわち国際間の価値移転と両立するであろうか。

実際、フランス派の主張する「不平等交換」は、国際等価交換または「世界価値」のもとでは存在しない。エマニュエルの『不平等交換』を批判してミシャレはいう。「諸商品の交換は等価物の交換（echangeinegal）である。もっとも平凡な経験的観察が明らかにするのとは反対に、不平等交換（échange inégal）なるものは存在しない。」（C. A. Michalet, Le capitalisme mondial, Paris, Presses Universitaires de France, 1976, p. 49）また、アミンの著作『帝国主義と不均等発展』のなかで引用されている、『不平等交換と価値法則』に関する手紙のなかでベトレームはいう。「『用語』の問題が残っています。さまざまな諸国によって供給される生産物は、それらの世界価値において交換されることが認められた時点から、『不平等交換（échange inégal）』（私はそれを使用するのに反対した）という用語自体は放棄されるべきだと思われます。なぜなら、諸国間の『不平等（inégalités）』は、さまざまな諸国において同一の生産物を獲得するのに支出されなければならない労働量の不等（inégalités）に由来するからです。」（S. Amin, L'impérialisme et le développement inégal, p. 140〔北沢訳『帝国主義と不均等発展』一六九頁〕）これに対するアミンの答えは、「不平等交換の代わりに『搾取の不等な（inégales）諸条件』について語る方がよいだろう」（S. Amin, *op. cit*, p. 141〔同前一七〇頁〕）というもので、事実上彼はその「不平等交換」概念を放棄するよう追い込まれている。

しかし、アミンにとっても、また同様にフランクにとっても、証明すべき課題は国際等価交換すなわち国際価値通りの交換にもとづく国際搾取であった。ベトレームはこの課題を認識しているが、アミンらはこれに気付いていない。すでに見たように、国際間では価値法則は国民的労働の強度および生産性の相違にもとづいて修正されるが、価値法則のこの修正は、この法則が廃棄されることではなく、逆にそれが貫徹されることを意味した。世界市場では一商品の価値は、国民社会的に必要な労働時間ではなく、世界的または国際社会的に必要な労働時間によって規定されるからである。コールマイに依拠する西ドイツ派の国際価値論研究者には不十分ながらもこの認識があるが、エマニュエルやアミンなどフランス派にはこの観点がない。ともかく、このような国際価値法則が貫徹される場合には、国際間において時間数の相異なる労働、たとえば一労働日と三労働日が同等の国際価値諸量を生産するものとして相互に交換されるが、このことをもって一国民が他国民を搾取する、ということができるであろうか。この点は、労働の強度の相違にもとづく場合と労働の生産力の相違にもとづく場合とではその内容に本質的な違いがあるのだから、この不等労働量交換をもってただちに国際搾取ということができない。労働の強度の場合には、一労働日と三労働日の交換といっても、強度のより大きい一労働日と強度のより小さい三労働日の交換は労働の内包的大きさと外延的大きさという違いがあるとはいえ実質を具えた同じ労働量の間の交換であるが、労働の生産力の場合にはそうではない。

労働の生産力の場合には、そのより生産的な国民的労働は、そのより生産的な国民が自分の商品をその価値ではなく国際価値で販売する限り、強度のより大きい国民的労働として数えられるだけであり、その労働は実質を具えたものではない。世界市場においては、現実の価値は個別的価値や国民価値ではなく国際価値であるからである。したがって、このような場合には、先進国民のより少ない労働が後進国民または低開発国民のより多くの労働と交換されるのであって、たとえ両国民がこの交換によって使用価値の質と量の点で、すなわち外国貿易の素材転換機能によるその多様化と多量化によって、互いにどれほど大きな利益を得るとしても、価値の点では前者の国民による後者の国民の搾取すなわち価値または剰余価値の国際的移転が行なわれるということができる。しかしこの搾取は、第三節bで見るように国際価値よりも安く買い、またそれよりも高く売るという国際不等価交換すなわち詐取による搾取と区別されなくてはならない。ここにいう国際搾取とは、このようなものではなく、国際等価交換すなわち国際価値通りの交換による不等労働量交換を指すのであって、その基礎は国際間における労働生産力の相違である。

マルクスは、草稿『経済学批判（一八六一〜一八六三年草稿）』において、より生産的な資本家が価値以上の販売によって得る剰余価値を、不等価交換によって得られるそれと区別して、社会的価値と個別的価値との差額としての特別剰余価値として把握する見解を示している。「ここで問題にしているのは次のような場合である。すなわち、上昇した労働の生産性がまだその同じ事業部門のなかで一般化しておらず、そのため資本家が彼の生産物の生産に現実に必要としたかのように売る（少なくとも一定の比率でというのは、彼はいつでも他の資本家よりも安く売るであろうから）、という場合である。」（K. Marx, Zur Kritik der politischen Ökonomie (Manuskript 1861–1863), MEGA, II, 3. 1, S. 216〔『マルクス資本論草稿集』④、三八三頁〕）「労働はこの場合同じ事業部門の平均労働とは違って例外的に〔高い〕生産力を得ている結果、この労働は平均労働に比べてより高い労働（hohere Arbeit）になっているのであって、その結果、たとえばこのより高い労働の一労働時間は平均労働の 5/4 労働時間に等しいのであり、より高い力能にある単純労働（einfache Arbeit auf höherer Potenz）なのである。」（K. Marx, a. a. O., S. 293〔同前五一四頁〕）この「より高い労働」または「より高い力能にある単純労働」が、国際間においては、「より複雑な労働」としてそうでない労働すなわち単純労働と関係し合うのである。マルクスはこの関係を、イギリスの一〇時間法案が労働日を短縮したにもかかわらず資本家の利潤を減少させなかった理由の一つとして挙げた次の文章のなかで示している。

「イギリスの労働時間は大陸の労働時間よりも高位にあり、後者に対してより複雑な労働（complicirtere Arbeit）として関係するということ（したがって、イギリスの工場主の外国の工場主に対する関係は、新しい機械を採用するある一人の工場主の彼の競争者に対する関係と同じであるということ）。」（Ebenda, S. 310,〔同前五四二頁〕）

マルクスは、同様の指摘を、『資本論』第三巻第三篇第一四章の利潤率の低下に反対に作用する諸原因の一つ対外貿易について論じたところでも行なっている。すなわち、彼はここで、先進国が対外貿易から高い利潤率を挙げることができるのは、生産条件の劣っている後進国との競争が行なわれ、先進国の労働が「比重の大きい労働」として実現されるからであり、先進国の内部では「質的により高い労働（qualitativ hohere Arbeit）として支払われない労働」が国際間では「そのような労働」として通用し、その商品を競争国よりも安く売りながら、しかもその価値以上に売るからである、としている。また、彼は、この同じ関係は、商品がそこに送られまたそこから商品が買われる国に対しても生じうるとしている。「すなわち、この国は、自分が受け取るよりも多くの対象化された労働を現物で与えるが、それでもなおその商品を自国で生産できるよりも安く手に入れるという関係である。」（K. III, S. 248）そしてこの後、マルクスはさきと同様の指摘を行なっている。

「それは、ちょうど、新しい発明が普及する前にそれを利用する工場主が、競争相手よりも安く売っていながらそれでも自分の商品の個別的価値よりも高く売っているようなものである。すなわち、この工場主は自分が充用する労働の特別に高い生産力を剰余労働として実現し、こうした超過利潤を実現するのである。」（K. III, S. 248）

この個別的価値以上の販売によって得られる国際超過利潤または国際特別剰余価値は、国際不等価交換にもとづくものではなく、国際等価交換、すなわち国際価値通りの交換にもとづく搾取によって得られるものである。こうして、国際超過利潤または国際特別剰余価値は国際価値と個別的価値との差額として把握されなければならないのである。

2 国際不等価交換

（1） 等価交換と不等価交換

フランクによれば、マンデルは「本源的蓄積と第三世界の工業化」と題する論文において、宗主国と植民地の間の典型的な交換関係にもとづいて次のような時期区分を行なっているという。「マルクス主義経済理論に照らして見れば、剰余価値の源泉および領有の歴史過程は、それゆえ、三つの異なる契機を持つ弁証法的統一をなす。すなわち、不等価値にもとづく不平等交換（unequal exchange on the basis of unequal values）、等価値にもとづく平等交換（equal exchange on the basis of equal values）、等価値にもとづく不平等交換（unequal exchange on the basis of equal values）。……前資本主義時代の不平等交換、西洋資本といわゆる発展途上国の間の特有の関係を伴った現代商業の真っ只中での不平等交換……。」（A. G. Frank, Dependent accumulation and underdevelopment, London, Macmillan, 1978, p. 8〔吾郷健二訳『従属的蓄積と低開発』岩波書店、一九八〇年、一一–一二頁〕）しかし、マンデルがこの三つの交換によって国際搾取をいい表わそうとするなら、曖昧の誹りは免れえないであろう。また、彼がこの交換に国際不等価交換の意味を持たせようとするなら、何よりもまず自らの「等価値」、「不等価値」の意味を明らかにしなければならないであろう。

一商品の価値の大きさを規定するのは、その商品に含まれている社会的に必要な労働時間である。したがって、この等しい大きさの労働量が含まれている諸商品は、等しい価値量を持つ。「等価交換（Äquivalentenaustausch）」または「等価物の交換（Austausch von Äquivalenten）」とは、この等しい価値量を持つ諸商品が相互に交換されること、諸商品がその価値通りに交換されることを意味する（中川信義「等価交換・不等価交換」前掲『経済学辞典』第二版、九四〇頁）。したがって、一商品の価値と他の各商品の価値との比は、一方の商品の生産に社会的に必要な労働時間と他方の商品の生産に社会的に必要な労働時間との比に等しい。「そもそも、商品がその価値によって交換される、あるいは――流通過程で生じる、交換の特殊な形態を考慮すれば――売買される、ということは、ただ等価物（Equivalente）、等しい価値量（gleiche Werthgrössen）が交換され、相互に補填されるということ、すなわち、諸商品の使用価値が等量の為し加えられた労働時間（gleich grosse Arbeitszeit aufgearbeitet）を含むような比率、それらが等しい分量の労働の定在（Dasein gleichgrosser Quanta Arbeit）であるような比率で、諸商品が交換される、ということを意味するにすぎない。」（K. Marx, Zur Kritik der politischen Ökonomie（Manuskript 1861–1863）, a. a. O., S. 19〔『マルクス資本論草稿集』④、二八頁〕）

このような等価交換に対して、諸商品がその価値通りではなくて、価値以下で買われまたは価値以上で売られる「不等価交換（Nichtäquivalentenaustausch）」または「不等価物の交換（Austausch von Nichtäquivalenten）」はありえないのであろうか。それはありうる。「一方が失うものを他方が得るということ、したがって両交換者が不等価物（Nicht-Equivalente）を交換するということ、つまり、一方の交換者は自分が投入した交換価値よりも高い交換価値――しかも他方の交換者が交換から引き出す交換価値が、交換に投入した交換価値よりも低ければ低いほど、それだけ高い交換価値を――交換から引き出すということ、このことはもちろん可能である。」（K. Marx, *a. a. O.*, S. 19〔同前、二八頁〕）

しかし、このような「不等価物の交換」が行なわれうるのは、ただ、一方の交換者による、他方の交換者の「詐取（Übervorteilung）」が行なわれる場合だけである。しかもこの詐取によっては、価値も剰余価値も生み出されはしない。それは、ただ、与えられた価値または剰余価値の配分を変更するにすぎない。したがって、一方の側がこの詐取によって得る「剰余価値」は、他方の側がそれによって失う「不足価値」に正確に一致する。「商品所有者のうちの一人、あるいは一部分が、他の部分からの詐取（Übervortheilung）によって流通から引き出す剰余価値（Mehrwerth）は、詐取された商品所有者たちが流通から取り出す不足価値（Minderwerth）によって正確に測られる。」（Ebenba, S. 20〔同前、二九頁〕）なお、このような考え方は、独りマルクスだけのものではなく、一八世紀の英仏両国の経済学者、すなわち重商主義者にとってもまた重農主義者にとっても一般的なものであった。「利潤と損失、私はこれらを積極的、相対的および複合的なものに分ける。……相対的利潤（relative profit）は、誰れかの損失（loss）になるという意味を含むものである。それは当事者の間の富のバランスの振動を示すものであるが、全般的資産（general stock）には何の追加もないという意味を含んでいる。」（Sir J. Steuart, An inquiry into the principles of political economy, *Sir J. Steuart's Works*, vol. 1, London 1805, p. 275〔中野正訳『経済学原理』（岩波文庫）（2）、七二―三頁〕）「もともと商業自体は、ある売上価値を有する生産物と、それと同じ価値を持った他の生産物との交換なのであって、このような交換においては、――一方では価格を引き下げ、他方ではそれを引き上げようとするところの商業からは独立した諸原因によって、派生的に交換当事者のどちらかに損失を与える可能性が多いといっても、――結局、それ自体として考えられるならば、契約者のいずれに対しても、何らの損失も何らの利得ももたらしえないのである。」（F. Quesnay, Du commerce *Œuvres économiques et philosophiques de F. Quesnay*, Paris 1888, p. 450〔島津亮二・菱山泉訳『ケネー全集』第三巻、有斐閣、一九五二年、一八四頁〕）

したがって、等価交換や不等価交換は単なる等労働量交換や不等労働量交換を意味するのではなく、何よりも等価値交換や不等価値交換をそれは意味するのである。したがってまた、「不平等交換（ungleicher Tausch〔独〕、échange inégal〔仏〕、unequal exchange〔英〕）」なるものは、何ら不等価交換を意味せず、それが等価交換や不等価交換と一致する場合のあるのはむしろ偶然にすぎない。ところで、フランス派や西ドイツ派とは違って、この「不平等交換」をもっぱら商人資本の活動の結果であると見なすイギリス派のケイは、商人資本が産業資本と決定的に異なるのは次の点にあるという。「産業資本は、商品の価値と等価（equivalent）の価格で売買するすべての商品の交換によって、社会の剰余生産物を、剰余価値や利潤の形態で手に入れることができるのに対して、商人資本は不等価（non-equivalent）

あるいは不平等交換（unequal exchange）で確保しなければならない。」（G. Kay, *Development and underdevelopment: A marxist analysis*, London, Macmillan, 1975, p. 87）このように商人の利潤は、商品の譲渡すなわち商品の販売によって実現される「譲渡利潤（profit upon alienation）」（Sir J. Steuart, *op. cit.*, p. 244〔同前、三九頁〕）であるが、この純粋かつ独立な商業利潤は、等価交換が行なわれる限り、不可能に見える。「総じて価値の増加は、純粋に、彼（商人――引用者）が交互に関係を持つ相手方から詐取（Ueber-vortheilung）から、不等価物の交換（Austausch von Nichtäequivalenten）から、こうしてこのことによって、彼はつねに自分が流通に投げ込むのよりも大きい価値を流通から引き出す、ということから、説明されるべきものとして現われる。」（K. Marx, a. a. O., S. 25〔同前、三七頁〕）すなわち、商人の利潤は詐取または不等価交換によってしか得られないのである。ところが、このような不等価交換もケイにあっては、価値法則の一つの作用の仕方なのである。「特殊には商人資本、一般には流通資本は、剰余価値および利潤を取得するためには不平等交換（unequal exchange）に携わらなければならないが、すべての資本利潤と同様この利潤も労働の不払生産物として生産領域のなかにその真実の源泉を見出すのである。したがって、不平等交換は価値法則を無効にするのではなく、反対にそれは流通資本との関連で価値法則が作用するその仕方なのである。」（G. Kay, *op. cit.*, pp. 88–9）確かに、不等価交換も、商人が自分たちの間で利潤をどのように配分しようともその利潤の総額が生産過程で生産された剰余価値の額にすぎない限り、価値法則の一つの作用様式には違いないが、それは明確に等価交換とは区別されなければならないものである。この区別は、交換関係が国内から国際間のそれに発展するにつれてますます重要になってくる。「国際等価交換（internationaler Äquivalentenaustausch）」または「等価物の国際交換（internationaler Austausch von Äquivalenten）」とは、等量の国際価値を持つ諸商品が相互に交換されること、諸商品が国際価値通りに交換されることを意味し、このような等価交換によらない交換が一般に国際不等価交換と呼ばれるのである（中川信義「国際的不等価交換」『大月経済学辞典』二九五頁)。さきに見たように、世界市場においては、一商品の価値は世界的または国際社会的に必要な労働時間によって規定されるのであって、それは先進国民の労働時間によってもまた後進国民の労働時間によっても規定されはしない。国際等価交換とは、世界的または国際社会的に必要な労働時間によって規定される国際価値通りの交換であって、このような交換が行なわれる限り、先進国民による後進国民の搾取が行なわれるのである。

これに対し、「国際不等価交換(internationaler Nichtäquivalentenaustausch)」または「不等価物の国際交換(internationaler Austausch von Nichtäquivalenten)」とは、このような国際価値通りの交換ではなく、国際価値よりも安く買いまたはそれよりも高く売ること、を意味する。したがって、このような交換は、たいていは経済的に未発展な諸国民の間の商業活動において見られる。「事実、商人財産は純粋にこの方法(不等価物の交換——引用者)によって生じうるのであって、産業的に未発展な諸国民の間で仲介商業を営む商業諸民族の致富は、主にこの方法で生じたのであった。商人資本は、生産の、また総じて社会の経済的構造の、さまざまな諸段階にある諸国民の間で活動を続けることができる。」(K. Marx, *a. a. O.*, S. 25〔同前、三八頁〕)

経済的に未発展な諸共同体の生産物の交換を媒介するにせよ、双方の生産国または双方の生産価格の間の差額を搾取するにせよ、商業利潤とりわけその大部分は「詐欺・瞞着」から生ずるのである。

「商人資本の独立的発展は資本主義的生産の発展度に反比例するという法則は、ヴェネツィア人やジェノヴァ人やオランダ人などに見られるような仲介商業(carrying trade)の歴史に最もよく現われる。すなわち、これらの場合には、主要な利益は、自国の生産物の輸出によって得られるのではなく、商業的にもその他経済的にも未発展な諸共同体の生産物の交換を媒介することによって、そして双方の生産国を搾取すること(Exploitation)によって、得

られるのである。」（K. Ⅲ, S. 341）

「商業資本が未発展な諸共同体の間の生産物交換を媒介する限りでは、商業利潤は詐欺・瞞着（Übervorteilung und Prellerei）のように見えるだけではなく、大部分は詐欺・瞞着から生まれるのである。商業資本がさまざまな国々の生産価格の間の差額を搾取する（ausbeuten）ということ（そしてこの点では商業資本は商品価値の平均化と確定との方向に作用する）は別としても、かの生産様式のもとでは、商人資本が剰余生産物の大半を領有する（aneignen）ということになる。」（K. Ⅲ, S. 343）

ここに見られる「商業資本は商品価値の平均化と確定との方向に作用する」という一句は、世界市場における国際価値の成立そのものを指し、商業資本の国際商業活動がこれを促す事情について述べたものと見なすことができる。というのは、「商人は自分の運動そのものによって等価性（Äquivalenz）を確立する」（K. Ⅲ, S. 342）からである。したがって、国際不等価交換についての正しい問題の立て方は、このような等価性の確立すなわち国際価値または第五節bで見る国際市場価値の成立の後もなおこのような不等価交換が行なわれるか、ということである。さきに見たミシャレやベトレームはこの問いには否定的であった。しかし、国際不等価交換が国際価値以上での販売またはそれ以下での購買、すなわち国際価値からの国際価格の乖離を意味する以上、不等価交換は国際価値または国際市場価値を前提して始めて成り立つ概念であることを承認しなければならないであろう。

最後に、商人資本だけでなく産業資本もまた不等価交換によってその利潤を増大させているというケイの所説を聴こう。彼は、「産業資本の低開発世界への関心とは何か」と自問し、第一に生産手段ことに原料、第二に消費手段ことに食料への関心を挙げ、第三の関心として次のように述べている。

「低開発世界は産業資本に広大な潜在的市場を提供し、この市場において産業資本は開発世界のプロレタリアートから搾り出す剰余価値を実現しえただけでなく、不平等交換（unequal exchange）を通じて、すなわち低開発世界の市場において商品をその価値以上の価格で売ることによって、領有した（appropriated）非資本主義世界の剰余生産物をもって剰余価値を増大させることができた。産業資本の利潤は、もう一つの仕方の不平等交換、すなわち原料や食料をその価値以下で買うことによって、同様に増大させたのである。」（G. Kay, *op. cit.*, p. 101）

ここで明らかにケイは、その「不平等交換」概念を不等価交換の意味に用い、商業資本ではなく産業資本が価値以上で売りまた価値以下で買ってその利潤を増大させると述べている。ただし、彼にあってはこの価値が国際価値を意味するのか否か定かではない。

(2) 国際不等価交換と「不平等交換」

国際交換において等価交換ではなく不等価交換が問題にされたり強調されたりするのは、いったい何故であろうか。それは多分、国際不等価交換でもって、国際間の搾取すなわち価値または剰余価値の国際移転を説明しようとする考えがあるからであろう。たとえば、エマニュエルがその「不平等交換」概念に固執し、アミンが同じく「不平等交換」概念、後には「世界価値の国民価値に対する優位性」でもってあくまで主張しなければならなかったのは、彼らがこれらの概念でもって国際間の価値移転を説明しようとする一貫した考えを持っていたからであった。しかし、そうであったからこそまた、彼らの「不平等交換」概念に対して多くの異論が出されたのである。異論のなかの最有力なものは、国際間の価値移転すなわち国際間の搾取は、さきに見たように国際等価交換のもとで行なわれるということである。一般に搾取の説明にさいしては、次のこと、すなわち資本による賃労働の搾取も先進国民による後進国民の搾取もともに価値規定に関連させて説明されなければならないということ、このことが前提として置かれなければならない。労働力の価値以下への労賃の切下げや国際価値通りでない国際不等価交換は、現実にそのような方法による搾取が行なわれているとはいえ、これでもって搾取の説明としてはならないであろう。

ところが、エマニュエルやアミンを批判するマンデルは、ほかならぬこの国際搾取をその「不平等交換」概念でもって説明しようとする。「不平等交換（ungleicher Tausch）にもとづく価値の喪失や獲得はどこから生ずるのか。マルクスはそれに明白な解答を与えている。それは一般的な労働価値説を国際貿易に適用することによってである。資本主義時代の不平等交換は結局不等な労働量の交換に帰着する。」（E. Mandel, *Der Spätkapitalismns: Versuch einer marxistischen Erklärung*, Frankfurt/M., Suhrkamp, 1972, SS. 324–25〔飯田裕康・的場昭弘訳『後期資本主義』Ⅱ、柘植書房、一九八一年、一六一頁〕）そして彼は、「資本主義時代の不平等交換」にわざわざ注記して、「これは高利貸資本および商人資本の時代の『不等価値の不平等交換（ungleicher Tausch ungleicher Werte）』と区別される」（E. Mandel, a. a. O., S. 325, Note 19〔同前、一八七頁、注20〕）と書いている。彼はまた、「半植民地」の四〇億フランの価値の商品が「帝国主義宗主国」の同じ価値の商品と交換される場合を仮定して、次のように述べている。

「世界市場では国際価値（世界市場価値）の等式は以下のような形態を取る。$1538cA+1231vA+1231mA=200cB+2000vB+1800mB$ 等しい国際価値が等しい国際価値と交換される。この等式のどこに『不平等交換』が隠されているのか。この『等しい国際価値』が不等な労働量を表わしているということのうちにである。」（Ebenda, S. 331〔同前、一六八頁〕）

マンデルはこのように「不平等交換」を国際搾取と見る立場からエマニュエルやアミンやパロワの理論に批判を加えているが、その批判は、「不平等交換」を国際不等価交換と解するさきのケイによる批判とともに、フランス派挟撃の両極を構成するものとなっている。

もともとフランス派の「不平等交換」は国際搾取と国際不等価交換の二つの意味を含んでいた。エマニュエルやアミンの理論を不透明にしているのは、彼らがこの二つを明確に区別していないこと、取り違えていることにある。エマニュエルにあっては、この「不平等交換」概念はもう一つ別の意味を持っていて、とりわけこの概念は第二次世界大戦後に普及したものである。彼にとっては、事実上この概念は開発国と低開発国の間の交易条件悪化という現象以外の何ものでもない（A. Emmanuel, L'échange inégal, *Problèmes de planification*, no. 2, 1962〔「不等価交換」原田訳『新国際価値論争』所収〕）。エマニュエルは、ベトレーム（C. Bettelheim, Échange international et développement régional, *Problèmes de planification*, no. 2, 1962〔「国際貿易と地域発展」、同前所収〕）と同様に不等価交換の二つの形態を区別している。ベトレームにあっては、第一の形態は、資本の有機的構成が異なり賃金水準が同一である諸国間において生ずるもの、第二の形態は、賃金水準のみ異なる諸国間において生ずるもので、前者が広義の不等価交換、後者がより厳密な意味での不等価交換、である。このうち、第二の形態がエマニュエルの重視するものであるが、ベトレームにあっては逆に第一の形態が、資本主義的生産の観点からは等価交換であるが「不平等交換」として現われるという意味で、「不平等交換」概念として認められているものである。エマニュエルは、その著作『不平等交換』第二章「対外交換における均衡価格」のなかのＩ「国際価値の独自性」およびⅡ「国際交換における生産価格の修正：不平等交換（échange inégal）」において、この問題を考察している。Ｉは、後にアミンによって、エマニュエルの基本的貢献をなすものという高い評価を受けたものだが、Ⅱは、パロワやアミンなどフランス派内部からも激しい批判を浴びせられたものである。エマニュエルは、このなかで、「経験的および統計的範疇としての利潤率の均等化」および「国際的水準での労働要素の非競争性」について考察し、「前述したことは、国際的水準でわれわれが最終的に採用するつもりの仮説の現実性を示す傾向がある、すなわち労働要素の非競争性は異なる剰余価値率を可能にし、資本の競争性は利潤率の均等化傾向を招く」（A. Emmanuel, *L'échange inégal*, nouvelle édition revue et complétée., Paris, François Maspero, 1972, p. 102）と述べ、その「不平等交換」論を「不等価（non-équivalence）の第一形態：同等の剰余価値率―不均等な有機的構成」と「本来の意味の不等価：不等な剰余価値率」に分けてその理論を数表の生産価値表式のうちに総括している。そのうち、重要なものは、第1−1表の「不等価の第一形態」と第1−2表の「本来の意味の不等価」である。前者は、資本の有機的構成がA国240K：60v＝4：1、B国120K：60v＝2：1と異なり、剰余価値率がA・B両国一〇〇％で同一である国際交換で、この場合には、A・B両国の生産物価値170Vのものが150A＝190Bという比率で交換される。後者は、投下総資本がA・B両国240Kで同一であるが、資本の有機的構成がA国240K：100v＝2.4：1、B国240K：20v＝12：1、剰余価値率もA国$\frac{200m}{1000v}$＝20％、B国$\frac{100m}{20v}$＝500％と異なる国際交換で、この場合には、やはりA・B両国の生産物価値170Vのものが130A＝210Bという比率で交換される。前者の交換では剰余価値20mが、後者では40mがB国からA国へ移転される。このように、「本来の意味の不等価」でも投下総資本は同一であるが、資本の有機的構成が異なっているにもかかわらず、エマニュエルは、「賃金の不等（inégalité）そのものは、それ自身だけで交換の不平等（inégalité）を引き起こすことが明らかとなる」（A. Emmanuel, *op. cit.*, p. 111）と書いている。彼の「不平等交換（l'échange inégal）の定義」は、次のようなものである。「商品市場に関して不完全競争から生ずるあらゆる価格変化を除けば、不平等交換は、『制度的に』異なる剰余価値率の諸地域間に利潤率の均等化によって確立される均衡価格の関係である、――『制度的に』という用語は、これらの剰余価値率が何らかの理由によって、諸要素の市場に関して競争によ

第１－１表　エマニュエルの「不等価の第１形態」

国	K 投下総資本	c 消費不変資本	v 可変資本	m 剰余価値	V 価値 $c+v+m$	R 生産費 $c+v$	T 利潤率 $\frac{\Sigma m}{\Sigma K}$	p 利潤 TK	L 生産価格 $R+p$
A	240	50	60	60	170	110	$33^1/_3$%	80	190
B	120	50	60	60	170	110		40	150
	360	100	120	120	340	220		120	340

この「不等価の第１形態」は「同等の剰余価値率―不均等な有機的構成」にもとづく	国	資本の有機的構成	剰余価値率
	A	$240K:60v=4:1$	$\frac{60m}{60v}=100\%$
	B	$120K:60v=2:1$	

第１－２表　エマニュエルの「本来の意味の不等価」

国	K 投下総資本	c 消費不変資本	v 可変資本	m 剰余価値	V 価値 $c+v+m$	R 生産費 $c+v$	T 利潤率 $\frac{\Sigma m}{\Sigma K}$	p 利潤 TK	L 生産価格 $c+v+p$
A	240	50	100	20	170	150	$25^1/_3$%	60	210
B	240	50	20	100	170	70		60	130
	480	100	120	120	340	220		120	340

この「本来の意味の不等価」は「不等な剰余価値率」にもとづく――しかし投下資本は同一であるが，資本の有機的構成は不均等である	国	資本の有機的構成	剰余価値率
	A	$240K:100v=2.4:1$	$\frac{20m}{100v}=20\%$
	B	$240K:20v=12:1$	$\frac{100m}{20v}=500\%$

る平準化を免れて相対価格とは無関係であることを意味する。」(*Ibid.*)

政治経済学が解決しなければならない主要な理論課題は、「世界的規模での交換の不平等(inégalité)および経済発展の不均等(inégalité)を説明するための、労働価値から生産価格への『推移』(le《passage》de la valeur-travail au prix de production)である」と見なすパロワによるエマニュエル批判の一つは、「交換の不平等を即時的な目的と把握しているために、不平等交換(l'échange inégal)は、一方での成長の要請、つまり資本主義的生産様式(M. P. C.)の矛盾によって決定される要請と、他方での発展に対するその諸効果の間の媒介項以上の何ものでもない」(C. Palloix, La question de l'échange inégal: Une critique de l'économie politique, *L'homme et la société*, no. 18, 1970, p. 12〔「不等価交換問題――政治経済学批判――」原田訳『新国際価値論争』一三八頁〕)というものである。このパロワによるエマニュエル批判の含意は第五節bで検討される。

アミンの「世界価値の国民価値に対する優位性」は第三節aで批判済みのものであるが、彼はこの「優位性」の発見がエマニュエルの本質的な貢献であると見なしている。「エマニュエルは、自分の本質的発見を賃金が体系の独立変数であるということに見ている。……彼の理論の本質的貢献は別のところに、すなわち世界(国際)価値の優位性の肯定にあると考える。」(S. Amin, *L'échange inégal et ala loi de la valeur*, pp. 15–6〔花崎訳『不等価交換と価値法則』一三頁〕)アミンによるエマニュエル批判のなかで本質的なものは、次の二点である。「われわれは、世界市場で交換された諸生産物は特殊的であり、それらは非還元的な使用価値を持っているという彼の視点は共有しない。ましてやわれわれは、国際交換の分析を、各国の資本主義的生産諸様式の間の関係の枠内に閉じ込めることができるという意見には同調しない。」(S. Amin, *op. cit.*, pp. 49–50〔同前四九頁〕)このようにエマニュエルを批判しつつ、アミンは、同種商品を生産する「中心部(centre)」と「周辺部(périphérie)」の間の国際交換を考え、「不平等交換」を次のように定義する。

「労働の報酬における格差が生産性を特徴づける格差より大きくなるときに、世界資本主義システムにおいて不平等交換（l'échange inégal）がある。」（*Ibid*., p. 62〔同前六三頁〕）しかし、このアミンの定義は、「賃金の不平等」を「交換の不平等」の原因であると見なしている限り、エマニュエルの場合同様、一種の同義反復（tautologie）に堕している。なぜなら、そこでは説明すべきことが予め前提されているからである。すなわち、「イネガリテ」なるがゆえに「イネガリテ」。

最後に、ドイツ派によるフランス派の「不平等交換」論批判に一言触れておくことにしたい。たとえば、「市場取り引きにおいて価値と価格との間の乖離は一般に『不等価交換（nicht-äquivalenter Austausch）』と見なされる」というシュミットは、その著作のなかでコールマイの「不等価交換」論と対比させてエマニュエルの「不平等交換」論を次のように特徴づけている。「第三章二（「コールマイの『国際価値論』」――引用者）においてコールマイのマルクス『国際価値論』の（再）構成が紹介されるが、そこでは、世界商業への参加諸国の異なった効率の生産諸技術が『不等価交換（nicht-äquivalenter Austausch）』にとって決定的である。これに対して、エマニュエルはこのような差異を除外しようとする。第三章三（「エマニュエルのテーゼ：価値論的解釈」――引用者）および第三章四（「エマニュエルのテーゼ：価格論的解釈」――引用者）で取り扱う彼のテーゼは、不平等交換（ungleicher Tausch）を個々の国のアウタルキー状態における労働と資本の間の（機能的な）所得分配の差異に還元している。」（A. Schmidt, ***Internationale Arbeitsteilung oder ungleicher Tausch***, SS. 144–45）ここには、フランス派のような不等価交換と「不平等交換」の取り違えなどは見られない。

第四節　国際間における貨幣の相対的価値の相違——国際価値論（3）——

1　国際間における貨幣の相対的価値の相違

（1）貨幣の価値と貨幣の相対的価値

貨幣の相対的価値は貨幣の価値と明確に区別されなければならない。貨幣も一種の商品であるから、その価値は商品の場合と同様に労働量によって規定される。より厳密にいえば、貨幣の価値は、貨幣材料である金銀の生産に世界的または国際社会的に必要な労働時間によって規定される。金銀ほどこの国際価値規定がよく当てはまるものはない。しかし、貨幣の価値ではなく、その価値表現であればどうであろうか。「貨幣は価格を持っていない」（K. I. S. 110）が、他の諸商品の無限の系列でその価値を相対的に表現することができる。これが貨幣の相対的価値にほかならない。「貨幣の相対的価値は貨幣価値の諸商品の量による相対的表現であり、これは諸商品の貨幣形態または価格を転倒することによって得られる。」（中川信義「貨幣の相対的価値の国民的相違」『大月経済学辞典』一〇二頁）

「金銀は商品として世界流通に入り、それぞれの国内的流通領域に入る前に、等価物として、それらに含まれている労働時間に比例して諸商品等価物と交換されている。だから国内的流通領域では、金銀は与えられた大きさの価値をもって現われる。」（『経済学批判』全集⑬、一二八頁）

「貨幣自身の価値は、貨幣の生産に必要な労働時間によって規定されていて、それと同じだけの労働時間が凝固している他の各商品の量で表現される。このような、貨幣の相対的価値量の確定は、その生産源での直接的物々交

換で行なわれる。それが貨幣として流通に入るとき、その価値はすでに与えられている。」(K. I, SS. 106–7)

この交換関係においては、明らかに貨幣が相対的価値形態に立ち、諸商品が等価形態に立っている。だから貨幣および各商品の価値変動は、ともにこの交換関係の変動つまり貨幣の相対的価値の変動を引き起こすであろう。したがって、貨幣の相対的価値の変動は、一方の側の貨幣の価値変動と他方の側の他の諸商品の価値変動の二要因の次のような組合せによってきまる。①貨幣の相対的価値は、他の諸商品の価値が一定であれば、貨幣の価値変動に正比例して変動する。②貨幣の相対的価値は、貨幣の価値が一定であれば、他の諸商品の価値変動に逆比例して変動する。③貨幣の相対的価値は、貨幣および他の諸商品の価値が同時に変動するならば、その間の差等だけ変動することになるが、これは結局①または②に帰着する。

国内において貨幣の相対的価値のこのような変動の組合せとして現われるものが、国際間では貨幣の相対的価値の相違として現われる。

(2) 国際間における貨幣の相対的価値の相違

貨幣の相対的価値の国民的相違の問題を、国内における変動の組合せと国際間での同時並存的な相違の関係として見るならば、同時並存的な国民的相違は次のような変動の組合せによってきまる。

(1) 貨幣の価値変動は、他の諸商品の価値が一定であれば、国際間における貨幣の相対的価値の相違を引き起こさない。「金銀の生産費の変動における一騰一落は、世界市場でそれらの相対的価値に一様に影響を及ぼす」(『経済学批判』前出訳全集⑬、一二八頁)からである。しかし厳密にいえば価値尺度としての金銀が価値変動する場合、一定

第1－3表　貨幣の相対的価値

A　商品の貨幣形態または価値		B　貨幣の相対的価値	
相対的価値形態	等価形態	相対的価値形態	等価形態
20エレのリンネル＝			＝20エレのリンネル
1着の上衣＝			＝1着の上衣
10ポンドの茶＝			＝10ポンドの茶
40ポンドのコーヒー＝	2オンスの金	2オンスの金	＝40ポンドのコーヒー
1クォーターの小麦＝			＝1クォーターの小麦
0.5トンの鉄＝			＝0.5トンの鉄
etc.　＝			＝　etc.

期間諸商品の価値は新旧二重の尺度で測られることがある。すなわち、価値尺度としての貨幣そのものが金鉱の発見か金鉱業における技術改良かによって価値減少する場合、まず輸出商品は、産金国との貿易においてはそこでの減少した貨幣の新価値で測られてその価格は騰貴するが、国内消費向けの商品はなお引き続き貨幣の旧価値で測られるので、その価格はもとのままである。したがって、国際間における貨幣の相対的価値も、金を産出するか否か、国内競争の程度や世界市場への依存度が高いか低いかによって、その大きさは違ってくる。産金国や競争が活発で外国貿易に対する依存度が大きい国においては、貨幣の価値減少の貨幣の相対的価値に及ぼす影響はより急速であり、非産金国や競争が不活発で外国貿易に対する依存度が小さい国においては、その影響はより緩慢であろう。したがって、第一グループの国での方が第二グループの国よりも、貨幣の相対的価値は小さく、したがって、他の事情が一定であれば物価は高い。

もっともこのような二重の評価はまったく経過的なもので、やがて諸資本の競争による諸商品の価格変動を通じて旧価値尺度が新価値尺度に調整されて、この二重性は解消される。ところで、この調整過程には騰貴した輸出商品に対する代償として貴金属の絶えざる流入が伴うが、この現象こそ一八世紀にモンテスキューとヒュームによって、また一九世紀にリカードと彼の追随者によって展開されたあの物価が騰貴するのはより多くの貴金属が流通手段として機能するからであるという謬説を生ぜしめたものであった。しかし、貨幣の相対的価値は、貨幣の価値ならぬその量の増減とはまったく無関係である。「この相対的価値は、さまざまな国民的流通領域が金銀を吸収する程度とはまったく無関係である。」（『経済学批判』全集⑬、一二八頁）

（2）貨幣以外の他の諸商品の価値の変動またはその同時並存的な相違は、国際間における貨幣の相対的価値の相違を引き起こす。貨幣の価値が与えられているとすれば、資本主義的生産様式が発達している先進国では、労働の生産性が高く、諸商品労働の生産性が未発達な後進国では、労働の生産性が低く諸商品の価値も大きいので、貨幣の相対的価値は小さい。すなわち、物価は、他の事情とりわけ貨幣の価値が一定であれば、先進国では低く、後進国では高い。

一般に、「相異なる諸国民のもとでの労働者の貨幣賃金を同時に考察する場合には、金銀の価値はつねに与えられたものとして前提されている」（〔『直接的生産過程の諸結果』二〇九頁〕、強調はマルクス）が、これは何も貨幣賃金の比較の場合だけに限らない。貨幣の相対的価値であっても、したがってまた物価であっても、それらが国際比較される場合には、貨幣の価値は一定として議論を進めなければならない。なぜなら、「この価値の変動さえも相異なる諸国民にとって同時に起きるのであり、したがって、それらの諸国民の相互関係に関する限りでは、変動は存在していないのだからである。」（〔同前、二〇九頁〕、強調はマルクス）

ところが、『資本論』第一巻第二〇章の貨幣の相対的価値の国民的相違の考察のところでは、次のように貨幣の相対的価値は先進国での方が後進国でよりも小さいとなっている。「貨幣の相対的価値は、資本主義的生産様式がより高く発展している国民のもとでは、それがあまり発達していない国民のもとでよりも小さいであろう。」（K. I, S. 584）これはフランス語版でも同じである。

「貨幣の相対的価値」がこのように先進国での方が後進国でよりも小さいとなっているのは、なぜだろうか。その理由は、本節bで見るように、ここでは国際間における労賃の相違が、しかも時間賃金や出来高賃金すなわち時間当りいくら、出来高当りいくらといったような労働の価格の相違ではなく、労賃の総額の相違が問題となっているからであり、そのため国際間における国民的労働相互の量的関係が問題となっているからである。したがって、「貨幣の相対的価値」も貨幣価値の他の諸商品の量による相対的表現という意味ではなく、一定量の貨幣を媒介とする国民的労働相互の量的関係という意味に変わっているのである。すなわち、国際間において相異なる諸国民が同等の労働時間に生産する不等な国際価値諸量の量的相違がそのまま「貨幣の相対的価値」の国民的相違に反映すると考えられているのである。しかしこの場合には、「貨幣の相対的価値」は一定量の貨幣が代表しまたは支配する国民的労働量という別の意味になるが、これはマルサスがその著作『経済学原理』（ロンドン、一八二〇年）のなかで述べているものと同じものである。

「ベンガルの物価についてわれわれが入手しているすべての記述に従えば、一定量の銀（a given quantity of silver）は、そこでは、イングランドでよりも六倍または八倍よりもっと多い労働および食料品を代表しまたは支配する（represent or command）であろう。世界中どこでも等しい貨幣価格の物品は互いに交換される。その結果、二国間に行なわれる貿易では、イングランドの一日の労働の生産物は、利潤の違いを十分に斟酌した後に、インドの五日か六日の労働の生産物と交換されざるをえない、ということが生じてくるであろう。」（T. R. Malthus, *Principles of political economy*, 1st ed., London 1820, p. 114〔小林時三郎訳『経済学原理』（岩波文庫）上巻、一六二―一六三頁〕）

マルサスはこのような「インドにおける高い銀の比較的価値（the high comparative value of silver）」（T. R. Malthus, *op. cit.*, p. 114〔同前一六三頁〕）が主としてアメリカの鉱山の発見の結果がインドにまで伝えられていないことから起こっているのだという考えを排して、このような「インドにおける高い銀の価値（the high value of silver）」（*Ibid.*, p. 115〔同前一六三頁〕）は主として他の原因から起こっていると考えたいと述べている。マルサスの考えるその高い原因が何であるかはともあれ、ここでは「銀の比較的価値」と「銀の価値」が同じものとして扱われていることに注意しなければならない。マルクスの場合も、貨幣の相対的価値の国民的相違に続く相対的労賃の国際比較に関する文章の冒頭の一句に「相異なる国々での貨幣価値のこのような相対的相違（dieser relativen Verschiedenheit des Geldwerths）は別としても」（K. Marx, Das Kapital, Bd. I, 3. Aufl., S. 574;〔*K*. I, S. 584〕）とあるように、貨幣の相対的価値は貨幣の価値のことであると解釈される余地を残しているのであるが、このドイツ語第三版のもとのフランス語版では、この一句は、「相異なる国々での貨幣の相対的価値（la valeur relative de l'argent）のこうした違いは別としても」〔K. Marx, Le capital, p. 243 II〔同前二一〇頁〕）となっている。すなわち、マルクスはあくまでも貨幣の相対的価値について述べていたのである。

しかし、一定量の貨幣が代表しまたは支配する国民的労働量という意味の「貨幣の相対的価値」の国民的相違は、ここでは労賃、より正確にいえば名目労賃の国際比較を行なうために導入されているのであるが、これはさしあたり物価水準の国民的相違とは関係がない。この点に関しては、シーニアに対するJ・S・ミルの批判について見ておけばよかろう（中川信義「貨幣の相対的価値の国民的相違――その世界市場での諸資本の競争との関連について――」九州大学『経済学研究』三五巻一・二合併号、一九六九年六月）。

シーニアは、その『貨幣の価値に関する三つの講義』および「貨幣の獲得費に関する三つの講義」において、次のように述べていた。

「わたしはいまや、貴金属の生産費が何であるかを、それが最初に獲得される（originally obtained）ところで、決定する諸原因についての議論を結論づけた。しかし、これよりもっと興味深く、それほど複雑でない問題が、まだ残っている。それはつまり、その貴金属は、それが最初に獲得されない国へ、どれだけの費用で輸入されるかを決定する諸原因である。」（N. W. Senior, *Three lectures on the value of money*, London 1829, p. 11）

「われわれはわが国の産業の価値を異常な高さにまで引き上げるのに成功した。われわれは世界中、あるいは世界の最も文明化された地域におけるよりもはるかに少ない平均費用で貴金属を獲得する。これはわが国の産業のすぐれた生産力の大きな利益の結果であるのみでなく、その他多くの利益の原因でもある。他国の生産物を、わが国の立法府がそれらの受入れをわが国に許し、それらが安価であるがために禁止されない限り、単にそれらを生産するに要費するであろうよりもより少ない労働の支出で獲得することを可能にするだけでなく、生産国で要費するよりも少ない労働の支出で獲得することを可能にする。」（N. W. Senior, *Three lectures on the cost of obtaining money*, London 1830, p. 23）

これに対してJ・S・ミルは、その『経済学原理』第三編第一八章「国際価値について」において、次のようにシーニアを評価していた。「これから、各国は、その労働の一般的効率に比例して、その輸入品をより小さい費用をもって獲得する、という結論が出てくる。この命題を始めて認識し叙述したのは、シーニア氏である。だがしかしシーニア氏はそれを貴金属の輸入にのみ妥当するとしていた。」（J. S. Mill, Principles of political economy, London 1848, ed., by W. J. Ashley, London 1926, p. 605〔末永茂喜訳『経済学原理』（岩波文庫）（3）、三一九頁〕）しかしミルは、続く第一九章「輸入商品としての貨幣について」では、「シーニア氏がイギリスの労働の大きな効率がイギリスが他の多くの諸国よりもより少ない費用で貴金属を獲得している主要な原因である、と指摘したのは正しい」と述べてシーニアの功績を認めながら、すぐに続けて「それが、貴金属の価値が低いことを、諸商品を購買する力が小さいことを説明すると言っているのは、わたしは認めることができない」(*Ibid.*, p. 609〔同前、三二六頁、強調はミル〕)とシーニアを批判する。ここに貨幣の「獲得費」が物価水準と無関係であることが示されている。この貨幣の「獲得費」を貨幣の相対的価値に書き直せば、シーニアの主張はそのまますきの『資本論』第二〇章の周知の命題になろう。しかし彼は、貨幣の価値は産金国ではその「生産費」によって決定され、非産金国ではその「獲得費」によって決定されると投下労働価値説と支配労働価値説の相互に相容れない価値論を主張することによって、結局、貨幣の価値と貨幣の相対的価値とを混同しているのである。したがって、ミルのシーニア批判のなかに、シーニア理論なるものの根本的な欠陥がはからずも露呈されているのである。ミルがここで区別しているのは、貨幣の価値と貨幣の「獲得費」であるが、彼が感知しているのは貨幣の価値と貨幣の相対的価値との区別である。なお、『物価史』第六巻（ロンドン、一八五七年）の著者たちは、このJ・S・ミルのシーニア批判を取り上げ、とりわけミルが、貨幣の「獲得費」が小さいことは貨幣の価値が小さいことを説明するというシーニアに反対してイギリスにおいて物価が高く貨幣の購買力が小さいということは事実であるよりもむしろ外見的なものであると主張していることに、「この後の意見に本書の著者たちはまったく同意する」(T. Tooke & W. Newmarch, A history of prices, vol. Ⅵ, London, 1857, p. 208)と述べて、これに支持を与えている。

カリフォルニアとオーストラリアの金鉱発見後、物価上昇を貨幣材料である金の価値低下によって説明しようとしたのは、一八六〇年のコブデン＝シュヴァリエ条約のフランス側の立役者シュヴァリエがその前年に書き、ただちにコブデンによって英訳された著作『金の価値低下の可能性』(M. Chevalier, De la baisse probable de l'or, Paris 1859; On the probable fall in value of gold, English trans by R. Cobden, with a preface, Manchester 1859)であった。これがやがてケアンズの著作

『経済学論集』（J. E. Cairmes, *Essays in political economy, theoretical and applied*, London 1873）における金の減価の研究を経て、ジェヴォンズの著作『通貨と金融の研究』（W. S. Jevons, *Investigations un currency and finance*, ed., By H. S. Foxwell, London 1884）における金の減価や物価指数の研究に受け継がれていくのであるが、これには立ち入らないで、ただちに次の問題、国際間における労賃の相違の問題に立ち向うことにしよう。

2　国際間における労賃の相違

（1）労賃の変動の組合せと同時並存的な相違

『資本論』第一巻第五篇第一五章で展開された労働力の価格と剰余価値との量的変動に関する諸法則は、労働力の価値または価格を労賃という通俗的な形態に翻訳されるだけで、すべて労賃の運動の諸法則に転化する。国内の労賃運動の変動の組合せとして現われるものは、国際間では国民的労賃の同時並存的な相違として現われる。「この（労賃の――引用者）運動のなかで変動する組合せとして現われるものは、相異なる国々については国民的労賃の同時的相違として現われうるものである。」（K. I, S. 583）この組合せとしては、①労働日の長さと労働の強度とが不変で労働の生産力が可変である場合、②労働日と労働生産力とが不変で労働の強度が可変である場合、③労働の生産力と強度とが不変で労働日が可変である場合、④労働の持続と生産力と強度とが同時に変動する場合、の四つの場合が挙げられる。

マルクスは、このような方法が労賃の国際比較の場合だけでなく、たとえば「このこと（商品価格の比較分析――引用者）は、同じ一つの国について相異なる経済的諸時代を比較して見ても、同じ経済的時代の相異なる国々を比較して見ても、同じことである」（K. I, S. 651）といっているように商品価格の国際比較の場合にも、また、利潤率、利子率および地代の国際比較の場合にも妥当するものと見なしている。「ある一国のなかでつぎつぎに現われるさまざまな発展段階について言えることは、別々の国に同時に並んで現われているさまざまな発展段階についても言える。第一の資本構成が平均になっている未発展な国では一般的利潤率は66 2/3%あろうし、それよりもずっと高度な第二の発展段階にある国では二〇%であろう。」(*K*. Ⅲ, S. 224)「利子率の変動(といっても、比較的長い期間に起きる変動や国の相違による利子率の相違は別であって、前者は一般的利潤率の変動によって制約されており、後者は利潤率の相違や信用の発展度の相違によって制約されている)は貸付資本の供給によって左右される。」(*K*. Ⅲ, S. 516)「表(地代表——引用者)でつぎつぎに現われる状態と見るにしても、IaとIbとIcとに見られるそれぞれに違った状態を、別々の国に同時に相並んで存在する状態と見るにしても、同じ国でつぎつぎに現われる状態と見るにしても、うんぬん……。」(*K*. Ⅲ, S. 678)

この方法はまた、バリバールが『経済学批判』の「序言」から取り出した「歴史学の科学への転化を基礎づける二つの原理」(L. Althusser/É. Balibar, Lire le capital, tome Ⅱ, Paris, Francois Maspero, 1975, p. 83〔権寧・神戸仁彦訳『資本論を読む』(合同出版、一九七四年)二九四頁〕)にも対応している。彼によれば、この二つの原理とは、「時期区分(la périodisation)」と「社会構造におけるさまざまな諸実践の節合(l'articulation des pratiques)」であり、前者は「通時的原理(principe diachronique)」、後者は「共時的原理(principe synchronique)」と呼ばれる。この方法はさらに、コールマイが、「局地的市場から国民的市場を経てさらに世界市場への市場の拡大の歴史的傾向」について、「この傾向は連続(Nacheinander)も並存(Nebeneinander)も意味する」(G. Kohlmey, Karl Marx' Theorie von den internationalen Werten, *a. a. O*., S. 35)と述べたものにも対応している。このような方法によって、労賃の国際比較が行なわれなければならないから、比較に際しては、労働力の価値の大きさの変動を規定するあらゆる要因、すなわち、①自然的な、また歴史的に発達した第一次生活必需品の価格と範囲、②労働者の養成費、③婦人および児童労働の役割、④労働の生産性、⑤労働の強度、⑥労働日の長さ、などが考量されなければならない。

「労賃の国際比較は、第一に時間賃金や出来高賃金の比較、第二に名目労賃や実質労賃の比較、第三に相対的労賃（あるいは絶対的労賃）の比較、の三つに分けられる。」（中川信義「労賃の国民的相違」岡崎栄松他編『解説資本論』（1）〔有斐閣新書、一九七九年〕二五三頁）

(2) 国際間における労賃の相違

まず時間賃金や出来高賃金の国際比較は、まったく表面的な賃金比較であって、これは、まず各国の同じ産業の平均日賃金を同じ長さの労働日に還元して時間賃金すなわち各国の平均日賃金／同じ時間数の労働日を求め、そのうえで時間賃金を出来高賃金すなわち各国の平均日賃金／同じ時間数の労働日の平均出来高に換算しなければならない。というのは、出来高賃金は労働の生産性と強度を逆比例的に映し出す最も確かな測度器になるからである。

次に名目労賃や実質労賃の国際比較は、時間賃金や出来高賃金などの労働の価格の比較ではなく労賃の総額の比較であるため、本節aで見た第二の意味の「貨幣の相対的価値」の国民的相違という事情が考慮されなければならない。国際間では、各国民のもとにある価値法則は労働の強度および生産性の相違によって修正される。国際間では、国民社会的に必要な労働時間ではなく、世界的または国際社会的に必要な労働時間が価値の規定者になるからである。資本主義的生産が発達しておれば、労働の国民的な強度も生産性も国際的水準よりも高い。だから、国際間では同等の労働時間に労働の国民的な強度および生産性の相違に応じて同種商品の相異なる諸分量が生産され、これらの相異なる諸分量はやはり労働の強度および生産性の相違に応じて不等な国際価値諸量を持ち、これらの国際価値諸量は相異なる諸価格、すなわち国際価値の量的相違に従って相異なる諸貨幣額で表現される。したがって、「貨幣の相対的価値」、すなわち一定量の貨幣が代表しまたは支配する国民的労働の量は、資本主義的生産様式の発達している国での方がそれが未発達な国でよりも小さい。したがって名目労賃、すなわち「貨幣で表現された労働力の等価」（K. I, S. 584）は、発達している国での方が未発達な国でよりも高くなるが、これは、「労働日について言えることは、その可除部分のおのおのについても言える」（K. I, 1. Aufl., S. 549）からである。しかしこのことは、現実の労賃、すなわち「労働者が自由に処分しうる生活手段」（K. I, S. 584）もそうなるということではない。確かに実質労賃も、発達している国での方が未発達な国でよりも高い。「ある国が世界市場で他の国に比べてより生産的であればあるほど、それだけその国の労賃は他の諸国に比較してより高い。イギリスでは、名目労賃だけでなく実質労賃も大陸におけるよりは高い。」（Mw. II, S. 8）しかし、実質労賃はいかなる場合においても名目労賃が高くなるほどには高くはならないのである。

さらに相対的労賃の国際比較は、「貨幣の相対的価値」の国民的相違という事情を考慮しない比較であるが、実は最も重要な意味を持つ比較である。一般に日賃金や週賃金などの時間賃金は、発達している国での方が未発達な国でよりも高いが、反対に相対的労賃、すなわち剰余価値または生産物の価値に比べての労働の価格は、未発達な国での方が発達している国でよりも高い。発達している国では未発達な国に比べて労働者が現実に受け取る賃金が高いということはありうるけれども、労働の国民的な強度も生産性も高いので、資本家が実際に支払う賃金は剰余価値に対してはるかに少なくて済む。ちなみに、相対的労賃が未発達な国での方が発達している国でよりも高いというこの点は、山田盛太郎『日本資本主義分析』（岩波書店、一九三四年）ですらいわゆる「印度以下的な労働賃銀」すなわち「印度よりも格安な日本の労働賃銀の、植民地以下的性質」（同前、二四頁）という特徴づけにおいて誤った一論点であった。

このように、労賃の国際比較に際しては、時間賃金や出来高賃金の比較はもちろんのこと、名目労賃や実質労賃または「絶対的労賃」すなわち「労働者が受け取る生活手段の合計」（Mw. II, S. 124）。相対的労賃の比較も同時に行なわれなければならない。そして、このうち最も重要なものは、資本家にとっての労賃すなわち相対的労賃の比較である。実際、マルクスによる労賃の国際比較の意義は、資本主義的生産が発達している国では未発達な国に比べて労働者が受け取る労賃が高いにもかかわらず資本家が支払う労賃は低い、ということを明らかにしたことであった。そこでこれを見るために、『資本論』フランス語版第二二章「国々の賃金率における相違」に拠りつつイギリス国内のイングランドとスコットランドとの労賃の比較例一つとイギリスとヨーロッパ大陸諸国との比較例三つを以下に紹介しておこう。

第一例は、スミスと同時代の経済学者であったジェームズ・アンダソンがスミスへの反論のなかで述べた、次の言葉である。「……穀物その他の食料品の価格は通常、貧しい国の方が富んだ国よりもはるかに安いのに、労働はほとんどあらゆる場合、富んだ国の方が貧しい国よりも安い。……日決めで評価される労働（labour estimated by the day）は、スコットランドの方がイングランドよりはるかに安く、……出来高による労働（labour by the piece）は、一般にイングランドの方が安い。」（J. Anderson, *Observations on the means of exciting a spirit of National Industry*, etc. Edinburgh, 1777, pp. 350, 351）ここでは、イングランドの方がスコットランドよりも「日決めで評価される労働」すなわち日賃金が高い代わりに、「出来高による労働」すなわち出来高賃金は低い、つまり生産物の価値と比べての相対的労賃は低い、といわれている。

第二例は、一八八三年の工場調査委員会の一員カウエル（J. W. Cowell）が紡績業調査の結果から得た「イギリスでは賃金が大陸でよりも、労働者にとっては高いかもしれないが、工場主にとっては事実上低い」という結論を、ユアの『製造工業の哲学』(A. Ure, *The philosophy of manufactures*, London, 1835, p. 314) から引用している。これは、資本主義的生産様式の発達しているイギリスの方がそれが未発達な大陸諸国よりも労働者の受け取る労賃額は高いが、資本家にとっての労賃額すなわち相対的労賃は低いという、さきの労賃の国際比較の結論を裏付けるものとなっている。

第三例は、イギリスの工場監督官レッドグレーヴ(A. Redgrave)が『工場監督官報告書』(*Reports of the inspectors of factories*, 31st Oct. 1866)のなかで述べている、大陸諸国の労働の方がイギリスの労働よりも賃金が低く労働時間も長いにもかかわらず、生産物に対する割合から見ればむしろ高価である、という指摘である。第二例と内容は同じである。

第四例は、東ヨーロッパやアジアにおけるイギリス資本の鉄道建設の労賃の例であり、そこでは労賃支払に労働の強度の国民差を考慮に入れる必要が生じたが、それは少しも資本の損失にならなかったというものである。なぜなら、労賃は多かれ少なかれ各国民の中位の労働強度に対応しているが、相対的労賃は労働の強度とは逆に動くからである。すなわち、強度がより大きければ大きいほど、資本家が支払う労賃はそれだけ少なくて済むというわけである。

マルクスによる労賃の国際比較のもう一つの意義は、資本主義的生産の発達した国においては、世界市場における競争においてそれ自体不利なより高い労賃をそのより高い労働の生産性と強度によってどれほど埋め合わせることができるか、また、それが未発達な国においては、競争において有利なより低い労賃がそのより低い労働の生産性と強度をどれほど埋め合わせることができるか、ということを明らかにして、労賃と生産性と強度、それに労働日とをそれぞれ別々のものとしてではなく、競争諸要因を構成する同じものとして把握していることである。したがって、世界市場における競争においては、単に労賃の国民的相違だけが問題になるのではない。この点を正確に理解していたのは、マルクスとほぼ同時代の経済学者ジョン・ステュアート・ミルであった。ミルの主張を一九世紀初めの経済学者シスモンディのそれと比較してみれば、ミルがこの問題の本質をほぼ正しく掴まえていたということが、明らかとなろう。

「労働の低い価格は、一般に生産者に商品を廉価にすることを許すのであって、それは彼に、賃金がもっと高い国では立ち行かないような産業にも、なお利潤を見出させるのである。それはこうして商品の販路を拡大させ、彼に繁栄しているような外観を呈させる。実際において人は、しばしば賃金の零細価格を一国の諸製造工業の成功の有力な原因と見なしたのである。」〔J. C. L. Simonde de Sismondi, *Nouveaux Principes d'économie politique*, p. 344〔菅間訳『経済学新原理』上巻、二八六頁〕〕

「諸外国における工業労働の賃金はイギリスのそれよりも安い、しかも低賃金が資本家にとって一つの有利な条件となるところのあらゆる意味においてそうである、ということは、果たして正しいかどうか。ガンやリヨンの職人は、一日に得るところの賃金も少ないかもしれないが、また為すところの仕事も少なくはないか。能率の程度（degrees of efficiency）を考慮しても、雇主に対する彼の労働の費用は小さいだろうか。賃金はヨーロッパ大陸の方が低くても、競争において真の要素となる労働費（Cost of Labour）はほとんど同じではないだろうか。判定を下す能力のある人たちの意見は、その通りだとしているようであり、またイギリスとヨーロッパ大陸諸国との間で利潤率の差がはなはだ小さいという事情も、事実がこの通りだということを確証しているのである。しかしもしもこの通りだとすると、イギリスの生産者たちはヨーロッパ大陸の競争者たちによりこの原因のために売り負かされうるという意見は、不合理な意見となるわけである。」〔J. S. Mill, *Principles of political economy*, pp. 681–82〔同前（3）、四五一―五二二頁〕〕

最後に、『資本論』フランス語版第二二章での課題の一つでもあったマルクスのケアリ批判について触れておく必要があろう。ケアリは、その最も初期の著作の一つである『賃金率試論』(H. C. Carey, Essay on the rate of wages, Philadelphia 1835) において、さまざまな国民的賃金が相互に国民的労働の生産性の諸段階を示すことを証明し、この国際関係から、労働者の賃金は一般に彼の労働の生産性と同じ比率に従うという結論を引き出した。しかし、資本主義的生産様式に対するケアリのこのような調和論についてのマルクス自身の批判は、きわめて簡単なもので、マルクスはここではただ「ケアリ氏がいつものように、批判の篩いにかけられていない統計資料を無茶苦茶に山積みしないで、前提を証明したとしても、剰余価値の生産に関するわれわれの分析は、この結論の偽りを証明するであろう」(K. Marx, Le capital, p. 2451〔同前、二二三―二四頁〕) と書いているだけである。なおマルクスは、『資本論』第三巻第二篇第八章の利潤率の国際比較の考察において、ヨーロッパ国が剰余価値率一〇〇%、国民的資本構成84c＋16vで、アジア国が剰余価値率二五%、資本構成16c＋84vであれば、ヨーロッパ国では生産物価値は84c＋16v＋16m＝116で、利潤率は16/100＝16%となり、アジア国では生産物価値は16c＋84v＋21m＝121で利潤率は21/100＝21%となることを示して、「ケアリやバスティアやその他の有象無象はこれとは正反対の結論を引き出すであろう」(*K.* Ⅲ, S. 160) と述べている。これは、ケアリや彼の追随者バスティア (C. F. Bastiat) が、国民的労賃は国民的労働の生産性に正比例するという、さきに得た結論から、ヨーロッパ国での方がアジア国でよりも国民的労働の生産性が高いので国民的労賃は高く、したがって剰余価値率は、マルクスの事例とは逆に、ヨーロッパ国でよりもアジア国での方が高くなり、そのため利潤率は、マルクスとは逆に、前者での方が後者でよりも高くなる、と結論することになるということである。これが誤りであることは明らかである。利潤率の国際比較においてマルクスの据えた視点は、「国による利潤率の相違は、たいていは国による剰余価値率の相違にもとづく」(*K.* Ⅲ, S. 160) というものである。

第五節　世界市場における競争と国際価格——国際価値論（4）——

1　世界市場における競争と費用価格

（1）生産費の国際比較

国際価格は、一面では日々の変動にさらされている国際市場価格であるが、他面では国際需要の一致した場合の国際市場価格すなわち国際市場価値でもあるから、これを単に国際価値の貨幣表現であるというだけでは、実は、何も説明したことにはならないのである。国際市場価格はただ国際需給関係の変化によってのみ国際市場価値以上またはそれ以下に変動する。それでは、この国際市場価値そのものはいったい何によって規定されるのか。

ある生産部門の国際市場価値は、この生産部門の商品総量が必要とする世界的または国際社会的な労働時間の総量によって規定されるが、それは現実には世界市場における競争の作用によって形成される。世界市場における競争は、さまざまな水準にある個別的価値を同一の国際市場価値に均等化させる。この場合には、同種の商品には同一の価格が支払われる。しかし、ここでは、この国際市場価値および国際市場価格はひとまず与えられたものとして前提して、世界市場における競争を競争諸国間における国民的費用価格の相違に関わらせて考察することを課題としている。国際市場価格、したがって国際市場価値がどのように形成されるかは、次の課題である。

相異なる諸国民が資本主義的生産様式のさまざまな発展諸段階にあれば、労働の生産力やその他の生産諸条件は大きな相違をなし、したがってそれは費用価格の国民的相違として現われる。費用価格の国民的相違は、一般に生産費の国際比較として考察されるから、ここでは資本主義確立期イギリスの綿工業を競争国アメリカ合衆国やヨーロッパ大陸のそれと比較しつつ綿工業の生産費の国際比較を行っているベインズとユアの所説の検討から始めることにしよう。

ベインズは、その有名な歴史的著作『イギリス綿工業の歴史』（ロンドン、一八三五年）の最後の章において、諸外国ことにアメリカ合衆国とフランスにおける綿工業の急速な発展について考察し、両国綿工業とイギリス綿工業の生産費の国際比較を行なっている。

まず、ベインズは、合衆国の綿工業について次のような評価を下している。

「合衆国では、高い利潤率、高価な機械、そしてイギリスに比べてさえ高い賃金率といったものが、長期間、製造業者に彼の製品をイギリスの製造業者と同じ位安くは売らせないであろう。それにまた、綿花が工業諸州の数百マイル以内で産しないのを見ると、共和国の境界内で産出される原料を持つ利点も小さい。」（E. Bains, *History of the cotton manufacture in Great Britain*, London, 1835, p. 508）

ここでベインズは、アメリカ合衆国の綿製品の価格が、高い利潤率、高価な機械、高い賃金率によってイギリスの価格よりも高くなる事情を述べて、合衆国綿工業の国際競争上の不利を導き出している。さらに、合衆国における原綿自給という有利な条件も、彼にあっては、低く評価されている。

次にベインズは、イギリスにとってのいま一つの競争国フランスに目を向け、その綿工業が競争相手としてはアメリカ綿工業よりもさらに劣ることを指摘して、次のように述べている。

「かりにイギリス綿工業が合衆国によってほとんど危険にさらされないとしたら、フランスの同じ工業からそれより大きな危険を受けることがないのは確かである。」（E. Bains *op. cit*, P. 512）

その理由というのは、ベインズによれば、①フランスにおける労働者階級の未成立とことにその不熟練、②不安定な政治状勢、③乏しい資源、④極端な保護政策、⑤零細な工場規模、⑥不完全な交通運輸状況、⑦原料の高い輸入関税、⑧少ない資本と高い利子、などの諸事情（*Ibid.*, pp. 512–15）で、これがフランスの製造業の発展を遅らせていたのであった。

ベインズはこれらの点を明らかにしたうえで、イギリスとフランスの綿工業の生産費の比較を行なっている。一つは、両国の八〇〇錘紡績工場による一〇〇番手綿糸二〇〇〇キログラムの生産費の比較（*Ibid.*, p. 518）で、生綿の関税、動力費、資本額、および利子支払の点で、イギリスに比べてフランスでは特に高く、ほぼ二倍から三倍程度になっている。いま一つは、マンチェスターとフランスのエソーヌにある二万五〇〇〇錘紡績工場の生産費構成の比較（*Ibid.*, p. 519）で、綿花原料費がほぼ同程度のほかは、建物・機械の建設費、利子率、動力費、暖房費、照明費、綿花関税、保険料などすべての点で、イギリスでよりもフランスでは高く、特に動力費が約八倍、関税が約六倍も高くなっている。これは、石炭の価格が輸入禁止と高い輸送費によって高くなっていたこと、およびルイ＝フィリップ治下で高率の保護関税が課されていたこと、などから生じている。彼は、これらの比較から、世界市場競争におけるイギリス綿工業のフランス綿工業に対する優位を導き出している。

これに対して、『製造工業の哲学』の著者でかつ熱心な自由貿易論者でもあったユアがその著作『イギリスの綿工業』（A. Ure, *The cotton manufacture of Great Britain, investigated and illustrated*, London, 1836）において行なっている生産費の国際比較は、ベインズとはほぼ逆の結果になっている。まず、ユアが行なっているイギリスとスイスの四〇番手綿糸の生産費比較では、利子すなわち固定資本の償却費以外の準備費、紡績費、糸巻費、臨時費用などすべての点で、イギリスでの方がスイスでよりも高くなっている。次に、イギリスとフランスとスイスの三五～四一番手綿糸の生産費比較では、原料費を除けば、マンチェスターでは動力・光熱費、固定資本の利子・償却費、一般経費・修繕費などが安くなっているにもかかわらず、賃金が高く、そのため生産費がミュルーズ、チューリヒよりも幾分高くなっている。また、イギリスとアメリカの綿布三七五六反の生産費比較では、イギリスで糊付機と力織機の利子すなわち償却費が低くなっているほかはすべての点で高く、そのため綿布一反当りの生産費はアメリカよりもイギリスは三六％も高くなっている。しかし、イギリス綿工業の生産費がアメリカやフランスよりも、さらにスイスに比べてさえ高いというのは事実であっただろうか。このような結果になっているのは、ユアも、また彼が依拠しているイギリスの工場主も、当時の一〇時間法案に反対するために生産費ことに賃金を高く見積もっていたからではないだろうか。この点は、彼の次の言葉からも窺える。「ケンプトン氏は、イギリスでの一二時間から一〇時間への労働時間の強制的制限の結果は、合衆国の製造業者が、海外市場のみならず彼らの国内市場においても、イギリスの業者よりも安売りすることを可能にすることだろう、という自己の確信を表明している。」（A. Ure, *The cotton manufacture of Great Britain*, ed., by P. L. Simmonds, London, 1861, p. xxxv）

一般に、生産費は生産材料費、賃金および減価償却費からなるほか、さらに企業者利得、利子、地代、租税といったものまでそれに含める場合がある。しかし、企業者利得やその他の剰余価値の分配諸範疇は、明らかに商品の製造原価としての生産費には入らない。生産費は、突き詰めれば、資本家自身が商品の生産に実際に要した費用であるから、それは資本家にとっては費用価格をなすものである。

ところで、商品が価値以上に販売される場合はもちろんのこと、それが価値通りに販売される場合でも、商品の価値がその費用価格を超える超過分に等しいだけの利潤が得られる。他方、商品がたとえ価値以下で販売される場合であっても、その販売価格が費用価格以上でありさえすれば、商品に含まれている剰余価値の一部分はつねに実現され、したがって利潤はつねに得られる。国内であれ世界市場であれ、諸資本の競争は、商品の価値と費用価格との差額から生ずる利潤を得ながら商品をその価値よりも安く売るこの可能性にもとづいている。世界市場における競争の場合には、国際市場価格が与えられた大きさであれば、この価格と国民的費用価格との差額は外国貿易から得られる利潤の大きさを表わすので、この差額の拡大のためには費用価格の縮減がなされなければならない。

(2) 世界市場における競争と費用価格

費用価格は不変資本価値・プラス・可変資本価値であるので、国際市場価格と費用価格との差額拡大のための費用価格の縮減は、さしあたり個別的に不変資本または可変資本の諸要素を節約するかまたは低廉化するかによって達成される。費用価格を縮減させる方法としては、一般的には不変資本充用上の節約、および主として輸入貿易と結び付いている原料・補助材料や食料の低廉化などがあるが、最も基本的なものはといえば、それは、個別的費用価格の縮減による超過利潤の取得の方法でもある次の二つの事情である。

第一に、より大きな規模の機能資本が充用されるならば、純粋な流通費、保管費および運輸費、その他工場経営上の種々の費用、など生産上のいっさいの空費が減少することによって、個別的費用価格が縮減する。さらにまた、この資本のもとでは協業や分業などといった労働の生産力を高くする一般的な諸原因がより高い程度、より大きな強度で作用することによって、費用価格は縮減する。第二に、このより大きな規模の資本の充用とは別に、資本がより生産的な方法で充用される仕方によっても、すなわちより大きな規模での科学や技術の応用、生産過程の社会的結合、生産手段の作用などといったものによっても、費用価格は縮減し、この資本のもとでは超過利潤が生まれる。

要するに費用価格の縮減は、量的に、機能資本がその生産部門において国際的平均水準以上のより大きな規模で充用されるか、それとも、質的に資本がその部門の国際的水準以上の新しい、より改良された生産方法で充用されるか、のどちらかから生ずる。しかし、当然、第一の事情は、その部門において同じ大きさの資本が平均的に充用されるようになれば解消してしまうものであるし、また、第二の事情も、国際間における労働の生産性の平準化は大きく制限されるが、競争の強制法則によってその例外的な生産方法が普及するか、またはより発達した生産方法によって追い越されるかすれば、たちまち解消してしまうものである。にもかかわらず、資本のより大きな規模での充用であれ、より改良された生産方法での充用であれ、いずれにもせよ、規模の大小、生産性の高低は個々の国民経済内部での時間的な系列としても、また世界市場における同時並存的な国民的相違としても現われるのである。

したがって、世界市場において、個々の商品の国際市場価格が与えられた大きさであるとすれば、この市場価格と個別的資用価格との間の差額としての貿易利潤の大きさは、したがってまたこの市場価格と個別的費用価格との間の販売価格が現われる範囲も、資本主義的生産様式の進んだ国のもとでの方が後れた国のもとでよりも、大きい。したがって、先進諸国民資本のもとでは、後進諸国民資本と比べて、その個別的費用価格が低く、かつ個別的価値も小さいので、利潤を得ながら商品を国際市場価格以下の安い価格で売る可能性がはるかに大きい、ということになるであろう。

他方、競争においては、事態がすべて転倒されて現われるが、とりわけ費用価格や利潤がそうである。この転倒は、資本主義的生産を社会的生産の永遠の自然形態として受け取るブルジョア経済学において、平均利潤率や生産価格が取り扱われる場合、また労賃、利潤および地代が単に収入と見なされる場合に生ずるが、商品の価値についてもそうである。確かに、不変資本を補填する価値部分を無視すれば、商品の価値は、労賃、利潤、地代等に分解する。しかし、同様に不変資本価値部分を無視しても、逆に、労賃、利潤、地代等が商品の価値を構成するということはできない。にもかかわらず、競争の世界では、いっさいが転倒して現われる。たとえば労賃は、第四節bで見たようにさまざまな事情によって規定されているとはいえ、個々の資本家にとってはある与えられた大きさ、すなわち、商品の価値が生産される以前に契約によって定められたある大きさであるにすぎない。それゆえ、労賃は、資本家にとってはつねにある与えられた大きさを持つ価格要素として現われる。同様にして企業者利得も、利子も、地代等も、彼にとってはつねにそのような価格要素として現われる。

このようにして、資本家の意識には、労賃、企業者利得、利子、地代等に分解されるべき商品の価値が、逆に、それらによって構成されるかのように見える。しかし、利潤のみを追求する資本家にとっては、いまや利潤以外の労賃、利子、地代だけが費用価格の諸成分として現われ、利潤そのものはこの費用価格を超える超過分として現われる。かくして、不変資本価値部分を除けば、個々の資本家は、彼が労働者、貨幣資本家、土地所有者にそれぞれ労賃、利子、地代を支払ってもなおかつ利益を上げることができるかどうかだけに関心を持つ。すなわち、世界市場における競争においては、これらの諸支払を行ないながら商品を国際市場価格でかまたはそれ以下で販売して利益を上げることができるかどうかだけが問題となる。マルクスが次のようにいうのは、このことを指しているのである。

「個々の資本家たちの間でも、世界市場での競争でも、労賃、利子、地代の与えられた前提された大きさが、不変な規制的な大きさとして計算に入るのである。……世界市場での競争の場合には、問題は、ただ、与えられた労賃、利子、地代を支払いながら商品を与えられた一般的市場価格（allgemeine Marktpreise）でかまたはそれよりも安く売って利益を上げることが、すなわちそれ相当な企業者利得を実現することが、できるかどうかということだけである。」（*K*. III, S. 881）

そこで、この費用価格を構成する諸成分のそれぞれについて見れば、次の通りである。

(1) 労　賃　これはすでに第四節bで考察された。資本主義的生産様式の進んだ国の場合には、輸出産業のより高い労働の生産性と強度が、その国のより高い労賃をどれだけ埋め合わせるかということ、また、後れた国の場合には、反対に、より低い労賃がその国の輸出産業のより低い労働の生産性と強度をどれだけ埋め合わせるかということ、この点が国際競争上の決定的な条件となるということであった。したがって、ある国において、輸出産業のより高い労働の生産性が何らかの事情によって、より低い労賃と結び付けば、その産業は世界市場において圧倒的な強さを発揮することになろう。そして、現代におけるこの結合は、「石油危機」以後の世界経済の長期的安定を図る立場から、「新興工業国群」（NICs）の工業発展を積極的に肯定し先進資本主義国に対し、産業構造を高度化する積極的調整政策を採るよう勧告した、経済協力開発機構事務局の報告書『新興工業国の工業生産と貿易に及ぼす影響』（OECD, *The impact of the newly industrialising countries on production and trade in manufactures*, Paris, 1979〔大和田悳朗訳『新興工業国の挑戦』東洋経済新報社、一九八〇年〕）が述べているように、多国籍企業によって行なわれているのである。

(2) 利　子　一般に利子率は、資本主義的生産様式の発展した国での方がそれが未発展な国でよりも、資本の有機的構成が高く、したがって平均利潤率が低いから、低くなる。しかも、発展した国での方が未発展な国でよりも信用制度が発達しており、より多くの蓄蔵貨幣が貨幣市場に供給され、貸付資本としてより多く利用される。したがって、発展した国の資本家は、トゥックがいうように、低い利子率でもってその商品の生産費をいくらか低下させることができる。「利子率の引き下げは諸商品の価格を引き上げる何ら必然的な傾向を持たないということ、むしろ反対にそれは生産費の低下の原因であり、したがって商品廉価の一原因である。」（T. Tooke, *An inquiry into the currency principle*, London, 1844, p. 123〔玉野井芳郎訳『通貨原理の研究』（世界古典文庫、日本評論社）一九〇頁〕）しかし、貨幣市場は貨幣資本の国際的移動によっても影響されるから、世界市場における利子率の均等化は避けられない。

（3）地　代　地代は農業資本家や鉱業資本家にとっては借地料の形態を取り、製造工業の資本家にとっては一般に賃貸料の形態を取る。この賃貸料のうち建築地地代についていえば、これは資本主義的生産様式の発展に伴う人口の増加、したがって住宅需要の増大につれて増大する。また、鉄道や倉庫や工場建設やドックなどの産業用建物のように土地に固定された固定資本の発展も建築地地代を増大させる。一般に、土地所有者に支払われるべき地代は、資本主義的生産様式の進んだ国での方がそれの後れた国でよりも高い。しかし、反対に、後進国や低開発国で地代が高くなるのは、この場合には、地代がしばしば平均利潤や労賃の一部すらも含むからである。さらに、土地価格は、それが地代に比例し、利子率に逆比例して変動するから、地代が高く利子率の低い先進国での方が後進国でよりも高い。

世界市場における競争において、それぞれ規定的な大きさとして資本家の計算に入り込むこれらの国民的労賃、国民的利子、国民的地代等について、マルクスは次のような示唆に富む見解を明らかにしている。

「ある国では、資本主義的生産様式が一般に発展していないために労賃や土地の価格は低いが資本の利子は高く、別のある国では労賃や土地の価格は名目的に高いが資本の利子は低いとすれば、資本家は一方の国ではより多く労働や土地を充用し、他方の国では比較的より多く資本を充用する。この場合に両国間の競争がどの程度まで可能かという計算には、これらの要因が規定的な要素として入る。だから、この場合に経験が理論的に示しており資本家の利害計算が実際的に示していることは、商品の価格は、労賃、利子、地代によって、すなわち労働、資本、土地の価格によって、規定されているということであり、また、実際にこれらの価格要素が規制的な価格形成者であるということである。」（*K.* Ⅲ, SS. 881–82）

しかし、資本家にとっては、ただ労賃や利子や地代だけが費用価格を構成する諸成分として、したがって商品の価格要素として現われるだけではない。彼にとっては、いまや平均利潤そのものまでが労賃や地代などと同じく商品の価格要素として現われるのであって、結局彼には生産価格が生産費として現われる。この点は、とりわけ外国貿易部門ごとに輸出部門の資本家の場合にはそうなのであって、ここから彼には、商品をこの生産費以上の価格で売らなければならない動機が生まれる。かくして、世界市場における競争はこの生産費を超える超過分、すなわち平均利潤以上の超過利潤の獲得をめざして展開されるようになる。

2　世界市場における競争と国際価格

(1)　国際市場価値と国際価格

これまでの考察においては、国際市場価格が与えられたものとして前提され、それが価値法則や国際価値といったいいかなる関係に立つかという最も重要な点には何ら考察を加えてこなかった。したがって、最後の課題は、この国際市場価格または国際価格を概念的に捉えること、これの形成過程を明らかにすることでなければならない。この国際価格の形成については、すでに批判したエマニュエルの「不平等交換」、アミンの「世界価値の国民価値に対する優位性」、あるいは次に批判するパロワの「国際価値から国際生産価格への推移」などの諸理論があり、これらの諸理論は利潤率の国際的均等化、国際生産価格の形成によってこれを解明しようとしているが、ここではこのフランス派の立場を取らない。ここでは、国際価格の形成はマルクスの市場価値論の国際的適用によって明らかにされるが、これは価値法則をより具体的な次元で国際間に適用することである。そこでまず、適用されるべき当の市場、価値成立の条件およびその一般的規定について簡単に述べておくことにする。

マルクスは、『資本論』第三巻第二篇第一〇章において、市場価値の成立を説きながら、同一生産部面の同種ならびに同質の商品がその価値通りに販売されるためには次の二つの条件が必要であるといっている。第一の条件は、さまざまな個別的価値が一つの社会的価値に、市場価値に平均化されていなければならないことであり、そのためには、同種の商品の生産者間の競争と、彼らが共通に商品を提供する一つの市場の存在とが必要である。第二の条件は、商品の供給量が需要に適合していなければならないこと、より具体的には、この商品種類の総量に振り向けられる社会的労働の総量とこの商品に対する社会的欲望すなわち支払能力ある社会的欲望の量とが対応していなければならないことである。したがって、市場価値は、まず抽象的には第一の条件、すなわち生産者間の競争と一つの市場の存在という条件によって規定されるが、さらにそれは、現実には購買者間の競争によって媒介されなければならないのである。ここに購買者間の競争によって媒介されるということは、結局、第二の条件、すなわち社会的労働の総量と社会的欲望の量とが対応するという条件と同じことなのである。要するに、同一生産部面内のさまざまな生産諸条件のもとで生産されるさまざまな商品が、その個別的価値通りに販売されずに、同一の市場価値で販売されるのは、そこに生産者間、購買者間、および生産者と購買者との間のいわゆる三面的競争が同時に作用しているからにほかならない。

マルクスは、競争の作用を、第一に同一生産部面内においてさまざまな個別的価値から一つの市場価値を成立させる作用と、第二にさまざまな生産部面におけるさまざまな利潤率を一般的利潤率に均等化し生産価格を成立させる作用とに分け、後者のためには前者よりも資本主義的生産様式のより高度な発展を必要とすると指摘したが、世界市場における競争に関する限り、その作用は第一のそれに限定されなければならない。すなわち、世界市場における競争はさまざまな個別的価値を均して一つの国際市場価値を成立させる作用である。

国際生産価格肯定の立場を取るパロワは、エマニュエルがその著作のなかで言及している東欧の経済学者すなわちゴンコル（G. Goncol）、ホロヴィッツ（M. Horovitz）、およびコールマイらを批判して、「平均的国際価値（valeur internationale moyenne）」（C. Palloix, La question de l'échange inégal, L'homme et la société, no. 18, 1970, p. 28〔「不等価交換問題」原田訳『新国際価値論争』一五六頁〕）すなわち国際市場価値を明確に否定している。これに対し、国際生産価格否定の立場に立つコールマイは、「世界市場における価値法則の二つの修正」という文脈において「国際市場価値」を理解している。「国境内部における社会的に必要な労働時間は大量の通常の生産諸条件によって規定されるが、国際市場価値量（internationale Marktwertgröße）の形成過程においては当該商品の国際貿易に参加するすべての国民的生産諸段階が入り込む国際価値量（internationale Marktwertgröße）は加重平均である。これは国際市場における価値法則の作用の第二の修正である。」（G. Kohlmey, Karl Marx' Theorie von internationalen Werten, a. a. O., S. 44）すなわち、国際市場価値すなわち国際価値は加重平均によって決まる。果たしてこの規定は正しいか。

いま社会的欲望を捨象して、同一部面内の生産諸条件の相違を上位、中位、下位の三つに分けるとすれば、これらの諸条件のもとで生産される商品がどのように組み合わされるかによって、すなわち商品総量のなかでどのような量的比率を占めるかによって、市場価値の規定が違ってくる。すなわち、①中位の生産条件のもとで生産された商品が大量を占める場合には、その商品の個別的価値が市場価値を規定する。②下位の生産条件のもとで生産された商品が大量を占め、上位の条件のもとで生産された商品量によってそれが相殺されない場合には、その下位の条件のもとで生産された商品の個別的価値が市場価値を規定する。③逆に、上位の生産条件のもとで生産された商品が大量を占め、下位の条件のもとで生産された商品量とそれが均衡しない場合には、その上位の条件のもとで生産された商品の個別的価値が市場価値を規定する。このいずれの場合においても、市場価値の規定的な生産諸条件よりも優れた条件を持つ生産者は、市場価値と個別的価値との差額である特別剰余価値または超過利潤を獲得することができる。

ここで問題にされているのは、市場価値のさまざまな規定であって、市場価格が市場価値から背離するか否か、あるいは市場価値が変動するか否かということではない。要するにこれは、市場価値をさまざまな個別的価値の加重平均と見るのと同じことを意味する。

すでに述べたように、世界労働は世界的または国際社会的な再生産を担う労働であり、国際交換によって媒介される国際分業の諸環として具体的に掴まえることができる。国際価値は、世界労働という社会的実体を持ち、その大きさは世界的または国際社会的に必要な労働時間によって規定される。これに対し、国際市場価値は世界労働という社会的実体を持つ国際価値にほかならず、国際価値が世界市場における生産者間の競争という条件のもとで現実化またはは具体化されたものである。いま国際間において労働の強度を一定として、労働の生産力の相違について見れば、この相違すなわち生産諸条件の相違によって個々の国のさまざまな生産諸条件のもとで生産される同種商品はさまざまな個別的価値を持つ。このような場合、さきの三つの組合せによって国際市場価値はさまざまに規定される。すなわち、①中位の生産条件のもとで生産された商品の個別的価値、②下位の生産条件のもとで生産された商品の個別的価値、③上位の生産条件のもとで生産された商品の個別的価値、がそれぞれ国際市場価値を規定する。そしてこれは結局、コールマイのいうように、国際市場価値はさまざまな個別的価値の加重平均によって規定されるということと同じことなのである。

ところで、このようにして国際市場価値が成立すれば、この国際市場価値以下の個別的価値を持つ商品を生産するより生産性の高い諸国民資本は国際特別剰余価値または国際超過利潤を獲得するが、反対にこの国際市場価値以上の個別的価値を持つ商品を生産するより生産性の低い諸国民資本は、その商品に含まれている剰余価値の一部分を実現することができない。ここから、諸国民資本は、その個別的価値を引き下げ、個別的費用価格を低廉化しようとする動機が生じる。この世界市場における競争が、さまざまな個別的価値を均して、再び新たな国際市場価値を成立せしめる。この場合の国際市場価値の変動は、これまでの比率での世界労働の配分が変更されたこと、したがってまた国際需給の変化がそれに伴って起こったことを意味する。

しかし、市場価値を国際間に適用する場合のおそらく最大の困難は、国際需給の均衡、すなわちある種商品の総量に振り向けられる世界労働の総量とこの商品に対する支払能力ある世界的または国際社会的な欲望の量との対応、いい換えれば世界労働の国際的な均衡的配分をいかに立証するかという点である。

この難問を提起したのは、木下悦二教授であった。木下教授は、故吉村正晴教授や故松井清教授らによる「国民的労働の普遍的労働（世界労働――引用者）への還元を行ない、その上で各国の国際個別価値が国際市場価値に均衡化するという形で市場価値法則を適用しようとする見解」を次のように批判する。「この種の見解は、……世界市場とはいえ自由競争が前提される以上一つの社会的価値が支配するはずだという考え方に則っている。……しかし、この社会的価値はなるほど社会的必要労働時間により決定されるものではあるが、それがいえるためには社会的需要と社会的供給の完全な一致あるいは社会的需要に完全に一致した労働の配分ということが前提となっていた。こうした関係は実は一つの社会、したがって具体的には国民単位において存在したものであった。」（木下悦二『資本主義と外国貿易』一五六―五七頁）

国際需給の一致、正確にいえば国際需要に一致した世界労働の国際的配分ということの問題は、どのように考えればよいであろうか。しかしこれは、世界労働と国民的労働の関係について考えれば解決できよう。自立的で相互に独立した私的諸労働の生産物だけが相互に商品として対応するのであるが、商品交換の範囲が局地市場、国民市場、世界市場へと発展するにつれて、これらの私的諸労働は局地的、国民的、世界的な労働へと発展する。したがって、局地労働、国民労働、世界労働という規定は、これらの市場の発展に照応したものにすぎない。したがってまた、世界市場が諸国民市場の複合市場として存在するということは、けっして国民的労働が世界労働に解消されてしまうことを意味せず、逆に両者が並存していることを意味する。国民的労働と世界労働とがこのような関係に立つとすれば、問題の世界労働の比例的配分についても語ることができる。

もともと世界市場を研究対象として取り扱うということは、国際分業にもとづく国際交換をそのような対象として取り扱うということと同じことなのである。木下教授批判の見地に立つ村岡俊三教授がいうように、「世界市場を前提し、必要とあらば外国貿易を想定する当面の論理段階では、社会的需要は世界的なスケールで把えられねばならぬはずであるし、またその需要に一致した労働配分も、国民的労働配分において世界的な労働配分が行なわれるという迂回的な形をとってではあるが、世界的なスケールで実現されると考えて差支えないし、また考えるべき」（村岡俊三『マルクス世界市場論』〔新評論、一九七六年〕一五八頁注12）なのである。また、「国際分業といい、また国際交換といわれるのも、そこに世界労働の国際需要に見合った配分が諸国民的労働の配分という形を通してであれ、行なわれているからであって、もしそのような労働の配分が行なわれていないとしたら、それは国際分業も国際交換も実在しないというに等しい。」（中川信義「世界市場における価値法則と競争――価値法則の国際的適用について――」高木幸二郎編『再生産と産業循環』〔ミネルヴァ書房、一九七三年〕二一七頁）

国際市場価値が世界労働の国際需要に適合した配分という条件のもとで成立するという事情は、まさにこのことを指すのである。これはいい換えれば、世界市場における生産者間、購買者間、および生産者と購買者との間の競争の媒介によって国際市場価値が成立するということである。しかしこれは、世界市場規模での素材転換にほかならない国際分業とそれにもとづく商品の国際交換したがって世界的または国際社会的な再生産が、結局、国際市場価値を成立させる前提条件であることを示したものにほかならない。

最後に、国際市場価値が国際需給の一致という条件のもとで成立するといっても、その一致はまったく偶然的な事情に委ねられていることは明らかである。国際需給が一致しない場合には、国際市場価値の規定はどのようになるのか。

実は、この問題の取扱いには、大変な困難が控えている。需給一致の場合の市場価値の一般規定に対して、需給不一致の場合のそれの特殊規定が問題となるからである。これは、商品量が過少な場合には、最悪の条件のもとで生産される商品が市場価値を規定し、過大な場合には、最良の条件のもとで生産される商品が市場価値を規定するという問題で、マルクス自身別の箇所で「必要労働時間はここではまた別の意味を含んでいる」といって、その意味を「社会的労働時間のうちただこれだけの分量が社会的欲望の充足のために必要だということ」（K. III, S. 649）と明らかにしているものである。したがって、この場合には、商品の国際市場価値はその商品の生産のためにすでに投下された労働量によって規定されるのではなく、世界的または国際社会的な欲望の充足のために必要な労働時間によって規定される。この規定は、さきの国際需給一致のもとでの国際市場価値の一般規定に対して、それの特殊規定をなすものといえよう。

（2）「国際生産価格論」批判

アミンによれば、商品の可動性、資本の可動性、労働の非可動性という「国際システム」の特徴づけは、ブハーリンの著作『世界経済と帝国主義』（Н. И. Бухарин, *Мировое хозяйство и империализм*, Москва 1918〔西田勲・佐藤博訳、現代思潮社、一九七〇年〕）にも、また当然のことながらレーニンのいずれの著作にも見出されるものではなく、それは「国際価値の優位性の発見」と並ぶエマニュエルの「本質的な貢献」をなすものであった（S. Amin, *L'échange inégal et la loi de la valeur*, pp. 7, 13〔花崎訳『不等価交換と価値法則』3、九―一〇頁〕）。

しかし、この着想は、当のエマニュエル自身認めているように、バウアーやグロースマンのものであった（A. Emmanuel, L'échange inégal, p. 204）。バウアーは、オーストリア王国内のドイツ語圏地方とチェコ語圏地方との対立を資本主義的に進歩した地域に対する資本主義的により未発展な地域の対立として把握されなければならないとしたうえで、「資本主義的発展の相異なる段階にあるが、その商品を相互に交換し合っている両地域の対立を経済的に理解しようと思えば、その場合にはマルクスの生産価格論がその鍵を提供するだろう」（O. Bauer, Die *Nationalitätenfrage und die Sozialdemokratie*, 2. Aufl., Wien, 1924, S. 246）といい、次のような見解を明らかにしている。すなわち、両地域で生産された剰余価値の量は、両地域の労働者の提供する剰余労働の量によって規定されている。マルクスの教えるところによると、利潤率均等化の傾向のおかげで、両国のそれぞれの労働者は自国の資本家のために剰余価値を生産するだけではなく、両国の労働者が生産する剰余価値は、両国のそれぞれにおいて提供される労働の量に応じてではなく、両国のそれぞれにおいて活動している資本の量に応じて、両国の資本家の間に分配される。より高度に発展した国では提供される労働の同量により多くの資本が割り当てられるので、より高度に発展した国は、国内で提供される労働量に対応するよりも剰余価値のより大きな部分を吸収する。「それは、まるで両国において生産された剰余価値がひとまず一山に積み上げられ、それから資本家の間にその資本の大きさに応じて分配されるかのようである。より高度に発展した国の資本家は、彼ら自身の労働者を搾取するだけではなく、より未発展な国において生産される剰余価値の一部分をもつねに領有する。」（O. Bauer, *a. a. O.*, SS. 246–47）

また、グロースマンは、『資本論』第三巻第八章におけるヨーロッパ国とアジア国の利潤率の国際比較について述べた後、「国際貿易にあっては、国内市場におけるのと同様に利潤率の均等化の傾向があるため、諸等価物が交換されないのであるから、資本主義的に高度に発展した国、したがって平均的により高い資本の有機的構成を有する国の諸商品はつねに価値よりも高い生産価格で売られ、他方、逆により低い資本の有機的構成を有する国の諸商品は自由競争にあっては、たいていその価値よりも低くなければならない生産価格で売られる」といい、「このようにして世界市場では流通部面の内部で、未発展な国で生産された剰余価値の資本主義的により高度に発展した国への移転が行なわれる」（H. Grossmann, Das *Akkumulations- und Zusammenbruchsgesetz des kapitalistischen Systems*（zugleich eine Krisentheorie）, Leipzig, 1929, SS. 431–32〔有沢広巳・森谷克己訳『資本の蓄積並に崩壊の理論』改造社、一九三二年、五五九–六〇頁〕）と結んでいる。グロースマンの主張は、彼がこの後『資本論』や『剰余価値学説史』から数多くの引用を連ね、「世界市場での価格形成に関しては、孤立的に考察された資本主義の内部における価格を規制するのと同じ原理が行なわれるのである」（H. Grossmann, *a. a. O.*, S. 433〔同前、五六一頁〕）というとき、さらに一層明確になろう。

要するに、バウアーやグロースマンはここで利潤率の国際的均等化について語っているのである。エマニュエルやアミンなどのフランス派が、資本輸出と移民によって利潤率と労賃の国際的均等化を主張するブハーリンを斥け、バウアーやグロースマンらを自らの先行者として位置づけているのは、彼らフランス派の見解とバウアーやグロースマンらの見解との間にある近似性を認めているためであろう。いなむしろ、フランス派の見解は、国際間における賃金の「不等」にもとづくその特異な「不平等交換」の主張を除けば、バウアーやグロースマン説の蒸し返し、再版というべきであろう。しかし、このような見解は、すでに故名和教授によって著作『国際価値論研究』や論文「後進国支那に於ける外国貿易問題」〔野沢豊編集・解説『アジアの変革』上〔歴史科学大系第一三巻、校倉書房、一九七八年〕所収〕において、国際間に現実に利潤率の差異があり、また資本移動にも制限があるという観点から、とりわけその非現実性という面が批判され、さらにスウィージーによっても、「バウアーは、マルクスの競争と資本の可動性を基礎とする利潤率均等化の理論を、それが妥当するために必要な諸条件が欠如していることに注意することなく、諸国間の貿易に適用しているのである」(P. M. Sweezy, *The theory of capitalist development*, New York, Monthly Review Press, 1956, p. 291〔都留重人訳『資本主義発展の理論』新評論、一九六七年、三五八頁〕)と批判されている。すでに批判済みの理論なのである。

しかし、エマニュエルもアミンも、資本の国際可動性と労働の国際非可動性という前提から出発して、利潤率の国際的均等化、国際生産価格の形成を導く。同じ見地に立つパロワがエマニュエルを批判するのは、国際生産価格の導き方、すなわちパロワの主張する「国際価値から国際生産価格への推移」をエマニュエルが理解していないということに発している。それでは、この「推移」とは何か。パロワによれば、それは「世界生産価格における国際価値の新たな決定」(C. Palloix, La question de l'échange inégal, L'homme et la société, no. 18, 1970, p. 20〔「不等価交換問題」原田訳『新国際価値論争』一四七頁〕)ということなのである。

パロワによれば、「閉鎖経済の生産価格表式を開放経済に拡大するとき、このことは、国内価値v'から国際生産価格における価値の新たな決定の基礎としての国際価値v'への推移を想定している」（C. Palloix, *op. cit.*, p. 21〔同前一四七頁〕）のである。エマニュエルにとっては、国民価値は存在せず、唯一の現実は、世界的水準の生産諸力の平均的発展に依存する国際価値だけである。しかし、パロワにとっての唯一の真実は、アメリカ、カナダ、ヨーロッパの支配的資本主義国とアジア、アフリカ、ラテンアメリカの従属的資本主義国という基本的対立を含んだ経済ブロックの存在なのであり、各経済ブロックに固有の価値なのである。この観点を忘れ、各ブロックの労働時間を「世界的社会的労働（travail social mondial）」（*Ibid.*, p. 22〔同前、一四八頁〕）へ還元したりすれば、その場合にはいかなる交換の「不平等」すなわち「不平等交換」も存在しなくなるであろう。これに対して、「国際価値から国際生産価格の推移」の観点に立てば、この「不平等交換」は正しく証明されるのである。こうしてパロワは、世界生産価格における交換の「不平等」を浮彫りにするために、さまざまな国民価値が還元されるある国際価値が形成されるという考えから出発する。

パロワも、ベトレームやエマニュエルの例に倣い「不平等交換」を、第1-4表のように同等の剰余価値率、不均等な資本の有機構成にもとづく「広義の不平等交換」と、第1-5表のように不等な剰余価値率にもとづく「狭義もしくは本来の意味の不平等交換」に分ける。前者は、資本の有機的構成がｉ国（工業国）5500C：1750V＝3. 14:1、ｊ国（非工業国）2500C: 1750V＝1. 43: 1と不均等で、剰余価値率が、ｉ、ｊ両国ともに1750PV/1750V＝100%と同等の場合の国際交換で、この場合には、利潤率の国際的均等化の結果、ｉ国の国際生産価格9461L、ｊ国のそれは5539L、となり、ｉ国は国際価値9000v、以上の国際生産価格で、他方ｊ国は国際価値6000v、以下の国際生産価格でそのそれぞれの商品を交換し、ｊ国からｉ国へ剰余価値461PVが移転される。後者は、剰余価値率がｉ国1750PV/1750V＝100%、ｊ国3150PV/350V＝900%と不等な場合の国際交換であるが、この場合には、パロワがいうように、ｊ国の賃金水準が

第1－4表　パロワの「広義の不平等交換」

	創造				実現		
国	C 不変資本	V 可変資本	PV 剰余価値	v' 国際価値	p' 利潤率	P 利　潤	L' 国　際 生産価格
i	5500	1750	1750	9000	30.43%	2221	9461
j	2500	1750	1750	6000		1289	5539
	8000	3500	3500	15000		3500	15000

	国	資本の有機的構成	剰余価値率
この「広義の不平等交換」は同等の剰余価値率，不均等な資本の有機的構成にもとづく	i	$5500C:1750V=3.14:1$	$\frac{1750PV}{1750V}=100\%$
	j	$2500C:1750V=1.43:1$	

第1－5表　パロワの「狭義もしくは意味の不平等交換」

	創造				実現		
国	C 不変資本	V 可変資本	PV 剰余価値	v' 国際価値	p' 利潤率	P 利　潤	L' 国　　際 生産価値
i	5500	1750	1750	9000	50%	3625	10875
j	2500	350	3150	6000		1275	4125
	8000	2100	4900	15000		4900	15000

	国	資本の有機的構成	剰余価値率
この「狭義の不平等交換」は不等な剰余価値率にもとづく――しかし資本の有機的構成も不均等である	i	$5500C:1750V=3.14:1$	$\frac{1750PV}{1750V}=100\%$
	j	$2500C:350V=7.14:1$	$\frac{3150PV}{350V}=900\%$

ｉ国のそれの五分の一とされ、さらに、ｊ国の生産活動は「価値の同一の創造は、労働力の過小評価の結果、より高い剰余価値率をもたらす」(*Ibid.*, p. 26〔同前一五三頁〕)ので、ｉ国の生産活動のように生産的である。したがって、資本の有機的構成はｉ、ｊ両国で均等ではなく、ｉ国 5500C：1750V＝3.14：1、ｊ国 2500C：350V＝7.14：1と不均等となるが、そのことには何の断りもなく、彼はこの国際交換を剰余価値率の不等だけにもとづく「狭義もしくは本来の意味の不平等交換」と呼んでいる。しかしいずれにせよ、この場合にもさきの「広義の不平等交換」と同じメカニズムが作用して、ｊ国からｉ国へ剰余価値 1875PV が移転されるのである。「交換――価値価格での――は、ｉの生きた労働一時間がｊの生きた労働一時間に等しいと告げはしても、生産価格によれば、両国における等しい生産性のもとで、ｉの生きた労働一時間がｊの生きた労働二時間にほぼ等しいと考えられて、ｉからｊに一八七五労働単位の移転を可能にする新しい交換比率を得ることにある。」(*Ibid.*〔同前〕)こうして見ると、パロワもエマニュエルと同様、利潤率の国際的均等化という批判済みの理論をただ繰り返しているにすぎないのである。

マルクスの利潤率の国際的均等化、国際生産価格の形成に関する考えそのものは、『資本論』の準備草稿が未刊という現在の状況のもとではもとより窺い知ることができないが、この問題に対する彼自身の態度は、次の二点を想起するだけで明らかとなろう。第一に、マルクスは、利潤率の国際的均等化についてではなく、「国際貿易でさまざまな諸国民の間の利潤率の相違が彼らの商品交換にとってどうでもよい事情」(K. Ⅲ, S. 186)について語っている。第二に、彼は、国際生産価格の形成どころか、「商業資本はさまざまな国々の生産価格の間の差額を搾取するということ」(K. Ⅲ, S. 343)を主張している。

また、コールマイや彼に部分的に依拠していると思われるマンデルの場合には、利潤率の国際的均等化や国際生産価格の形成は、次のように批判される。たとえば、コールマイはまず「国家、関税その他の境界の内部では統一的利潤率の形成の傾向が優勢であるが、資本主義的世界市場においては国民的利潤率の差異の傾向が支配している」（G. Kohlmey, Karl Marx, Theorie von den internationalen Werten, *a. a. O.*, S. 56）ことを確認する。そして次に彼は、第一に、資本主義的世界経済が支配的工業国と従属国、植民地的農業・原料地域、工業的に劣った国、一面的に発展した国などに分かれていること、第二に、資本の国際移動には国内とは違って多くの障害が課されていること、の二つの理由を挙げて、「世界経済の資本主義体制においては確かにさまざまな国民的利潤率の一つの世界的平均利潤率への均等化の傾向が働くが、この傾向は支配的ではない」（Ebenda）と主張する。彼の結論は、次の文章のなかに明確に表現されている。「国際的に統一された利潤率が存在しないならば、国際生産価格もまた存在しない。したがって、ある商品の世界市場価格は重要な国民的諸生産価格の合力（Resultante）である個別価格である。」（Ebenda, S. 59）

コールマイのこの見解は、西ドイツのゴラルチクによっても踏襲されているが（D. Goralczyk, Der intenationale Konzern, S. 119）、マンデルの次のような見解もコールマイのそれに拠っているのである。マンデルによれば、「不平等交換」、すなわち彼にあっては国際搾取は、次の二つの事実、すなわち、①「世界市場では、先進国の労働は低開発国のそれに比べて強度のより大きい、すなわちより価値生産的な労働と見なされるという事実」、②「世界市場では、利潤率の均等化が生じない、すなわちさまざまな国民諸生産価格（諸平均利潤率）が並存していて、世界市場によって特殊な方法で相互に節合（artikulieren）されるという事実」（E. Mandel, Der Spälkapitalismus, S. 325〔飯田・的場訳『後期資本主義』Ⅱ、一六二頁〕）にもとづく。したがって、マンデルによれば、エマニュエルやアミンの設定する利潤率の国際的均等化の仮説は、理論的にも経験的にも支持し難いものである。マンデルにあっては、マルクスの価値論にも、また現実の歴史過程にも完全に一致するものと見なされるのは、ただ次のことだけである。「不平等交換は、価値法則に対立するのではなく、むしろ価値法則の適用によって価値移転（労働量、すなわち経済資源の移転）をもたらす、――

それは、利潤率の国際的均等化によるものではなく、むしろ利潤率の国際的均等化がないにもかかわらず、生ずるのである。」(E. Mandel, *a. a. O.*, SS. 332–33〔同前、一七〇頁〕)これはすでに考察した国際搾取のことを指しているが、この搾取を理解するために再び第三節aに立ち戻る必要はないであろう。結局、国際間における価値法則の修正に始まり世界市場における競争と国際価格に終わる国際価値論研究ないし論争は、この国際搾取すなわち国際間における価値または剰余価値の移転の理解をめぐって展開されているのである。

第二章　「不等価交換」と国際価値論

——エマニュエル、アミン、パロワの「不平等交換論」批判——

第一節　問題の提起

さきに筆者は、国際経済研究会の若手会員による共同著作・久保新一・中川信義編『国際貿易論』（有斐閣、一九八一年）の第二章「国際貿易の理論問題」において、国際価値論の主要問題を、（1）国際間における価値法則の修正、（2）国際搾取と国際不等価交換、（3）国際間における貨幣の相対的価値の相違、（4）世界市場における競争と国際価格、の四つに分けて考察を行なったが、そのさい、一九六〇年代から七〇年代半ばにかけて行なわれたフランス派の「不平等交換」論争についても、主題に関連するかぎりで、それを取り上げ紹介し、批判的な検討を加えた。ここにフランス派の「不平等交換」論争というのは、ギリシア生まれのアルジリ・エマニュエル、シャルル・ベトレーム、エジプト生まれのサミール・アミン、クリスチャン・パロワらが、それぞれの著作や論文において、「不平等交換」、すなわち、わが国国際価値論争の基本的争点との関連でいえば国際搾取と国際不等価交換、の理解をめぐってくりひろげた一大論争である。セルジュ・ラトゥシュの文献紹介によると、この論争は、一九六二年のエマニュエルとベトレームの論文「不平等交換と開発の政策」（A. Emmanuel & C. Bettelheim, Échange inégal et politique de développement, *Problèmes de planification*, no. 2, 1962.）から、ミシェル・オラールの著作『不平等交換論』（Michel Hollard, *Sur l'échange inégal: Thèse complémentaire*, Grenoble, 1977.）まで、一五年の長さにわたっている（Serge Latouche, *Critique de l'imperialisme:*

Une approche marxiste non léniniste des problèmes théoriques du sous-développement, Paris, Anthropos, 1979, pp. 214–215.)。

このようなフランス派の「不平等交換」論を、その代表者であるエマニュエル、アミン、パウロの理論を中心に要約すると、次の五点にまとめられよう（拙稿「国際貿易の理論問題」、同前、四一頁）。

第一に、彼ら三者は、資本も労働力も国際的に可動的としたニコライ・ブハーリン流の誤りはまぬがれてはいるものの、資本の可動性および労働力の非可動性から利潤率の国際的均等化を導くオットー・バウアーやヘンリィック・グロースマン流の誤りを共有していること。これは、エマニュエルの影響によるものである。

第二に、彼ら三者には、わが国国際価値論争や西ドイツ派の国際価値論研究において重要な位置を占める国際間における価値法則のモディフィケーションや貨幣の相対的価値の相違などの問題が、その理論体系からぬけおちていること。これは、彼らに外国為替論や国際通貨論がないからである。

第三に、彼ら第三者が、そのそれぞれの「不平等交換」論をもって国際搾取を証明しようとするのか、それとも国際不等価交換を証明しようとするのか明らかでないこと。これは、彼らが「不平等交換」と国際搾取と国際不等価交換を混同していることによる。

第四に、彼ら三者の理論、すなわちエマニュエルの「不平等交換」論、アミンの「世界価値の国民価値に対する優位性」論、パロワの「国際価値から世界生産価格への推移」論が、この論争における代表的な理論としてあげられること。彼らの諸理論の批判的考察が本稿の課題の一つであり、第二節で取り上げる。

第五に、『ル・モンド』紙上でベトレームとの論争においてエマニュエルが行なったように、この「不平等交換」論から労働者階級の国際連帯に対する否定的な結論が導きだされやすいこと（A. Emmanuel / C. Bettelheim, Deuxthèses sur les 'salaires' se réclamant du marxisme, *Le Monde*, 27 nov. / 3 déc. Du 1969.）。エマニュエルは、この論争において、「わたしの

『不平等交換論』のもっとも苦い果実は、労働者の国際連帯にかんする否定的な結論である」といいきっている。筆者がこの論争を取り上げようと思ったのは、このエマニュエル的見解を批判するためである。

ここで一言注意しておきたいことは、筆者がここでかっこつきで呼んでいる「不平等交換」の原語は、フランス語ではéchange inégal, 英語ではunequal exchange, ドイツ語ではungleicher Tauschであって、筆者はこれを不等価交換、すなわちフランス語のéchange entre non-équivalents, 英語のexchange of non-equivalents, ドイツ語のAustausch von Nichtäquivalentenと区別して用いている点である。わが国の文献においてéchange inégalが「不等価交換」と訳され、現在これが普及しているのは、エマニュエルの著作を『不等価交換』として、また、その理論を「不等価交換」として紹介された花崎皋平氏と故名和統一教授の影響によるものと思われる（花崎「アルジリ・エマニュエル『不等価交換』――国家間の経済的諸関係における諸敵対関係につての試論――」、連帯編集部編「新帝国主義論争」『連帯』No. 4、亜紀書房、一九七三年、所収。名和「国際不等価交換について――エマニュエル理論の検討――」国際経済学会編「世界経済の危機」『国際経済』第二七号、一九七六年、所収）。

筆者は、国際価値論研究の眼目は、資本主義世界貿易のもとでの国際搾取、すなわち国際等価交換のもとでの不等労働量交換を証明し、きたるべき社会における世界貿易の正しいあり方、労働者階級の真の国際連帯の基礎を解明することにある、と確信している。この基本的観点に立って、以下、目次の順序にしたがって考察をおこなっていきたい。

目　次

Ⅱ　「不平等交換」論の三つの類型
1　エマニュエルの「不平等交換」論
2　アミンの「不平等交換」論および「世界価値の国民価値にたいする優位性」論
3　パロワの「不平等交換」論および「国際価値から世界生産価格への推移」論
Ⅲ　「不平等交換」論に対する二つの批判
1　「不平等交換」を不等価交換の意味に解する見解
2　「不平等交換」を不等労働量交換の意味に解する見解
Ⅳ　国際不等価交換と国際搾取
1　国際不等価交換
2　国際搾取

第二節　「不平等交換」論の三つの類型

1　エマニュエルの「不平等交換」論

フランス派の「不平等交換」論研究とそれをめぐる論争は、一九六〇年代の南北貿易における開発諸国に対する低開発諸国の交易条件悪化の原因究明を契機に始められたもので、その理論的起点となったのは、ベトレームの「序文」と「理論的評注」を付して刊行されたエマニュエルの『不平等交換論』(Arghiri Emmanuel, *L'échange inégal: Essai sur les antagonismes dans les rapports économiques internationaux*, Préface et remarques théoriques de Charles Bettelheim, Paris, François

Maspero, 1969.）であった。したがって、エマニュエルにあっては、この「不平等交換」概念は、第二次世界大戦後に普及したものである。というのは、彼にとっては、事実上この概念は開発諸国と低開発諸国の間の交易条件悪化という現象をたんに概念化したものにすぎなかったからである。彼は、このことを一九六二年に発表した論文「不平等交換論」（A. Emmanuel, L'échange inégal, *Problèmes de planification*, no. 2, 1962. 原田金一郎訳「不平等交換」同訳『新国際価値論争』柘植書房、一九八一年、所収）の冒頭で明示している。「不平等交換」のこの意味をまず確認しておく必要があろう。

エマニュエルは、『不平等交換論』の第二章「対外交換における均衡価格」の第Ⅰ節「国際価値の独自性」および第Ⅱ節「国際交換における生産価格のモディフィケーション、不平等交換（échange inégal）」において、この問題を考察している。このうち、「国際価値の独自性」論はパロワによって根本的な批判をこうむったが、アミンによってエマニュエルの基本的貢献をなすものという最大限の賛辞を受けた。これに対し、「不平等交換」論は、ベトレームをはじめ、アミンやパロワなどフランス派内部からも激しい批判をあびせられた。エマニュエルは、その第1節において、リカードをはじめジョン・スチュアート・ミル、ケアンズ、バスターブル、エジワース、マーシャルらの「比較費用」論とマルクス主義者の「資本の国際非競争性の仮説」を批判的に検討し、ついで「経験的および統計的範疇としての利潤率の均等化」および「国際的次元での労働要素の非競争性」について考察したあと、第Ⅱ節にはいり、冒頭次のように述べる。「前述したことは、国際的次元でわれわれが最終的に採用するつもりの仮説の現実性をしめす傾向がある。すなわち労働要素の非競争性は異なる剰余価値率を可能にし、資本の競争性は利潤率の均等化を招く」（A. Emmanuel, *L'échange inégal*, p. 102.）。

エマニュエルは、マルクスの生産価格表式をまねて、その理論を八つの生産価格表式のうちに総括している。そのうち、重要なものは、第1–1表の「不等価（non-équivalence）の第一形態、同等の剰余価値率――不均等な有機的構成」（*Ibid.*, p. 109.）である。前者は、資本の有機的構成がA国、240K：60v＝4：1、B国120K：60v＝2：1と異なり、剰余価値率がA、B両国一〇〇％で同一である国際交換で、この場合には、A、B両国の生産物価値170Vが150A＝190Bという交換比率で交換される。後者は、投下資本がA、B両国240Kで同一であるが、資本の有機的構成がA国240K: 100V＝2.4：1、B国240K：20v＝12：1、剰余価値率もA国20m/100v＝20％、B国100m/20v＝500％と異なる国際交換で、この場合には、やはりA、B両国の生産物価値170Vのものが130A＝210Bという交換比率で交換される。このような場合には、前者の交換では剰余価値20mが、後者では40mがB国からA国へ移転されるという。このように、第1–2表の「本来の意味での不等価」でも投下総資本はたしかに同一であるが、資本の有機的構成が投下総資本で測っても消費不変資本で測っても異なっているにもかかわらず、エマニュエルは、「賃金の不平等（inégalité）そのものは、それ自身だけで交換の不平等（inégalité）をひき起こすことが明らかとなる」（*Ibid.*, p. 111.）と書いている。彼の「不平等交換（échange inégal）の定義」は、次のようなものである。「商品が市場にかんして不完全競争から生ずるあらゆる価格変化をのぞけば、不平等交換は、『制度的に』異なる剰余価値率の諸地域間に利潤率の均等化によって確立される均衡価格の関係である、――『制度的に』という用語は、これらの剰余価値率がなんらかの理由によって、諸要素の市場にかんして競争による標準化をまぬがれて相対価格とは無関係であることを意味する」（*Ibid.*）。これを、次に見るアミンの「労働の報酬における格差」と「生産性を特徴づける格差」のギャップによる定義と対比せよ。

エマニュエルの「不平等交換」の定義は、「賃金の不平等」を「交換の不平等」の原因であると見なしているかぎり、一種の同義反復に堕している。なぜなら、そこでは、説明されるべきことがあらかじめ前提されているからである。すなわち、「不平等交換」とは「交換の不平等」であり、「交換の不平等」は「賃金の不平等」である。「不平等」なるがゆえに「不平等」。しかし、大切なことは、この「不平等」を証明することである。さらに、エマニュエルの「不平等交換」論は、彼自身認めているように、バウアーやグロースマンの謬論と共通するものを持っている（*Ibid*., p. 204）。とりわけ、グロースマンが、国際貿易においては利潤率の国際的均等化の傾向があるため等価交換が行なわれず、平均的に資本の有機的構成の高い国の商品はつねにその価値よりも高い生産価格で売られ、反対に、資本の有機的構成の低い国は自由競争によってその価値よりも低い生産価格で売られるといい、「このようにして世界市場では流通部面の内部で、未発展な国で生産された剰余価値の資本主義的により高度に発展した国への移転が行なわれる」（Henryk Grossman, Das *Akkumulatio – und Zusammenbruchsgesetz des kapitalistischen Systems*, Leipzig, 1929, SS. 431–432. 有沢広巳・森谷克己訳『資本の蓄積並びに崩壊の理論』改造社、一九三二年、五五九–六〇頁）といっている文章を見るとき、そこに、エマニュエルの壮大な理論の一源泉を垣間見る思いがする。このグロースマン、そしてそれに依拠していると思われるエマニュエルの誤りは、資本の国際移動から利潤率の国際的均等化、国際生産価格の形成を導くその思考方法にある。

2　アミンの「不平等交換」論および「世界価値の国民価値にたいする優位性」論

アミンのこの「不平等交換」論および「世界価値の国民価値にたいする優位性」論の検討に入るまえに、「価値移転」を、国内的規模のものであれ世界的規模のものであれ、「本源的蓄積のメカニズム」論によって説明する見解を検討しておこう。

「価値移転」を国内的規模のそれに限定し、これを「本源的蓄積」と理解するのは、一九六四年に、『コート・ジボワールのグロ族の経済人類学』（Claude Meillassoux, *Anthropologie économique des Gouro Côte-d'Ivoire*, Paris, Mouton, 1964.）という有名な著作を、マルクスの『資本論』を読みながら書いたといわれるフランスの経済人類学者クロード・メイヤスーである。彼は、現代の「低開発問題」を国際間の「不平等交換」論によって説明しようとするエマニュエルやアミンらを批判して、次のようにいっている。「マルクス主義者と称される研究者が低開発問題について行なった最近の研究の多くは、労働の搾取というよりも不平等交換（échange inégal）に力点をおいている。しかし、交換が価値を創造するということを古典派と同じように容認するのでないかぎり、帝国主義諸国の富裕化は、国際貿易によってではなく、低開発諸国の労働者の搾取によってしか生じえないのである」（C. Meillassoux, *Femmes, greniers. & capitaux*, Paris, François Maspero, 1975, p. 139. 川田順造・原口武彦訳『家族制共同体の理論』筑摩書房、一九七七年、一五七頁）。これがメイヤスーの基本的観点である。このような観点に立って、メイヤスーは、アミンやパロワが、「低開発」をなによりも相異なる生産関係にもとづいて機能している経済部門間の「価値移転」の結果であると見なしていず、また、その論理は利潤の移転を説明しているが、その利潤がどのようにして実現されるのかを説明していない、とやや超越的な批判を加える。そして、結局、メイヤスーは、「低開発」はこのような相異なる経済部門間の「価値移転」の結果にもとづくという。「一つの生産様式の価値を他の生産様式に移転することによって蓄積が行なわれるとき、それを本源的蓄積という」（*Ibid.*, p. 145, note 7. 同前、一六八頁、注（7））。

このように、メイヤスーは、「低開発」の原因をあくまで国内問題に限定して考察している。これに対し、アミンは、この原因を世界的規模にまでおしひろげ、世界的規模の「本源的蓄積のメカニズム」の機能が働く結果であると見なしている。「資本主義的生産様式が前資本主義的生産様式と関係をもつときにはつねに、本源的蓄積のメカニズムの結果として後者から前者への価値移転（transferts de valeur）が生じる。このメカニズムは資本主義の前史に固有なものではなく、現在においても同様に存在する」（Samir Amin, *L'accumulation à l'échelle mondiale*, tome 1, Paris, Anthropos, 1970, p. 14. 野口祐他訳『世界資本蓄積論——世界的規模における資本蓄積《第Ⅰ分冊》——』柘植書房、一九七九年、一八頁）。

第2−1表　アミンの「不平等交換」（第1のケース）

国	*c* 不変資本	*v* 可変資本	*m* 剰余価値	*V* 価値	*p* 利潤	*P* 生産価格
A	10	10	10	30	8	28
B	16	7	7	30	9	32

（注）A：低開発国（$c／v＝1$）、B：開発国（$c／v＝2.3$）、剰余価値率：100％、平均利潤率：17／43＝40％

第2−2表　アミンの「不平等交換」（第2のケースあるいは第1のケースの変型）

国	*c*	*v*	*m*	*V*	*p*	*P*
A	10	15	5	30	6	31
B	16	7	7	30	6	29

（注）A：低開発国（$c／v＝0.7$）、B：開発国（$c／v＝2.3$）、剰余価値率：A＝33％、B＝100％、平均利潤率：12／48＝25％

第2−3表　アミンの「不平等交換」（第3のケース）

国	*C* 設　備 総資本	*c* 使用不変 資　本	*v* 可変資本	*m* 剰余価値	*V* 価値	*p* 利潤	*P* 生産価格
A	70	10	2	18	30	14	26
B	70	10	10	10	30	14	34

そして、アミンのこの「本源的蓄積のメカニズム」論が、「価値移転」という一点で、その「不平等交換」論とむすびついているのである。彼は、これをベトレームやエマニュエルの「不平等交換」表式に依拠しながら、次のように展開している。

アミンの「不平等交換」表式は第2−1、2−2、2−3表に示されている。第一のケースは、A、B両国において、賃金が等しい、つまり剰余価値率は等しいが、資本の有機的構成が異なっている場合であって、この場合には、「生産価格（利潤率均等化が包含する）は、高度の有機的構成によって特徴づけられる開発国の総労働時間（直接的および間接的）が低開発国の総労働時間よりも多い生産物を国際市場において得るような価格となる」(S. Amin, *L'accumulation à l'échelle mondiale*, tome 1, p. 104. 同前、八九頁)。この第一のケースは、エマニュエルの「不等価の第一形態」と同じで、彼の場合には厳密な意味では「不平等交換」とは認められないものであるが、アミンにあっては、「この場合に交換はやはり不平等であり、この不平等性は生産における不均等を反映しているということも依然として事実である」(*Ibid.*, 同前)。

これに対し、第二のケースは、ベトレームによるエマニュエル批判に関するもので、A、B両国において剰余価値率も資本の有機的構成も異なっている場合であって、第一のケースにくらべてさらに複雑なケースとなっている。「この場合、交換は不平等である。(1)それは主として、生産性が不均等(この不均等性は異なる有機的構成と関連している)であるからである。そして、(2)二次的には、異なる有機的構成が利潤率均等化作用を通じて個別の価値とは異なる生産価格を決定するからである」(*Ibid.*, p. 105. 同前、九〇頁)。

第三のケースは、A、B両国において、同一の生産性であるにもかかわらず、A国の賃金がB国のそれの五分の一のような場合、すなわち剰余価値率が異なっているが資本の有機的構成が等しい場合である。このケースは、エマニュエルが「本来の意味の不等価」と呼んだものであって、彼が厳密な意味での「不平等交換」として認めた唯一のケースである。アミンは、この第三のケースこそ現実に存在している状況と一致しているケースであると、次のようにいう。「『第三世界』の輸出品は主として、低生産性を有する後進部門より生み出される農産物ではない。低開発諸国からの輸出品総計三五〇億ドル(一九六九年)のうち、超近代的資本主義部門(石油・鉱業および鉱産物の一次加工・近代的プランテーション……)が少なくとも四分の三、すなわち二六〇億ドルを供給している。これらの生産物にたいしてA国とB国との比較式は十分に意味を持つ。もしこれらの生産物が同一技術によって、したがって同一生産性のもとで、平均利潤率が設備総資本の約一五パーセント、使用不変資本が設備総資本の七分の一(……)、剰余価値率が一〇〇パーセント（……）である開発諸国によって供給されたとしたら、それら生産物の価値は三四〇億ドルになっていただろう。この項目におけるだけでも、周辺部から中心部の価値移転（transfert de valeur）は相当なものになる。つまり、実際に見積ってもそれは八〇億ドルになる」（*Ibid*., p. 108. 同前、九三頁）。アミンの特異さは、このように「価値移転」を実際に計算するところにあるが、その理論的貢献という点では、エマニュエルのそれに何もつけ加えるものがないであろう。したがって、その「価値移転」計算も、根拠薄弱なものといわざるをえない。

しかし、アミンの「本源的蓄積のメカニズム」論やただエマニュエルに依拠するだけの「不平等交換」論は、『世界的規模における蓄積』に続いて刊行された『不均等発展論』（パリ、一九七三年）やその延長線上にある『帝国主義と不均等発展』（パリ、一九七六年）ではむしろ後退し、これにかわって、問題の「世界価値の国民価値に対する優位性」論が登場する。そして、この場合のアミンの立場は、周辺部がただたんに中心部に統合されているだけの資本主義的「世界システム」ではなく、社会主義市場もそこに包摂されているような「世界システム」を前提とする立場なのである。アミンはいう。「資本主義的生産様式の支配は、またもう一つ別の次元で表現される。というのは、その次元はすべての構成が編成され階層づけられた単一のシステムに秩序づけられるような一つの世界システムを構成しているからである。かくして、二つの世界市場、資本主義市場と社会主義市場とがあるのではなくて、単一の市場、つまり資本主義市場があるのであって、東ヨーロッパは限界的に参加しているにすぎない」（S. Amin, *Le développement inégal: Essai sur les formations sociales au capitalisme périphérique*, Paris, Minuit, 1973, p. 17.）。アミンがエマニュエルの「不平等交換」論の本質的貢献であると見なしている「世界（国際）諸価値の優位性（la prééminence des valeurs mondiales〔internationales〕）」（S. Amin, *L'échange inégal et la loi de la valeur: La fin d'un débat*, Paris, Anthropos, 1973, p. 16. 花崎皋平訳『不等価交換と価値法則』亜紀書房、一九七七年、一三頁）、または、「世界諸価値の国民諸価値にたいする優位性（国際諸価値の優位性よりも正確な用語）」（S. Amin, *L'impérialisme et le développement inégal*, Paris, Minuit, 1976, p. 48. 北沢正雄訳『帝国主義と不均等発展』第三書館、一九八一年、七七頁）、これがここでの問題である。

しかし、彼は、この「世界価値」について、その実体がなんであり、その大きさはどのように規定されるのか、という最も重要な問題を明らかにしない。わが国における国際価値論研究が、世界労働、国際価値、国際市場価値の三つを主題にその学問的出発点をきずき、この研究をおしすすめているのに対し、そしてまた、たとえば、それをうけつぎ、筆者らが国際価値および国際市場価値を世界労働という実体に還元し、その大きさを世界的または国際社会的に必要な労働時間によって規定している（拙稿「国際貿易の理論問題」、同前、所収、参照）のに対し、アミンは、「世界価値」の実体とその量的規定についてはほとんど沈黙を守り、ただ「世界価値の国民価値にたいする優位性」という言葉をくりかえすだけで、課題に一歩もふみこもうとはしない。「すでに不平等交換の問題についいては説明した。われわれの主たる結論は、この議論が発見することを可能にしたもの、つまり、一方では、生産諸過程の漸進的な世界化の結果、国民諸価値にたいする世界諸価値の優位性の傾向であり、他方では、労働搾取率の中心部と周辺部における格差拡大の傾向である。全体的に把握すれば、この二つの特徴はレーニンの時期以来の帝国主義システムの深化を反映している……」（S. Amin, *L'impérialisme et le développement inégal*, p. 120. 同前、一四七頁）。「われわれは世界資本主義システムを、資本主義的生産様式に帰せられる諸社会の並列としてではなく、資本主義的諸社会構成の一システムとして考える道を選んだ。われわれは、エマニュエル批判から出発して『世界諸価値』の概念（国際価値ではない）とその（世界システムの統一性を反映する）『優位性』との概念をひき出した」（*Ibid.*, p. 138. 同前、一六七頁）「……中心部の諸社会構成は純粋な資本主義的様式に近づいていくが、一方周辺部では諸社会構成が著しい異種混合的性格を保持する……。それは『不均等発展論』のなかで示されている通りである。このような多様性にもかかわらず、システムの統一性が、世界諸価値の優位性の増大と、総体的なシステムの規模における資本への労働の従属拡大によってあらわれてくる」(*Ibid.*, p. 142. 同前、一七一頁)。以上が、「世界価値」に関するアミンの主要な論点なのである。

しかし、彼は、「世界価値」についてただ一点、それが労働力の国際非可動性という前提のもとでも実在する、と正しく指摘している。「すべての生産物が国際商品であるということから、世界のさまざまな場所で支出され、それら生産物のうちに凝結された労働の同じ量は、たとえ労働力が国境を越えて循環しないから国際商品ではないにしても、やはり単一の世界価値を生産することになる」(S. Amin, L'échange inégal et la loi de la valeur, p. 17. 同前、一四–一五頁)。しかし、このような「世界価値」は、彼の「不平等交換」すなわち国際間における「価値移転」と両立するであろうか。

アミンはエマニュエルの「不平等交換」論を出発点としながらも、またこれを批判している。アミンによるエマニュエル批判のなかで本質的なものは、次の二点である。「われわれは、世界市場で交換された諸生産物は特殊的であり、それらは非還元的な使用価値をもっているという彼の視点を共有しない」(*Ibid.*, pp. 49–50. 同前、四九頁)。「周辺部のある種の輸出品が生産される枠組は、資本主義的生産様式ではない」(*Ibid.*, p. 56. 同前、五六頁)。このようにエマニュエルを批判しつつ、すなわち、交換される諸生産物は(1)特殊的ではなく、(2)それらは非資本主義的生産の枠内で生産されうると考えることによって、「不平等交換」を次のように定義する。「労働の報酬における格差が生産性を特徴づける格差よりも大きくなるときに、世界資本主義システムにおいて不平等交換(échange inégal)がある」(*Ibid.*, p. 62. 同前、六三頁)。

しかし、このような「不平等交換」論は、「世界価値」の成立するところでは存在しない。この点を鋭く突いたのはベトレームであった。アミンの『帝国主義と不均等発展』のなかで引用されている、『不平等交換と価値法則』に関するベトレームの次の手紙の一節がそれである。「さまざまの諸国によって供給される生産物は、それらの世界価値において交換されることが認められた時点から、『不平等交換（échange inégal）』（わたしはそれを使用するのに反対した）という用語自体は放棄されるべきだと思われます。なぜなら、諸国間の『不平等』は、さまざまな諸国において同一の生産物を獲得するのに支出されなければならない労働量の不均等に由来するからです」（S. Amin, *L'impérialisme et le développement inégal*, p. 140. 同前、一六九頁）。ベトレームのこの指摘は、あとで見るように、「不平等交換」を不等労働量交換の意味と解する西ドイツ派の主張と共通するものをもつ。これにたいするアミンの答えは、「不平等交換のかわりに『搾取の不平等な諸条件』について語るほうがよいだろう」（*Ibid.*, p. 141. 同前、一七〇頁）というもので、事実上彼はその「不平等交換」の概念を放棄するよう追いこまれている。アミンがその「世界価値」概念でもって証明しなければならなかったものは、国際等価交換すなわち国際価値どおりの交換にもとづく国際不等労働量交換であった。エマニュエルもアミンも、国際交換における「不平等」に気づいてはいるが、これを不等労働量交換として正しくつかまえてはいない。すなわち、彼らは、国際不等労働量交換すなわち国際搾取を理解してはいない。

3　パロワの「不平等交換」論および「国際価値から世界生産価格への推移」論

ここで取り上げるパロワの「不平等交換」論などは、『人間と社会』誌一九七〇年第一八号掲載の「不平等交換問題」（Christian Palloix, La question de l'échange inégal, L'homme et la société, no. 18, 1970. 原田金一郎訳「不等価交換問題」同訳『新国際価値論争』、所収）と、『資本の国際化』（C. Palloix, *L'internationalisation du capital: Éléments critiques*, Paris, François Maspero, 1975.）の一部である。

エマニュエルもアミンも、資本の国際可動性と労働力の非可動性という前提から出発して、利潤率の国際的均等化、国際生産価格の形成を導いた。同じ見地に立つパロワがエマニュエルを批判するのは、国際生産価格の導き方、すなわちパロワの主張する「国際価値から国際生産価格への推移」をエマニュエルが理解していないということによる。それでは、この「推移」とはなにか。それは、価値の生産価格への転化の場合の転化と同じであって、パロワによれば、「世界生産価格における国際価値の新たな決定」（C. Palloix, La question de l'échange inégal, *op. cit.*, p. 20. 同前、一四七頁）ということなのである。

パロワによれば、資本と労働の交換の場合においては、いかにして労働力の価値がその維持と再生産のために必要な生活物資の価値と交換されるのかという「等価物対等価物（équivalent contre équivalent）」すなわち等価交換のもとで、いかにして、労働力の消費の過程において、資本家は賃金という形態での価値を越える価値を受け取るのかという「不等価（non-équivalent）」すなわち不等価交換が行なわれるが、これといくぶん類似のことが国際的領域においても生じるという。すなわち、「等価性（équivalence）という形式主義のもとで国際交換は、根深い不平等性（inégalité）を明らかにしているのである」（*Ibid.*, p. 6. 同前、一三〇頁）。これに対し、エマニュエルらの「『不平等交換（échange inégal）』とは、『交易条件悪化』という用語によって知られている現象の新しい概念化以上のものではない」（*Ibid.*, 同前）のである。ここには等価交換、不等価交換、「不平等交換」という用語が正しく区別されている。

問題は、パロワが「国際価値から国際生産価格への推移」という問題を設定することのうちにある。彼の出発点は、マルクスの「国際価値の理論」と「利潤率の理論」である。パロワによれば、「生産過程そのものにおいては、国際価値の決定は国内的基盤（労働価値）に従属しているが、他方では、世界生産価格は世界的次元での価値の一形態を体現するものである」（*Ibid.*, p. 20. 同前、一四六―一四七頁）。すなわち、彼がここでいいたいことは、「国際価値」は『資本論』第一巻の理論レベルでてくるが、「世界生産価格」は第三巻のレベルに属しているということであり、真の問題は「国際価値から世界生産価格への推移」に関わるものを含んでいるということである。

パロワによれば、諸国民間の労働時間を比較するためには、国ごとに異なる具体的労働時間が還元される「単純国際労働時間（un temps de travail international simple）」を認めなければならないが、アジアやアフリカやラテンアメリカの自給経済における労働時間と、デトロイトの冶金労働者の労働時間は比較不可能なものである。しかし、エマニュエル、のちにアミンも諸国民的労働の同一国際的単位へのこの還元を認めている。そこでパロワは、「いかにしてこの国際社会的労働時間（un temps de travail social international）が形成されるのだろうか」（*Ibid*., p. 21. 同前、一四七頁）と問う。エマニュエルにとっては、国際価値は存在せず、唯一の現実は、世界的水準の生産諸力の平均的発展に依存する国際価値だけである。これに対し、パロワにとっての唯一の真実は、アメリカ、カナダ、ヨーロッパの支配的資本主義諸国とアジア、アフリカ、ラテンアメリカの従属的資本主義諸国という基本的対立を含んだ経済ブロックの存在なのであり、各経済ブロックに固有の価値なのである。この観点を忘れてしまって、各ブロックの労働時間を「世界社会的労働（travail social mondial）」（*Ibid*., p. 22. 同前、一四八頁）へ還元したりすれば、その場合には、いかなる「交換の不平等」すなわち「不平等交換」も存在しなくなり、支配諸国による従属諸国の搾取ということもいえなくなるであろう。これに対し、かの「推移」の観点に立てば、この「不平等交換」は正しく証明されるのである。こうしてパロワは、「世界生産価格」における「交換の不平等」を浮きぼりにするために、さまざまな国民価値が還元されるある国際価値が形成されるという考えに到達する。

ベトレームやエマニュエルの例にならって、パロワも、「不平等交換」を、第1－4表のように同等の剰余価値率、不均等な資本の有機的構成という前提にもとづく「広義の不平等交換」（*Ibid*., p. 22. 同前、一四九頁）と、第1－5表のように不等な剰余価値率、均等な資本の有機的構成にもとづく「狭義もしくは本来の意味の不平等交換」（*Ibid*., p. 25.

同前、一五二頁）とに分ける。前者は、資本の有機的構成がｉ国（工業国）5500C：1750V＝3.14: 1, ｊ国（非工業国）2500C：1750V＝1.43：1と不均等で、剰余価値率が1750PV/1750V＝100％と同等の場合の国際交換で、この場合には、利潤率の国際的均等化の結果、ｉ、ｊ両国の国際生産価格がそれぞれ9461L、と5539L、になり、ｉ国は国際価値9000v、以上の国際生産価格で、他方、ｊ国は国際価値6000v、以下の国際生産価格でそれぞれの商品を交換し、ｊ国からｉ国へ剰余価値461PVが移転されるという。後者は、剰余価値率がｉ国1750PV/1750V＝100％、ｊ国が3150PV/350V＝900％と不等な場合の国際交換で、この場合には、ｊ国の賃金水準がｉ国のそれの五分の一とされ、さらに、ｊ国の生産活動は「価値の同一の創造は、労働力の過小評価の結果、より高い剰余価値率をもたらす」（*Ibid.*, p. 26. 同前、一五三頁）ので、ｉ国と同じく「生産的」であるという。そして、この「狭義の不平等交換」の場合も、さきの「広義の不平等交換」と同じメカニズムが作用して、ｊ国からｉ国へ剰余価値1875PVが移転されるのである。「交換——価値価格での——は、ｉ国の生きた労働一時間がｊ国の生きた労働一時間に等しいと告げはしても、生産価格によれば、両国における等しい生産性のもとで、ｉ国の生きた労働一時間がｊ国の生きた労働二時間にほぼ等しいと考えられて、ｉ国からｊ国に1875労働単位の移転を可能にする新しい交換比率を得ることにある」（*Ibid.*, 同前）。こうして見ると、パロワもエマニュエルと同様、理論的にも経験的にも支持しがたい利潤率の国際的均等化という仮説のうえに、その理論を組み立てているのがわかる。しかし、この仮説は、わが国における国際価値論研究において、国際間に現実に利潤率の差異があり、また、資本の国際移動にも制限があるという観点から、批判されてきたものである。とうの昔に批判ずみの理論なのである。

パロワの「国民価値から世界生産価格への推移」論は、このように理論的に成り立たない仮説のうえに構想された謬論である。しかし、それだけではない。彼のこの「推移」論の前提である国際価値も、彼が「世界社会労働」の存在を認めないかぎり、成立しないのである。彼の根本的な欠陥は、この「世界社会労働」が国際価値の実体として正しくつかまれていないことのうちにある。

しかし、パロワは、『資本の国際化』において、この見地を乗り越えようとする。パロワの「資本の国際化」論の特徴は、『資本論』第二巻の資本の三循環形態すなわち貨幣資本循環、生産資本循環、商品資本循環を各段階の資本の国際移動に適用する点にある。すなわち、商品資本の国際化の段階は「競争的資本主義」、貨幣資本の国際化の段階は帝国主義、そして生産資本の国際化の段階は、現代のそれぞれの段階に対応させる点にある。以下のパロワの議論は、この資本の国際化を国家装置と関連づけて論じているものである。

「商品資本の国際化の段階では、マルクスが指摘したように、国際価値はさまざまな国民諸価値の対峙から生じ、その結果世界市場においては平均価値を生ぜしめる。非常にさまざまな国民的生産諸過程は、国際市場の枠内で、ただ商品による承認の基礎のうえでのみ、交差する。国家装置の効力は、このいわゆる競争的資本主義の段階では、自由貿易主義政策か保護貿易主義政策かという二重の方式のもとで、国民価値が国際価値と対峙するところで最大限の剰余を引き出すように配慮することにある（不平等交換〔échange inégal〕）」（C. Palloix, *L'internationalisation du capital*, p. 80.）。「自由貿易主義的または保護貿易主義的国家装置は、暗に、国際市場における商品による承認にたいして国民的生産装置の平均化（または調整）に照準をあてている。これらの基準は、もうからない生産を除去し、世界市場の水準に、すなわち独自の国際分業にみちびく」（*Ibid.*）。

見られるように、ここでパロワは、「商品資本の国際化の段階」すなわち産業資本主義段階において、国際価値が国民諸価値の対峙から生まれ、その結果として世界市場において平均価値が生じることを認めるに至っている。こうしてエマニュエルやアミンらの見解に近づいたパロワは、次に「貨幣資本と生産資本の国際化の段階」、すなわち帝国主義段階と現段階において、国際価値はこれらの「資本の国際化」とともにますます大きな存在となり、ついには国際価値のまえに国民価値が消滅することになろうという。

「貨幣資本と生産資本の国際化の段落とともに、対内経済政策はしだいに対外経済政策の関心事となるであろう。国内のことがらはそれを条件づける対外のことがらに順応させられて、鋳こまれるからである」(*Ibid.*)。「だが、対外のことがら——つまるところ、国際価値——は、異なるイメージのもとであらわれる。国際市場における商品関係だけによる承認に、資本による承認がとってかわる。国際価値は、もはや、もっぱら商品や商品資本の水路をとおるだけでなく、国際価値はそのすべての社会的広がりにおいて、すなわち資本の国際化において、顕現する」(*Ibid.*)。「実際、商品資本（「生産資本」のあやまりであろう——引用者）の次元では、国際価値は、もはやマルクスによって観察された諸決定因にはしたがわない。商品が支配する国民的生産諸過程の対峙は、生産諸過程の相互浸透に、すなわち生産の国際化に場所をゆずった。そして生産の国際化は、P・ビエとA・ムニエが資本主義的農業にかんするものについて注意したように、『交易条件の均等化傾向』によってあらわされる。この交易条件の均等化は、同様に、製鉄業、基礎石油化学、伝統的織物業、などにもあらわれる。これらの分野での『国民』価値は、国際価値をまえにして消滅する傾向である」(*Ibid.*)。

第三節　「不平等交換」論に対する二つの批判

1　「不平等交換」を不等価交換の意味に解する見解

フランス派の「不平等交換」概念は、もともと国際不等価交換と国際搾取の二つの意味を含んでいた。エマニュエルやアミンやパロワの理論を不透明にし理解困難なものにしているのは、彼らがこの二つを明確に区別していないこと、とりちがえていることにある。

こうしたなかにあって、イギリス派のジェフリー・ケイは「不平等交換」を文字通り不等価交換の意味に解する数少ないマルクス経済学者の一人である。したがって、このような「不平等交換」をもっぱら商人資本の活動の結果であると見なすケイは、その著作『開発と低開発』（ロンドン、一九七五年）において、商人資本が産業資本と決定的に異なるのは次の点にあるという。「産業資本は、商品の価値と等価（equivalent）の価格で売買するすべての商品の交換によって、社会の剰余生産物を、剰余価値や利潤の形態で手にいれることができるのにたいして、商人資本は不等価（nonequivalent）あるいは不平等交換（unequal exchange）で確保しなければならない」（Geoffrey Kay, *Development and underdevelopment. A marxist analysis*, London, Macmillan, 1975, p. 87.）。ここには、等価交換によって剰余価値や利潤を得る産業資本と不等価交換による商人資本とが正しく区別されている。

しかし、ケイは、このような区別をしたうえで、産業資本もまた商人資本と同様に不等価交換によって利潤を得る場合があるという。このような場合とは、産業資本が低開発国との貿易において、その商品を価値以上の価格で売り、また、そこから原料や食料を価値以下で買って利潤を増大させる場合である。「低開発世界は産業資本に広大な潜在的市場を提供し、この市場において産業資本は開発世界のプロレタリアートから搾りだす剰余価値を実現しえただけでなく、不平等交換（unequal exchange）をつうじて、すなわち低開発世界の市場において商品をその価値以上の価格で売ることによって、領有した非資本主義世界の剰余生産物をもって剰余価値を増大させることができた。産業資本の利潤は、もう一つの仕方の不平等交換、すなわち原料や食料をその価値以下で買うことによって、同様に増大させたのである」（*Ibid.*, p. 10.）。

『ラテンアメリカにおける資本主義の発展』(メキシコ、一九七七年)の著者アグネスティン・クエバも「不平等交換」を不等価交換の意味に解する学者の一人である。彼は、この書の第一章「低開発の前段階」のなかで、ラテンアメリカにおける外国資本の活動は現地経済を貨幣経済化したにとどまり、その目的は資本主義的生産様式を移植することではなく、あくまでも商業資本に特有の略奪行為を永続化させることにあった、と指摘しつつ、「外国資本は生産の発展より奢侈的消費が進歩であると支配階級が考えている前資本主義的構成の文脈のもとで、不平等交換(intercambio desigual)を通じて多大な剰余をやむことなく獲得していった」(Agustín Cueva, *El desarrollo del capitalismo en América Latina: Ensayo de interpretación histórica*, México, Siglo Veintiuno Editores, 1977, p. 28. アジア・アフリカ研究所訳『ラテンアメリカにおける資本主義の発展』大月書店、一九八一年、二六頁)と述べている。商業資本、略奪行為、前資本主義的構成という用語と引用文の主旨から、ここでの「不平等交換」は不等価交換の意味に用いられていることがわかる。

しかし、クエバは一貫しているわけではない。第五章「資本主義の寡頭制的・従属的発展」において、「ラテンアメリカ諸国の経済と帝国主義諸国の資本主義との節合」(articulación)」(*Ibid.*, p. 89. 同前、八六頁)に関する問題として、前者の「国内市場」の大部分が後者すなわち「中枢国市場」のたんなる延長でしかなかった事実をあげ、そのような状況を示すものとして「飛び地(enclave)」についてふれ、ついで「こうした状況が、政治的特権を含む特権的諸条件に支えられ、……、その底には、さらに不平等交換(intercambio desigual)を生みだすより普遍的で根本的な経済的基礎が存在しているのである」(*Ibid.*, p. 92. 同前、八八頁)と述べ、おどろくべきことに、マルクスが『資本論』第三巻第三編第一四章において利潤率の低下に反対する諸原因の一つとして対外貿易について論じた節のなかの、「対外貿易に投ぜられた資本が比較的に高い利潤率をあげることができるのは、……」(『資本論』第三巻、『全集』㉕、二四七―四八頁)に始まる有名な一節を引用しているのである。そして、クエバはこの「不平等交換」に「自分の受け取り分よりも多くの体化された労働（trabajo materializado）が相手にひき渡される交換形態」（*Ibid*., p. 93. 同前、八九頁）と注釈までしている。いうまでもなく、これはマルクスのいう「自分が受け取るよりも多くの対象化された労働（trabajo objetivado）を現物で与えるが、それでもなおその商品を自国で生産できるよりも安く手にいれるという関係」（*Ibid*., p. 92. 同前、八八頁）に対応している。しかし、マルクスがここで、先進国が対外貿易から高い利潤率をあげることができる理由として述べているのも、また、後進国の立場からこの同じ関係が商品がそこに送られまたそこから商品が買われる国に対しても生じうる理由としているのも、国際不等価交換ではなく、国際等価交換すなわち国際価値どおりの交換なのである。この点で、クエバも両者をとりちがえている。

クエバは、もちろんエマニュエルの『不平等交換論』（A Emmanuel, El intercambio desigula, México, Siglo Veintiuno Editores, 1973.）を知っている。最後に、クエバのエマニュエルの理論に対する評価について見ておこう。それは、エマニュエルの賃金理論に関するものである。

「ところで、たとえばアルジリ・エマニュエルの議論をなにも全面的に受けいれなくても、賃金問題が一社会の経済発展にとって非常に重要な意味をもっていることは明らかである。賃金を『独立変数』とみなす彼の考えにわれわれはくみするものでない。実際のところ、これまでわれわれが明らかにしようと努めてきたことはまさしくつぎの点であった。すなわち、賃金水準は、たんなる国民的枠組をこえた歴史状況のもとで、各社会構成の内部において諸生産様式がどのように独特な形で節合しているかによって規定される、ということである。ただ、彼の考察のなかでつぎの点はたしかに注目しておきたいと思う。つまり、国内市場形成の諸条件から剰余流出にいたるまで、一個の社会構成の発展をめぐる基本的側面は、どれ一つとして賃金問題をぬきにしては論じられない、という点である」（*Ibid*., p.116. 同前、一〇八頁）。

「不平等交換」を不等価交換の意味に解するケイやクエバに対して、インドのランジット・サウは、その著作『不平等交換・帝国主義・低開発』（カルカッタ、一九七八年）において、いちおう「不平等交換」を不等価交換の意味に、「平等交換」を等価交換の意味に解している。サウは、「不平等交換（unequal exchange）を定義するためには、まず第一に平等交換（equal exchange）がなにを意味するかを明確になければならないが、それは容易な課題ではない」（Ranjit Sau, *Unequl exhange, imperialism and underdevelopment: An essay on the political economy of worl capitalism*, Calcutta, Oxford University Press, 1978, pp. 47–48. 長谷川幸生・入江成雄訳『世界資本主義の政治経済学――不等価交換、帝国主義および低開発――』梓出版社、一九八一年、七六頁、なお当該箇所は筆者の訳による）となげいているが、彼はいちおう等価交換を次のように正しくつかまえてはいる。「価値法則が完全に作用する純粋な資本主義のもとでは、等価物が交換される（equivalents are exchanged）――それは諸商品に投下される社会的に必要な労働時間という点から見た等価物（equivalents）である」（*Ibid.*, p.48. 同前、七六頁）。同様に、サウは「不平等交換」を不等価交換の意味に解しているが、彼の理論的立場はむしろエマニュエルの「不平等交換」論に近い位置にある。

2　「不平等交換」を不等労働量交換の意味に解する見解

フランス派の「不平等交換」を不等価交換の意味に解するさきのケイやクエバらに対し、西ドイツ派のクリステル・ノイジースやクラウス・ブッシュらはこれを不等労働量交換の意味に解する。

しかし、フランス派の「不平等交換」概念に対して、この観点から、まず最初に鋭い批判の矢をはなったのは、ベルギーのエルネスト・マンデルであった。彼は主著『後期資本主義』（フランクフルト・アム・マイン、一九七二年）において、いわゆる古典的帝国主義期の超過利潤の主要形態が、宗主国と植民地の間の利潤率の相違から生ずるものであったとして、第一に、原料、食糧、奢侈品を生産する植民地のプランテーションや鉱山資本の平均的な有機的構成が宗主国の軽工業・重工業にくらべて低いこと、第二に、植民地の平均的剰余価値率が宗主国のそれにくらべて高いこと、などその主要原因をあげ、ついで「これら超過利潤に加えて、帝国主義的宗主国による植民地および半植民地の搾取の別の源泉、すなわち帝国主義の開始によって規則となった不平等交換（ungleicher Tausch）も考察されるべきである」（Ernest Mandel, *Der Spätkapitalismus: Versuch einer marxistischen Erklärung*, Frankfurt / M., Suhrkamp Verlag, 1972, S. 319. 飯田裕康・的場昭弘訳『後期資本主義』Ⅱ、柘植書房、一九八一年、一五六-五七頁）という。マンデルによれば、「この不平等交換（ungleicher Tausch）は、植民地や半植民地では傾向的に、宗主国の同一量の労働（ないし労働生産物）に対してますます多くの労働（ないし労働生産物）が、交換されねばならないということを意味する」（*Ibid.* 同前、一五七頁）。

このように「不平等交換」を宗主国と植民地・半植民地の間の不平等労働量交換と解するマンデルは、「後期資本主義」の時代になると、古典的帝国主義期とは植民地収奪の形態が変わるという。すなわち、「不平等交換」がその主要形態になり、植民地超過利潤の直接的生産は副次形態になる。「不平等交換」に関するマンデルの見解は、次の一節によく表わされている。「不平等交換（ungleicher Tausch）にもとづく価値の喪失や獲得はどこから生ずるのか。マルクスはそれに明白な回答を与えている。それは一般的な労働価値説を国際貿易に適用することによってである。資本主義時代の不平等交換は結局不等労働量交換（Tausch ungleicher Arbeitsquanta）に帰着する」（*Ibid.*, SS. 324-325. 同前、一六一頁）。そして、マンデルは、この一節の「資本主義時代の不平等交換」にわざわざ注記して、「これは高利貸資本や商人資本の時代の『不等価値の不平等交換（ungleicher Tausch ungleicher Werte）』と区別される」（*Ibid.*, S. 325, Note 19. 同前、一八七頁、注（21））と書いている。

マンデルがエマニュエルやアミン、あるいはパロワを批判するのは、「不平等交換」を不等労働量交換と解することの観点に立ってのことである。マンデルによれば、こうして不等労働量交換は価値法則に対立するのではなくむしろそれの貫徹の結果としておこるのであり、それはまた、彼らフランス派の主張するように、利潤率の国際的均等化によるものではなく、むしろこのような均等化がないにもかかわらず生ずるのである。

マンデルの主著が刊行されたその同じ年に、西ドイツ派のノイジースも、そのレーニンの帝国主義論に対する批判の書『帝国主義と資本の世界市場運動』（エアランゲン、一九七二年）において、次のように書いて、これに続いている。「国際価値との関連では、より生産的な国はより生産性の低い国にくらべてより多くの価値を生産する。その労働はより大きな生産力の労働である。世界市場において不等国民的労働量（ungleiche nationale Arbeitsquanta）が交換されても、それは不等価値（ungleiche Werte）が交換されるとはいわない」（Christel Neusüss, *Imperialismus und Weltmarktbewegung des Kapitals: Kritik der Leninschen Imperialismustheorie und Grundzüge einer Theorie des Verhältnisses Zwischen den Kapitalistischen Metropolen*, Erlangen, Politladen, 1972, S. 140.）。

また、これらの見解をうけて、ブッシュもまた、マルクスの国際価値論を援用しつつ資本の世界市場運動論や多国籍企業論の構築をめざすその野心作『多国籍企業論』（フランクフルト・アム・マイン、一九七四年）において、「この不平等交換（ungleicher Tausch）の内容は不等価交換（ungleicher Tausch von Werten）として理解されるべきではなく、ただ、不等労働量交換（ungleicher Tausch von Arbeisquanta）としてのみ理解されるべきである」（Klaus Busch, *Die multinationalen Konzerne: Zur Analyse der Weltmarktbewegung des Kapitals*, Frankfurt / M. Suhrkamp Verlag, 1974, S. 57.）と述べる。

こうした理解に立って、ブッシュはフランス派の「不平等交換」論に対して、「アルジリ・エマニュエルやクリスチャン・パロワやサミール・アミンなどフランスの著述家たちの帝国主義論においては、マルクスの国際価値論の基礎のうえで展開された不平等交換（ungleicher Tausch）のカテゴリーとは矛盾する不平等交換概念が発展させられている。」（*Ibid.*, S. 64.）と批判する。

このほか、西ドイツ派のヴォルフガング・シェラーの『世界市場と資本の再生産』（Wolfgang Schoeller, ***Weltmarkt und Reproduktion des Kapitals***, Frankfurt / M. Köln, Europäische Verlagsanstalt, 1976.）、ディートマール・ゴラルチクの『国際企業論』（Dietmar Goralczyk, ***Der internationale Konzern: Zu Genesis, Funktionsweise und Empirie einer modernen Kapitalform***, Frankfurt / M., Bern, Cirencester, Peter D. Lang, 1979.）、ティラ・ジーゲルの『世界システムとしての資本主義』（Tilla Siegel, ***Kapitalismus als Weltsystem: Methodische Probleme einer marxistischen Analyse des Weltmarkts***, Frankfurt / M., New York, Campus, 1980.）、などが、この観点をつらぬいている。

さきのマンデルの見解は、たしかに彼の論鋒の鋭さを印象づけるが、いまだ問題提起の域を脱してはいない。「不平等交換」を不等労働量交換の意味に解しても、この不等労働量交換がどのような交換様式のもとで起こるのかという論点にふみこまないかぎり、真実をうがつことはできない。結論先取り的にいえば、この不等労働量交換は、国際等価交換のもとで、すなわち国際価値どおりの交換のもとで行なわれるのである。そして、国際等価交換のもとでの不等労働量交換、これが国際搾取のなかみなのである。マンデルらに欠けているのはこの観点である。

最後に、フランス派の主張に対する西ドイツ派の批判の理論的背景を知るために、その理論構造を一瞥しておこう。西ドイツ派の主張は、だいたいにおいて、まず世界市場における価値法則の作用様式を説き、ついでその作用様式にもとづく外国為替論、あるいは資本輸出論を展開し、最後にそれぞれの主題にあわせて国際通貨危機論、資本の世界市場運動ないし多国籍企業論におよぶという構成をとる。フランス派に対する西ドイツ派の主張の特色は、とりわけ国際価値論の構成のなかに現われ、前者が、さきに見たように、国際生産価格論の立場に立つのに対し、後者は国際市場価値論の立場をとる。ここから、このような西ドイツ派によるフランス派の「不平等交換」論の批判が生まれてくるのである（拙稿「国際価値をめぐる若干の理論問題」奥村茂次・村岡俊三編『マルクス経済学と世界経済――木下悦二先生還暦記念論文集――』有斐閣、一九八三年、参照）。

第四節　国際不等価交換と国際搾取

1　国際不等価交換

一九五〇年代から六〇年代はじめにかけてわが国の学会で展開された国際価値論争の発端となったのは、周知のように名和統一教授の著作『国際価値論研究』（日本評論社、一九四九年）に対する平瀬巳之吉教授の筆鋒鋭い論文「外国貿易と不等価交換」（木下悦二編『論争・国際価値論』弘文堂、一九六〇年、所収）であった。平瀬教授は、この論文において、国際不等労働量交換が国際不等価交換であり、また、このような交換が国際間における価値法則のモディフィケーションであると主張する名和教授を批判して、冒頭「単刀直入に結論からはいっていく必要がある」として、次のように述べる。「国際交換においては、ある特殊な場合を例外として不等価交換なるものはありえない。それは国内交換において、ある特殊な場合を例外として不等価交換なるものがありえないのと同断である」（同前、四二頁）。そして、不等価交換の行なわれる「ある特殊な場合」とはどのような場合であるか、と自問して、みずから次のように答える。

（1）「『戦争は掠奪であり商業は詐取である』（フランクリン）といわれる事実が一般的に通用しえた歴史時代」（同前、四三頁）、（2）「植民地貿易」（同前）、（3）「製品についての詐欺事情」（同前、四四頁）、（4）「価格革命の場合」

（同前、四五頁）、（5）「独占価格」（同前）、（6）「労働力の価値以下への賃銀の切り下げ。ならびに過小経営の窮迫販売」（同前、四六頁）。

平瀬教授は、「不等価交換は国内的国際的の以上の場合につきる。ここでつぎのことが銘記されねばならぬ」（同前、四七頁）として、第一に不等価交換は「競争の段階」に属することがらであって、「価値の段階」のことがらではない、第二に「個別資本が偶然的になす個々の場合のことではなくて、社会的大量現象のそれ」、の二つをあげている。このあと、平瀬教授は「国際交換の一般法則」の考察にはいり、積極的な見解を明らかにされているが、その特徴は、「国際価値論争の展望」（同前、所収、二七三頁）において木下悦二教授が指摘されているように、比較生産費説の全面否定と市場価値法則の国際間への直接的適用の二点であろう。平瀬教授の見解は、また特に「経済生産費説」としても特徴づけられ、名和、松井清、町田実、木下悦二らの諸教授によって国民経済の存在、複合市場としての世界市場の独自性などそれぞれの論拠から批判をあびせられた反面、鈴木重靖、桑野仁の両教授が平瀬教授の見解に近い立場からむしろこの説を支持されている。しかし、この国際価値論争には、紙幅の関係でこれ以上立ちいることはできない。

ここでの問題は、平瀬教授が不等価交換は「価値の段階」ではなく「競争の段階」に属することがらであると主張している点である。この点を、たとえば（5）の「独占価格」について見ると、教授は、『資本論』第三巻第六編第四五章から「商品の生産価格によって規定されるのでも価値によって規定されるのでもなく、買い手の欲望と支払能力とによって規定されている」（『資本論』第三巻、『全集』㉕、七七三頁）という独占価格についてのマルクスの有名な一節を引用し、「この独占価格たるや、……流通行程から詐取する点で、……不等価交換の一事例をなす」（平瀬「外国貿易と不等価交換」、同前、四六頁）と述べ、ここで独占価格の考察が「市場価格の現実の運動を研究する競争論に属する」（同前）というマルクスの一句を確認する。名和教授の「国際不等価交換価値段階説」（同前）に対する平瀬教授の「国際不等価交換競争段階説」とは、このようなものであった。

等価交換および不等価交換に関するマルクスの考察は、「国際交換」よりもなによりもさきに「資本と労働の交換」について行なわれている。この問題を最初に論じたのは、『経済学批判要綱（一八五七―五八年草稿）』の「資本にかんする章」のなかの「貨幣の資本への転化」および「資本と労働の間の交換」においてである（高木幸二郎「『経済学批判要綱』における『資本と労働の交換』について――商品としての『労働力』範疇の生成――」経済学史学会編『〝資本論〟の成立』岩波書店、一九六七年、所収、参照）。ついで、『経済学批判（一八六一～六三年草稿）』の「貨幣の資本への転化」のなかの「価値の本性から生じる諸困難、等」および「労働との交換、等」においてであり、これらすべての考察は、周知のように、『資本論』第一巻第二編第四章「貨幣の資本への転化」において完成する。

「等価交換（Äquivalentenaustausch）」とは、「等価物の交換（Austausch von Äquivalenten）」ということである。一商品の価値の大きさは、その商品の生産のために社会的に必要とされる労働時間によって規定される。したがって、この等しい大きさの労働量が含まれている諸商品は、等しい価値量を持つ。「等価物の交換」とは、この等しい価値量を持つ諸商品が相互に交換されること、諸商品がその価値どおりに交換されることを意味する。マルクスは、この点に関して、次のように述べている。「そもそも、商品がその価値によって交換される、あるいは……売買される、ということは、ただ等価物（Equivalente）等しい価値量（gleiche Wertgrössen）が交換され、相互に補填されるということ、すなわち、諸商品の使用価値が等量の為し加えられた労働時間（gleich grosse Arbeitszeit aufgearbeit）であるような比率で、諸商品が交換される、ということを意味するにすぎない」（『経済学批判（一八六一～六三年草稿）』Ⅰ、資本論草稿集④、一一九頁）。

これに対して「不等価交換（Nichtäquivalentenaustausch）」とは、「不等価物の交換（Austausch von Nichtäquivalenten）」ということであり、これは、諸商品がその価値どおりではなく、価値以下で買われまたは価値以上で売られる場合である。「一方が失うものを他方が得るということ、したがって両交換者が不等価物（Nicht-Equivalente）を交換するということ、つまり、一方の交換者は自分が投入した交換価値よりも高い交換価値を……交換からひき出すということ、このことはもちろん可能である」（同前）。

マルクスがいうように、「その純粋な姿では、商品交換は等価物の交換（Austausch von Äquivalenten）であり、したがって、価値を増やす手段ではない」（『資本論』第一巻、『全集』㉓、一七三頁）に対し、「不等価物の交換」の場合には、一方の交換者による他方の交換者の「詐取（Übervorteilung）」が行なわれる。しかし、この「詐取」によっては価値も剰余価値も生みだされはせず、ただ、与えられた価値または剰余価値の配分が変更されるにすぎない。「商品所有者のうちの一人、あるいは一部分が、他の部分からの詐取（Übervortheilung）によって流通からひき出す剰余価値は、詐取された商品所有者たちが流通からとり出す不足価値によって正確に測られる」（『経済学批判（一八六一～六三年草稿）』I、二〇頁）。「一方で剰余価値としてあらわれるものは他方ではマイナスとしてあらわれる」（『資本論』第一巻、『全集』㉓、一七七頁）。

したがって、等価交換や不等価交換はたんなる等労働量交換や不等労働量交換を意味するのではなく、なによりもそれらは、等価値交換や不等価値交換を意味するのである。したがってまた、フランス派の「不平等交換」なるものは、なんら不等価交換を意味するものではなく、結局、エマニュエルの「不平等交換」論やアミンの「世界価値」論やパロワの「世界生産価格」論なるものも、その理論的性格はと問われれば、壮大にして空疎なものと答えるしか答えようのないものである。

次に、この等価交換および不等価交換の論理を「国内交換」や「資本と労働の交換」から「国際交換」へその適用場面を移せば、どのようになるであろうか。

「国際等価交換（internationaler Äquivalentenaustausch）」とは、「等価物の国際交換（internationaler Austausch von interrationaleh Äquivalenten）」ということであり、これは等量の国際価値をもつ諸商品が相互に交換されること、諸商品が国際価値どおりに交換されることを意味する。「等価物の国際交換」にせよ「国際等価物の交換」にせよ、いずれも世界的または国際社会的に必要な労働時間によって規定される国際価値どおりの交換であって、このような交換がおこなわれるかぎり、つぎにみるように、先進国民による後進国民の搾取がおこなわれるのである。

これにたいし、「国際不等価交換（internationaler Nichtäquivalentenaustausch）」とは、「不等価物の国際交換（internationaler Austausch von Nichtäquivalenten）」、または「国際不等価物の交換（Austausch von internationalen Nichtäquivalenten）」ということであり、国際価値どおりの交換ではなく、ある国際価格で国際不等価物が交換されることである。したがって、このような国際不等価交換は、たいていは経済的に未発展な諸国民の間の商業活動において見られるものである。かつてのヴェネツィア人やジェノヴァ人やオランダ人の仲介商業において見られたように、経済的に未発展な諸共同体の生産物の交換を媒介するにせよ、また、商業資本がさまざまな国ぐにの生産価格の間の差額を搾取するにせよ、そのような商業利潤とりわけその大部分は「詐取・瞞着（Übervorteilung und Prellerei）」（『資本論』第三巻、『全集』㉕、三四三頁）から生ずるのである。しかし、このような国際不等価交換は、現代の資本主義世界貿易においても見られる。すなわち、国際不等価物の交換を強制する、多国籍企業または巨大企業の設定する独占価格、ある種の資源価格、そしてこのような交換を強制される、発展途上国の低農産物価格がそれであろう。

2 国際搾取

昨年末に刊行された『貿易論を学ぶ』（有斐閣、一九八二年）において、編者の吉信粛教授は、この書が「通例の貿易論の概説書とは異なった叙述展開の試み」を行なっていると指摘しつつ、とりわけ理論編ともいうべき第二部について、これをマルクスの「経済学批判体系」プランの（4）「生産の国際的関係」項目の細目「国際分業、国際交換、輸出入、為替相場」（「経済学批判への序説」『全集』⑬、六三九頁）におうじた順序で展開していることを明示しておられる。注目すべきは、この言明に続いて、吉信教授が「国際価値論は……、資本主義貿易の本質——国際的搾取——を明らかにするものである」（吉信編『貿易論を学ぶ』、二頁）と明快に述べておられる点である。ここで問題になるのは、「資本主義貿易の本質」をなすといわれるこの国際搾取である。

搾取とはなにか。搾取とは、生産手段の所有者が直接生産者の労働の一部分を領有することである。端的にいえば、一階級による他の階級の剰余労働または不払い労働の領有である。剰余労働または不払い労働が直接生産者から取り上げられる形態、すなわち搾取の形態は、さまざまな経済的社会構成を区別する。たとえば、資本主義的搾取にあっては、資本家が剰余労働の直接的領有者として現われるが、封建的搾取では、土地所有者がそれの直接的領有者として現われる。資本主義的搾取は商品交換によって媒介されるが、封建的搾取のためには直接的生産者に対する土地所有者の暴力的支配、すなわち「経済外的強制」（『資本論』第三巻、『全集』㉕、七九九頁）が必要である、など。この諸階級間の搾取は、諸国民間についてもいえるであろうか。

マルクスは、『賃労働と資本』、『自由貿易問題についての演説』『共産党宣言』など初期の著作だけではなく、『経済学批判要綱』、『剰余価値学説史』、『資本論』など中・後期の主要著作においても、この国際搾取について論じている。「一国について見ても、また世界市場全体について見ても、資本家階級すなわちブルジョアジーが生産の純収益をどんな割合で自分たちの間に配分しようとも、この純収益の総収益の総額はいつでも、だいたいにおいて、蓄積された労働が生きた労働によって増やされた額にすぎない」(『賃労働と資本』『全集』⑥、四一五頁)。「コスモポリタン的な状態での搾取を普遍的友愛(fraternité universelle)という名称で呼ぶようなことは、これこそブルジョアジーの胸中でなければ発生しえなかった考えだ」(『自由貿易問題についての演説』『全集』④、四五六頁)。「一個人による他の個人の搾取が廃止されるにつれて、一国民による他の国民の搾取も廃止される。一国民の内部の階級対立がなくなれば、諸国民の間の敵対関係もなくなる」(『共産党宣言』『全集』④、四七九頁)。「一方の諸国民は他方の諸国民の剰余労働の一部分を、これにたいして交換でなんら対価を支払わずに引き続き領有する」(『経済学批判要綱』、七五五頁)。「ある国の三労働日は他の国の一労働日と交換されうる……。このような場合には、より富んでいる国がより貧しい国を搾取することになり、それは、たとえあとのほうの国が交換によって、利益を得るにしても、そうである」(『剰余価値学説史』『全集』㉖Ⅲ、一〇一頁)。「この恵まれた国は、より少ない労働とひき換えにより多くの労働を取り返すのである。といっても、この差額、この剰余は、労働と資本との間の交換では一般にそうであるように、ある階級のふところに取りこまれてしまうのであるが」(『資本論』第三巻、『全集』㉕、二四八頁)。

ここで注意すべきことは、同じ国際搾取であっても、これに対する初期の著作と中・後期の著作におけるマルクスの取り扱い方のちがいである。『経済学批判要綱』の「貨幣にかんする章」においてはじめて、マルクスはみずからの価値論を「価値と規定するものは、生産物に合体された労働時間ではなく、現在必要な労働時間である」(『経済学批判要綱』、五四頁)と定式化した。したがって、この定式化のうえにいっさいの経済的諸現象を把握していく方法が厳密にとられるようになるのは、この『要綱』以降のことであり、それが外国貿易や世界市場の分野にまでおよんでくるのは、『経済学批判（一八六一〜一八六三年草稿）』以降すなわち一八六〇年代にはいってからのことである。したがって、初期のマルクスの国際搾取論はいわば国際価値論なき国際搾取論、後期のそれは国際価値論にもとづく国際搾取論と特徴づけることができよう。それでは、国際価値論にもとづく国際搾取論とはどのようなものか。手っ取りばやくいえば、それは、国際価値どおりの交換にもとづく不等労働量交換を解明することである。それでは、どうしてこのようなことが可能か。

さきに見たように、国際等価交換とは国際価値どおりの交換ということであり、国際価値どおりの交換とは等量の世界的または国際社会的に必要な労働時間が含まれる諸商品が交換されることである。これは次のように理解されるべきである。

国際間では価値法則は国民的労働の強度および生産性の相違にもとづいてモディフィケーションを受けるが、価値法則のモディフィケーションは、この法則が廃棄されることではなく、逆に国際間でそれが貫徹されることを意味する。世界市場においては、一商品の価値が世界的または国際社会的に必要な労働時間によって規定されるからである。マルクスもいうように、「たとえば綿花の価値の尺度は、イギリスの労働時間によって決まるのではなく、世界市場における平均的必要労働時間（die average necessary time of labour auf dem Weltmarkt）によって決まる」（『一八六一〜一八六三年草稿抄――機械についての断章――』マルクス・ライブラリ②、大月書店、一九八〇年、二三頁）のである。いま国際間における労働の強度の相違を捨象して、労働の生産性の相違についてだけ考えれば、世界的または国際社会的に必要な労働時間による国際価値規定の法則すなわち国際価値法則が貫徹する場合、先進国民のより少ない労働が後進国民のより多くの労働と交換されることになろう。すなわち、国際間において不等労働量交換が行なわれる。そして、この場合、交換両国民がこの交換によって使用価値の質と量の点で、すなわち外国貿易の素材転換機能による使用価値の多様化と多量化によって、相互にどれほど大きな利益を得るとしても、価値の点では先進国民による後進国民の搾取が行なわれるといえる。国内商品を使用価値や現物形態の異なる外国商品に転換するこの外国貿易の機能は、生産手段と消費手段が互いにとり替えられる価値比率に、またそれぞれの生産物が分かれる不変資本・可変資本・剰余価値の比率にはかりしれなく大きな影響をおよぼすことによって、交換両国民の資本蓄積と拡大再生産を促進する。

このように、外国貿易による利益は非常に大きいものとはいえ、交換両国民の一方の国民による他方の国民の搾取が行なわれるのであり、この搾取、すなわち国際等価交換すなわち国際価値どおりの交換による不等労働量交換は、国際間における労働の生産力の相違にもとづくのである。労働の生産力の増大に伴って資本による賃労働の搾取もまた増大することを知るほどのものにとっては、国際搾取の基礎に労働の生産力の相違があることを知ってもなんら驚くことはないであろう。

第三章　国際価値論の若干の理論問題

はじめに

第二次世界大戦前の一九三〇年代に国際価値論研究に取り組み、これに始めて学問的形態を付与した名和統一教授（『国際価値論研究』日本評論社、一九四九年）、戦後の一九五〇年代以降名和教授を批判しつつ、卓越した洞察力をもって、国際価値論の基本的命題のいくつかを解明した吉村正晴教授（『貿易問題』岩波書店、一九五八年、「国際価値論序説」国際経済学会編『国際経済』第一〇号、一九五八年、所収）、松井清教授（『世界経済論体系』日本評論社、一九六三年）、これら先学の業績を継承しつつ、さらに独自の構想をもって、国際価値論の体系をつくり上げた木下悦二教授（『資本主義と外国貿易』有斐閣、一九六三年、『国際経済の理論』有斐閣、一九七九年）、行沢健三教授（『国際経済学序説』ミネルヴァ書房、一九五七年、『国際経済学要論』ミネルヴァ書房、一九六七年）、村岡俊三教授（『マルクス世界市場論』新評論、一九七六年）、その他の諸理論に学び、またいってよければ、これらの諸理論と論争しながら、筆者の得た結論は、次のようなことであった（拙稿「国際貿易の理論問題」久保新一・中川信義編『国際貿易論』有斐閣、一九八一年、所収、参照）。

第一に、国際間における価値法則の修正に関しては、修正を強度のより大きい労働、またはこれと同じものとして数えられる限りでは、生産性のより高い労働によって、社会的に必要な労働時間による価値規定が変更されること、また国際間における価値法則の修正を価値法則の国際的貫徹様式、と見なすこと。

第二に、国際価値に関しては、国際価値を国民労働の交換比率や国民価値相互間の国際価値関係と見なす見解を排して、これを世界労働という社会的実体を持つものとして規定すること。

第三に、世界労働に関しては、世界労働を事実上否定する国民労働交換比率説や国際価値関係説を批判して、これを世界的または国際社会的な再生産をになう労働と規定し、国際交換によって媒介される国際分業体制の諸環として具体的につかまえること。

第四に、国際等価交換および国際不等価交換に関しては、とりわけ国際不等価交換を国際間における不等労働量交換と見なす見解を批判して国際等価交換を国際価値どおりの交換、すなわち世界的または国際社会的に必要な労働時間による等価値交換と理解し、国際不等価交換を国際不等労働量交換ではなく不等価値交換と理解すること。

第五に、国際間における貨幣の相対的価値の相違に関しては、とりわけ問題の貨幣の相対的価値については、これを文字どおり貨幣価値の他の諸商品の量による相対的表現と理解し、物価水準の逆数ないし貨幣の購買力の別称と見なす名和教授（「国際間における貨幣の相対的価値の差異について」国際経済学会編『国際経済』第三号、一九五二年、所収）や村岡教授（『マルクス世界市場論』一三二頁）らの見解を取らず、また、金の一定量が代表する国民労働の量と解する木下教授（『資本主義と外国貿易』一四七頁）、国際価値生産性の格差の逆数に置き換える行沢教授（『国際経済学要論』六五頁）らの見解を批判して、国際間における貨幣の相対的価値の相違を貨幣価値が一定という前提のもとでそれの国民的相違と理解すること。

第六に、国際価格（国際市場価格、世界市場価格とも呼ばれる）形成に関しては、生産価格論の国際的適用を排して、市場価値論の国際的適用によって、国際市場価値論を展開する立場に立ち、世界市場における競争を媒介にして国際個別的価値の国際市場価値への均等化を導くこと。

本稿は、このうち論争の基本的争点ともいうべき世界労働、国際価値、国際市場価値について、新たな考察を加えて論旨を一層明確化することを目指すものである。その際、考察をいわゆる宇野派世界経済論の批判的検討から始めることにしたい。ただその場合、宇野派経済論の基本的性格といったものに言及する必要はないだろう。また、この派に属する種々雑多な見解にも触れる必要はないだろう。問題にすべきは、宇野弘蔵教授による国際価値論批判のみである。宇野教授によるこの批判との対決を通らずには、国際価値論研究を行なうことは困難であろうからである。

第一節　「国際価値論の難点」

宇野派世界経済論の、本質的特徴をなすところの世界経済の法則的解明の放棄、それの原理的考察からの排除は、周知のように宇野弘蔵教授自ら「世界経済論の方法と目標」（『世界経済』第五巻第七号、一九五〇年七月、『宇野弘蔵著作集』第九巻、岩波書店、一九七四年、所収）と題する論文において、次のように述べたことに端を発している。「経済学が商品経済の社会を支配する経済法則を理論的に明らかにするという場合には、商品形態自身がわれわれの経済生活を根底から支配するものとしてあらわれる資本主義社会を、その対象とせざるを得ないのであって、共同体と共同体との間に行われる商品交換の関係は勿論のこと、実際的には資本主義社会の成立の前提条件をなす国際的な商品交換をもその対象となすことは出来ない。それはなお経済生活にとっては外部的な、したがって部分的な、補足的なものとして、必然的法則の根拠とはなし得ないからである。国際価値論の難点もそこにある」（宇野、前掲書、三四六頁）。

宇野教授がここで指摘している「国際価値論の難点」とは、商品形態が経済生活を根底から支配するような、資本主義社会のみを対象とすべき経済学にとっては、そもそも「共同体と共同体との間に行われる商品交換」や「資本主義社会の成立の前提条件をなす国際的な商品交換」などは始めからその対象とはなりえないこと、それらが経済生活にとって外部的・部分的・補足的なものとして「必然的法則の根拠」とはなりえないこと、の謂である。このことをまず確認しておこう。

ところで、宇野教授は、これより先、かの「原理論」「段階論」「現状分析」という特殊な経済学の分化の必然性を明らかにした「『経済学の方法』について」(『社会科学研究』第二巻第一号、一九五〇年四月、『宇野弘蔵著作集』第三巻、岩波書店、一九七三年、所収)と題する論文において、自らもまたマルクスの「経済学の方法」に従うと述べながらも、マルクスのいわゆる上向法と、経済学批判体系の篇別構成との関係について、「もしマルクスがこの篇別にあるような具体的な諸問題の研究をなした場合に、それが果たしていかにして行われるかということは、直ちにそれをこの『経済学の方法』によって示されたいわゆる『後方の旅』として片付けてよいということにはならない」(宇野、前掲書、三九四頁)と批判していた。宇野教授は、この批判をその後何度も繰り返し、たとえば、一〇年後の著作においても、次のように述べている。「この節(第三節「経済学の方法」——引用者)の本文で述べられている、いわゆる上向法は、この篇別といかなる関係にあるかは明らかでないが、しかし『資本論』は、私の理解するところでは、その具体的な解答を与えている。すなわち『資本論』は第三以下(国家以降——引用者)の具体的問題には及んではいないのであって、『商品』から始まる『資本論』の体系は、『諸階級』で一応完結するものとなっているのである」(宇野『経済学方法論』東京大学出版会、一九六二年、四三頁、『宇野弘蔵著作集』第九巻、四二―三頁)。

見られるように、宇野教授は、マルクスの経済学体系の篇別構成が、上向法といかなる関係にあるかは「明らかでない」として、この問題の解明を回避しながら、しかしとにかく『資本論』の篇別構成だけに限っていえば、それが

「商品」に始まり「諸階級」に終わっていることのみをもって「原理の体系化は完成する」（宇野、前掲書、四三頁）と主張している。したがって、そもそも国家以降の三項目すなわち国家・外国貿易・世界市場あるいは「国家の形態でのブルジョア社会の総括」、「生産の国際的関係」、「世界市場と恐慌」（*Gr.*, S. 28）を上向法にもとづいて展開するという視点、世界経済論の展開にとっても、最も重要なこの視点は、宇野教授にあっては始めから欠落しているのである。それにもかかわらず、宇野教授によるこのような「国際価値論の難点」の指摘や「経済学の方法」の批判に接するや、世界経済論研究者の多くは動揺し、ある者は意識的にあるいは無意識のうちに自らの体系に宇野理論を導入して怪しまず、他の者は宇野教授の権威の前に自ら萎縮した。したがって、国際価値論研究の前進のためには、宇野教授によるこの国際価値論批判の意味を吟味し、さらにこれを批判しなければならない。

宇野教授による「国際価値論の難点」の指摘に対しては、さしあたり、このような諸共同体間の交換や資本主義社会成立の前提としての国際交換を、世界経済論の対象とするものではない、とその批判をかわすことが可能であろう。木下教授の立場はそれであった。「第一に、われわれの研究は共同体と共同体の間の商品交換をも含む外国貿易一般を対象とするのではなく、資本主義の下における外国貿易を対象とする。第二に、商品経済社会を規制する一般法則を研究するために外国貿易を選んだのではなく、資本主義の下における外国貿易を規制する法則を研究するものである。第三に、……『原理論』が完結されていたにしても、残された分野の研究がすべて段階論や現状分析の対象であって、その原理的展開が無意味であるとはいえない」（木下『資本主義と外国貿易』九九頁）。

しかし、この木下教授の批判の仕方は慎重な検討を必要としよう。木下教授は、さきの宇野教授による共同体間交換や歴史的前提としての国際交換を拒否して、「資本主義の下における外国貿易」、「資本主義の下における外国貿易を規制する法則」を自らの外国貿易論の対象として選び取り、そこからいきなり、国際価値論研究において、「いずれの国においても資本制生産様式が支配しているという前提」（木下、前掲書、一〇六頁）をいとも簡単に導き出されるからである。しかし、木下教授のこの見解には同意できない。筆者と恩師木下教授との間に、以前から国際価値についての理解、研究の方法等の違いが見られるが、この点について一言すれば、筆者による国際価値論研究の進め方の特徴は、木下教授とは違って、世界労働の土台のうえに国際価値、国際市場価値または国際市場価格を次々と把握していく点にある。したがって、世界経済論すなわち世界経済の法則的解明の対象は、資本主義的生産様式の結果としての外国貿易というだけにとどまらず、世界労働という概念がそれによって成立するところの、資本主義的生産様式と前資本主義的または非資本主義的生産様式が同時並存する世界市場、端的にいって、資本主義的生産様式によって支配された世界市場ということになる。

ここで宇野教授の「国際価値論の難点」の問題に立ち戻れば、その真意は、現実の国際経済が「極めて低度の商品経済の発達を示すに過ぎない地域」から「極度の資本主義的発展をとげた国」（宇野「世界経済論の方法と目標」前掲書、所収、三四七頁）までの複雑かつ異質な諸要素を含んでいることにあり、また、一九世紀中葉のイギリスの国際経済関係を例に取れば、それが「決して国内の資本主義的関係と同様に資本主義化したもの」とはいえず、「極めて低度の商品経済の発達しか見られない東洋諸国との関係」や「ある程度資本主義化した西欧諸国との関係」（宇野、前掲書、三四八頁）を含んでいたことにある。

したがって、宇野教授が、この複雑かつ異質な諸要素を含む世界経済を、ひとたびその原理的考察から排除してしまえば、残された道は、世界経済論を「段階論」を基準にして行なうか、それともこれを「現状分析」の対象と見るか、のいずれかになってこよう。こうして、宇野教授は第一の道を歩み、資本主義の世界史的発展の歴史的規定が与えられなければ、世界経済の具体的分析はこれをなすことができない、と主張するに至る。そして、そのさい、その世界経済論にあって真の対象となるのは何かといえば、それは「世界農業問題」であるというのである。この点については、宇野教授自ら次のように述べている。「そこで世界経済の問題は、二つの観点から区別することを要請することになる。例えば先の国際連盟やコミンテルンの実践的要求に基づく世界経済の分析のように、世界的政治活動の物質的基礎を明らかにするという目的に役立つ分析と、一国の経済が国際経済関係から受ける影響に主眼を置いて、その分析をなす場合とである。いうまでもなく、世界経済論の本来の任務は前者にあるのであって、後者は寧ろ一国の資本主義分析に付属的なるものに過ぎない」。「私は大体こういう見地から世界経済論も、その焦点を明らかにしなければならぬものと考えるのである。そしてそれは世界農業問題にあるのではないかと考えるのである」（宇野、前掲書、三五〇―一頁）。

しかし、この世界経済論の対象ないし課題については、宇野派内にも内部論争があり、宇野教授とは異なった立場の見解が表明されていることも事実である。たとえば、馬場宏二教授は世界経済論の対象が「世界市場と恐慌」にあると、次のように主張している。「以上の考察は、世界経済論の対象が、宇野氏の『政策論』（宇野『経済政策論』――引用者）における『産業資本としてのイギリス綿工業』や『金融資本の諸相』に該当する部分であることをしめしており、しかもそれが動態論化され、段階論の中心部分にすえられねばならないことをしめしている。マルクスのプランになぞらえていえば、これは『世界市場と恐慌』なのである」（馬場『世界経済――基軸と周辺――』東京大学出版会、一九七三年、二二頁）。

しかし、馬場教授のこの「世界市場と恐慌」にせよ、また宇野教授の「世界農業問題」にせよ、それらがいずれも世界経済の原理的考察の放棄によって得られたものである以上、それらの対立は実は表面的なものにすぎないのである。

いずれにせよ、宇野派世界経済論の基本的特徴は、現実の世界経済が、資本主義の世界史的発展段階によってその程度は違うが、多かれ少なかれ前資本主義的諸関係を含むがゆえに、世界経済の法則的解明は、これをなしえないと主張する点にあることは明らかである。しかし、現実の世界経済全体がただの一度も資本主義的に「純化」されたことがないくらいのことは、それこそ何人でも知っている。世界経済の内部に何らかの前資本主義的関係が残存しているという事実は、宇野教授の主張とは逆に、次節以下に見るように、世界経済の法則的解明すなわち国際価値論研究にとっては何の障害にもならないのである。

第二節　世界労働

世界市場の構造の問題は、依然として国際価値論研究にとっての基本問題である。問題を一九世紀すなわちマルクス時代の世界市場に限っても、また、現代の世界市場であっても、そこから一部分のみを抽出してそれだけをもって「世界市場」をなすということは許されないのだが、実際は、そのようなことが行なわれていて、国際価値論研究において、次のような二つの世界市場論が対立しているのである。すなわち、資本主義的生産様式のみからなる、宇野教授的な意味での「純粋な」世界市場と、前資本主義的あるいは非資本主義的生産様式を含む「不純な」世界市場とである。木下教授や行沢教授をはじめ多くの研究者は前者の立場であるが筆者は後者の立場に立つ。

「資本主義的生産様式が支配的に行われている諸社会の富は、一つの『巨大な商品の集まり』として現われる」(*K.* I, S. 49)という『資本論』第一巻冒頭の有名な一節の「諸社会」に傍点を付して、「社会という言葉には複数形が用いられ、これは資本主義的生産様式の支配するいくつもの社会が存在するという現実に照応しているものと思われる」

と主張したのは、松井清教授であった。松井教授は続けて「これらの社会はいずれも国家形態をとっており、したがって現実の世界はいくつかの資本主義諸国より形成されているのである」（松井『世界経済論体系』一頁）と述べている。これは重要な指摘であるが、ここから次の問題が生ずる。資本主義的生産様式が支配的に行なわれていない諸社会、あるいは国家形態をとっていない諸地域は世界市場の構成部分たりえないか、という問題である。これらの諸社会、諸地域も世界市場の有機的な構成部分である。マルクスのいうように、「産業資本の流通過程を特色づけるものは、諸商品の出生地の多方面的性格であり、世界市場としての市場の存在である」（*K.* II, S. 113）。諸商品はどの社会、どの地域から出てきても、その出自は問われないのである。マルクスはまた、商品生産と商品流通とは、その広がりや重要さは違うにしても、「非常にさまざまな生産様式に属する現象である」（*K.* I, S. 128, N. 73）、また同じことだが、生産物の商品への転化、使用価値と交換価値との分離は、「歴史的に非常にさまざまな経済的社会構成に共通なものである」（*K.* I, S. 184）、ともいっている。商品流通範疇としての世界市場は、このような非常にさまざまな生産様式や経済的社会構成が並存し合って成立している。

ところで、マルクスは「資本主義的生産様式が支配的に行われている諸社会」として具体的にどのような社会を想定していたのであろうか。マルクスはこれを明示してはいないが、『資本論』第一巻第二五章「近代植民理論」のなかの次の一節はそれを示唆している。「ヨーロッパの西部、経済学の生まれた国では、本源的蓄積の過程は多かれ少なかれすでに終わっている。そこでは、資本主義的支配体制（das kapitalistische Regiment）は、国民的生産全体（die ganze nationale Produktion）をすでに直接に自分に従属させているか、または事情がまだそこまで発展していないところでは、この体制のかたわらに存続してはいるが次第に衰退していく社会層、時代遅れの生産様式に付属している社会層を、少なくとも間接には、支配している」（*K.* I, S. 792）。資本主義的生産様式が支配的に行なわれている社会というのは、「資本主義的支配体制」が「国民的生産全体」を直接自己に従属させているか、または、「時代遅れの生産様式に付属している社会層」を間接に支配しているような社会なのである。

これに対して、資本主義的生産様式によって支配された世界市場として、具体的にどのような世界市場が想定されるであろうか。まず想起されるのは、「その生産がまだ奴隷労働や夫役などという低級な形態で行われている諸民族が、資本主義的生産様式の支配する世界市場に引き込まれ、世界市場が彼らの生産物の外国への販売を主要な関心事にまで発達させるようになれば、そこでは奴隷制や農奴制などの野蛮な残虐のうえに過度労働の文明化された残虐がつぎ木されるのである」（K. I, S. 250）という一節であろう。この一節は確かに重要な指摘であり、筆者も、ここからこれらの奴隷や農奴の労働も、その綿花や砂糖や小麦などの生産が同時に世界市場向けの商品生産を行なっている限りは、世界労働であるとの結論を導き出した（拙稿「国際貿易の理論問題」前掲書、五五頁）ものであるが、ここではこれ以上マルクスの引用の繰り返しで満足しているわけにはいかない。新たな研究の成果への関心とその摂取とが必要となってこよう。そこで、世界市場の構造の問題に一歩踏み込むために、ここでは、アミンの『世界的規模における蓄積』（パリ、一九七〇年）とウォーラーステインの『近代世界システム』（ニューヨークその他、一九七四年）を取り上げてみよう。

アミンはまずその著作の「序文」において、次のように述べることから始める。「世界資本主義システム（le systéme capitaliste mondial）は、抽象的にすら、資本主義的生産様式には還元されえない。まして資本主義的生産様式によって支配されている国や部門と、前資本主義的生産様式によって支配されているものとを、単なる並存として分析すること（『二重社会』のテーゼ）は不可能である。というのは、（オリノコ川のインディオの）『民俗学的保留地』は別として、現代社会はすべて世界システムに統合されているからである。現代の具体的な経済的社会構成は、一つ残らずこのシステムの一部としてのみ理解できるのである」(S. Amin, *L'accumulation à l'échelle mondiale*, tome I, Paris, Anthropos, 1970, p. 13.〔野口祐他訳『世界資本蓄積論』柘植書房、一九七九年、一七頁〕)。そして、この「世界資本主義システム」の開発世界が「中心部構成」、低開発世界が「周辺部構成」と呼ばれる。両者の関係は一方から他方への価値移転に帰着し、それがまた「世界的規模における蓄積」の本質を構成する。

アミンによれば、この「世界資本主義システム」における「周辺部資本主義構成」は「前資本主義的構成」から移行したものである。そして、この「前資本主義的構成」は「相対的に限定された数の諸生産様式が、きわめて多様に構造化され結合したもの」(S. Amin, *op. cit.*, p. 244.〔野口祐・原田金一郎訳『周辺資本主義構成体論』柘植書房、一九七九年、一一二頁〕)である。これらの諸生産様式は、(1)「原始共同体の諸生産様式」、(2)「奴隷的生産様式」、(3)「封建的生産様式」、(4)「単純商品生産様式」、(5)「貢納的生産様式」(le mode de production tributaire)」(S. Amin, *op. cit.*, p. 244.〔訳、一一二―三頁〕)の五つであるが、『不均等発展』(パリ、一九七三年)では、これに資本主義的生産様式を加えて、(1)「原始共同体的」、(2)「貢納的」(これは(a)端緒的諸形態と(b)「封建的」のような進化した諸形態に区別される)、(3)「奴隷的」、(4)「単純小商品」、(5)「資本主義的」(S. Amin, *Le développment inégal: Essai sur les formations sociales du capitalisme périphérique*, Paris, Minuit, 1973, p. 9)の五つの諸生産様式が区別されている。アミンはこの後、これらの諸生産様式のそれぞれの特徴を示しているが、ここでは省略して、彼が「貢納的生産様式」と呼んでいる生産様式の特徴についてだけ見ておこう。彼は進化した「貢納的生産様式」として中国、インド、エジプトの場合をあげているが、彼はこれを「アジア的生産様式」とは呼ばず、「東洋的およびアフリカ的構成」と呼び、その特徴として次の三点を指摘している。すなわち、(1)共同体または貢納的生産様式の優勢、(2)限定された部面における単純商品関係の存在、(3)遠隔地商業関係の存在(S. Amin, *L'accumulation à l'échelle mondiale*, tome I, p. 247.〔訳、一一五頁〕)、である。

ここでアミンは、「アフリカ的構成」について、「封建的生産様式が欠如しているか、あるいはきわめて萌芽的であり、内部の単純商品関係も欠如しており、ほとんど進化していない共同体的生産様式、または貢納的生産様式と遠隔地商業関係との結合に帰す構成は、『アフリカ的』タイプというべきである」(S. Amin, *op. cit.*, pp. 247–8.〔訳、一五頁〕)と述べているが、この特徴づけは、彼が脚注で指示しているように、コクリ＝ヴィドロヴィチの見解に従ったものである。彼女によれば、「アフリカ的生産様式」の特徴は、家父長的共同体経済と、特定集団による遠隔地商業の独占との組み合わせを基礎としたものであるが、「総体的奴隷制」を欠いている点で「アジア的生産様式」とは区別される(C. Coquery-Vidrovitch, Recherches sur un mode de production africain, *La Pensée*, no. 144, avril 1969.〔山崎カヲル訳「アフリカ的生産様式に向けて」同編訳『マルクス主義と経済人類学』柘植書房、一九八〇年、所収〕、C. Coquery-Vidrovitch & H. Moniot, *L'afrique noire: De 1800 à nos jours*, Paris, Presses Universitaires de France, 1974)。

そして、アミンによれば、これらの「前資本主義的構成」に対する外部からの資本主義的生産様式の侵入は、「周辺部資本主義構成」への移行問題の本質をなしている。こうして、アミンは、この侵入の三つの形態を区別する。すなわち、(1)「単純な貨幣循環形成のメカニズム(商業的関係の誕生)」、(2)「外国貿易にもとづく資本主義形成のメカニズム」、(3)「外国資本投資に由来する資本主義形成のメカニズム」(S. Amin, *op. cit.*, p. 248.〔訳、一五頁〕)、である。こうして、さきに述べた、「中心部資本主義」と「周辺部資本主義」の対抗関係を基軸に旋回する特異な「世界資本主義システム」が成立する。

これに対して、ウォーラーステインの研究は、現在までのところ、いわゆる前期的世界市場すなわち資本主義的生産様式の前提としての世界市場に関するものであるが、彼はこれを「近代世界システム」と呼んでいる。ウォーラーステインによれば、唯一の「社会システム」は「世界システム」であり、それは「単一の分業と多様な文化システムを備えた一単位」（I. Wallerstein, *The capitalist world-economy*, London & New York, Cambridge University Press, 1979, p. 5）である。この「世界システム」は共通の政治システムの有無によって「世界帝国」と「世界経済」とに分けられる。

さて、ウォーラーステインによれば、一五世紀から一六世紀初頭にかけて、ヨーロッパでは、経済的余剰の新たな収奪形態である資本主義的「世界経済」が生み出された。このような「世界経済」の確立にとって、決定的な意味を持つ条件は、（1）当該世界の地理的規模の拡大と「世界経済」が生み出す多様な生産物、（2）「世界経済」を構成する各地域に適した多様な「労働管理の方法」の開発、（3）比較的強力な国家機構の創出、の三つであった（I. Wallerstein, The modern world system: *Capitalist agriculture and the origins of the Europeanworld-economy in the sixteenth century*, New York & London, Academic Press, 1974, p. 38.〔川北稔訳『近代世界システム』I、岩波書店、一九八一年、四一頁〕）。このうち、当面の課題に関連するのは、彼の（2）の「労働管理の方法」の位置づけと把握の仕方である。彼によれば、「世界経済」の「中核部」、「半周辺部」、「周辺部」の三地域にはそれぞれ相互に異なった「労働管理様式（mode of labor control）」が並存していた。「中核部」には賃金労働と自営、「周辺部」にはブラジルとカリブ海諸島の奴隷制、それに彼が「換金作物栽培のための強制労働制」と呼ぶ東欧の「再版農奴制」とスペイン領新世界（ヌェバ・エスパーニャ）のエンコミエンダ制、「半周辺部」には「メツァドリア（mezzadria）」（イタリア）、「ファシェリ（fâcherie）」（プロヴァンス）、「メテヤージュ（métayage）」（プロヴァンス以外の南仏）などと呼ばれる分益小作制、が存在した（I. Wallerstein, *op. cit.*, pp. 87–103.〔訳、一二四–三九頁〕）。

ウォーラーステインの「世界システム論」はどのように評価されるべきか。ここでは、彼に対する一批判者の見解を通して、この点を考えてみることにしたい。この批判者によれば、ウォーラーステインの「世界システム論

〈World Systems Theory, W. S. T〉」は、次の六点に要約されるという。（1）分析の基本単位は世界システム、一つの統一された資本主義的世界経済であり、これは中核部の周りに求心的にリンクされた諸サブシステムに分かたれている。（2）サブシステムに何が起ころうとも、すべて全体のシステムに現われる矛盾によって説明される。（3）サブシステムにとっての外的諸力は各システム内に起こる決定諸因である。たとえば、一国内の階級構造と階級闘争は、グローバルな世界システム内におけるその国の位置によって決定される。（4）システムの構成要素である諸サブシステムは、交換関係によって関係づけられ結合されている。世界システムは実際世界市場であり、そこでは交換関係が決定因である。資本主義は、ウォーラーステインにあっては、利潤が「不平等交換〈unequal exchange〉」の結果であるような、「ある市場における利潤目当ての生産」（I. Wallerstein, The rise and future of the world capitalist system: Concepts of comparative analysis, *Comparative Studies in Society and History*, vol. 16, no. 4, 1974, p. 399）と定義される。グローバルな世界システムは、まず何よりも、資本の循環によって規定される。実際、生産と流通のカテゴリーは、世界市場における流通によって決定される生産を備えた、「一つの有機的全体のさまざまなモメント以外の何ものでもない」（I. Wallerstein, How do we know class struggle when we see it? Reply to Ira Gerstein, The Insurgent Sociologist, vol. 11, no. 11, 1977, p. 104）。（5）世界資本主義システムの特徴は、その全世界性、すなわち全世界の包括性である。（6）資本主義システム内のサブシステムは社会主義システムになりえない（V. Navarro, The limits of the world systems theory in defining capitalist and socialist formations, *Science & Society*, Spring 1982, pp. 77–9）。こうして、この批判者はウォーラーステインの重大な誤りとして次の点を指摘する。「彼は、資本主義的な交換諸関係が今日の世界における支配的な諸関係であると信じているので、世界システムは資本主義システムであると結論する。さらに、彼はまた、交換が生産様式すなわち有機的全体を決定すると信じているので、資本主義が今日の世界における唯一の生産様式であると結論する」（V. Navarro, *op. cit.*, p. 83）。ここに、ウォーラーステインが「封建制から資本主義への移行」論争におけるスウィージー〔The transition from feudalism to capitalism, intro. by R. Hilton, London, New Left Books, 1976〔大阪経済法科大学経済研究所訳『封建制から資本主義への移行』柘植書房、一九八二年〕〕、「ラテンアメリカにおける生産様式」論争におけるフランク〔G. Frank, *Capitalism and underdevelopment in Latin America: Historical studies of Chile and Brazil*, New York & London, Monthly Review Press, 1967; Latin America: *Underdevelopment or revolution, do.*, 1969.〔大崎正治他訳『世界資本主義と低開発』柘植書房、一九七六年〕〕の流れに位置を占める経済史家であることがわかる。スウィージー、フランク、ウォーラーステインのこの流れは、「スウィージー＝ドッブ論争によせて」において、高橋幸八郎教授が正しく批判したように、生産関係よりもむしろ交換関係に力点を置く「一種の流通主義」〔K. Takahashi, A contribution to the discussion, The transition from feudalism to capitalism, intro. by R. Hilton, p. 71.〔訳、七五頁〕〕の立場である。

アミンやウォーラーステインの新しい研究から何を学ぶことができるであろうか。それは次の点である。すなわち、彼らが「世界資本主義システム」や「世界システム」を見るところに、われわれは世界労働を発見するという点である。

互いに独立に営まれる各国民または各地域の私的諸労働の総体は、非常にさまざまな諸生産様式を含み、かつ国際交換によってのみ媒介される国際分業体制を形成するが、この場合これらの私的諸労働は世界労働となる。そして、ここに非常にさまざまな諸生産様式というのは、アミンのいう「周辺部資本主義構成」内のさまざまな諸「生産様式」であり、ウォーラーステインのいう「世界システム」の一環としてのさまざまな諸「労働管理様式」である。世界労働は、資本主義的賃労働だけでなく、このように「貢納的生産様式」や奴隷制あるいは「再版農奴制」も世界市場に媒介されて国際分業体制の諸環となるところに成立する概念である。したがって、しばしば誤解されているように世界労働の存在を労働力の国際的移動の有無のみと係わらせて論議するのは、見当違いなのである。たとえば、労働力の国際的移動を研究されている游仲勲教授は、このような移動を通じて世界労働が成立することを示唆して次のように述べておられる。「マルクスでは平板的な、単一構造的な（重層構造的でない）世界資本主義が成立すると考えられているのではないとはいえ、労資の国際移動を通じてそれへの傾向も存在することが考えられているのである。ここに、かれが国民的労働を基礎と認めつつも、『世界的労働』（への傾向）について語ることができた根拠があり、価値法則のモディフィケーションを論じえた根拠がある」（游「国際経済学と労働力国際移動・民族問題」国際経済学会編『国際経済』第二九号、一九七八年、一二一頁）。これに対して、国際価値とは価値の国際的形態であると主張される木原行雄教授は、労働力の国際的移動の存在しないところに世界労働は成立しないと次のように述べておられる。「国民的労働と並立する『世界的労働』という範疇も、マルクスがそれを一応明示してはいるが、ひとつの公式主義的架空論の産物にほかならない。およそ価値実体としての社会的平均労働は、労働力の自由な移動と競争の関係を前提して初めて措定できる……ものである。国際経済社会にはこのような前提条件はまだ存在していない」（木原「『国際価値論』の盲点」国際経済学会編『国際経済』第三一号、一九八〇年、一七一頁）。木原教授には労働力の国際的移動と国際価値の関係について一つの大きな誤解があると思われる。労働力の国際的不移動は世界労働の不成立をもたらすのではなく、ただ国際間における価値法則の修正をもたらすだけである。世界労働についての多くの誤解は、この労働の世界的性格を直接的なものと見なすところにある。しかし、この世界的性格は、社会的労働の場合の社会的性格と同様に、直接的なものではなく、世界市場における国際交換を通じてのみ現われる間接的なものにすぎない。すなわち、労働そのものの交換ではなく、労働生産物の交換によってのみ各国民の私的労働は世界総労働の一分肢たることが実証されるのである。国際価値の実体としての世界労働を世界的または国際社会的な再生産をになう労働と規定し、国際交換によって媒介される国際分業体制の諸環として具体的に把握するというのは、このことを指す。
このことを確認したうえで、次にこの世界労働と国際価値の関係の問題の検討に入ることにしたい。この問題も、従来の方法の繰り返しや通説の一般的な確認ではなく、新たな探究が要請されているのである。そこでこの問題を、世界労働を国際価値の実体として認めている西ドイツ派の国際価値論を一つの手がかりとして考えてみることにしたい。

第三節　国際価値

西ドイツ派国際価値論研究の代表者の一人ブッシュは、この世界労働と国際価値の関係について次のような見解を明らかにしている。いま、世界市場において、生産力発展によってさまざまな発展水準が決まるA、B、Cの三国が対立し合っているとしよう。A国が最も高度に発展した国とすれば、この国は労働強度でも最も大きく、その生産部門は国際的水準から見て労働生産性が最も高い。B国が中位の国、C国が最も遅れた国であるとしよう。そうすれば、A国が最も高い労働強度および労働生産性水準を決めるので、このA国の国民的労働はB国およびC国の同じ労働日よりも高い国際諸価値を表わす。「われわれが国際諸価値の価値実体を『世界労働（universelle Arbeit）』と呼べば、A国の一国民的労働日は二世界労働日、B国の一国民的労働日は一世界労働日、そしてC国の一国民的労働日は二分の一世界労働日を代表する。われわれがいまさらに一般的等価物をその国民的および国際的形態に導入すれば、次の等式が成り立ちうる。

A国の一国民的労働日＝一国民的通貨単位＝二世界労働日＝二国際通貨単位

B国の一国民的労働日＝一国民的通貨単位＝一世界労働日＝一国際通貨単位
C国の一国民的労働日＝一国民的通貨単位＝二分の一世界労働日＝二分の一国際通貨単位
A国の一国民的通貨単位＝B国の二国民的通貨単位＝C国の四国民的通貨単位」（K. Busch, *Die multinationalen Konzerne: Zur Analyse der Weltmarktbewegungen des Kapitals*, Frankfurt / M., Suhrkamp, 1974, SS. 39–40）。

ブッシュは、ここで『資本論』第一巻第二〇章の叙述に沿って、一応、労働の生産性および強度、国際価値、その実体としての世界労働、国民的および国際的通貨による価値表現、およびその等式について論じているが、これを見る前に、彼らフランス派の「不平等交換」概念に対する批判について、一言触れておかなければならない。フランス派の「不平等交換」論は、たとえば、その代表者エマニュエルによれば、国際間における商品の可動性、資本の可動性、労働の非可動性から、一方では利潤率の国際的均等化と国際生産価格の成立がもたらされるが、他方では国際間の「賃金の不平等」がそのままであるので、「賃金の不平等そのものは、それ自身だけで交換の不平等を引き起こすことが明らかとなる」（A. Emmanuel, *L'échange inégal: Essai sur les antagonismes dans les rapports économiques internationaux*, nouvelle édition revue et complétée, Paris, François Maspero, 1972, p. 111）というものである。これは、国際間の「賃金の不平等」を国際間の「交換の不平等」すなわち「不平等交換」の原因と見なすもので、一種の同義反復である。これに対し、まず最初に鋭い批判の矢を放ったのは、ベルギーのマンデルであった。「不平等交換（ungleicher Tausch）にもとづく価値の喪失や獲得はどこから生ずるのか。マルクスはそれに明白な回答を与えている。それは一般的な労働価値説を国際貿易に適用することによってである。資本主義時代の不平等交換は結局不等労働量交換（Tausch ungleicher Arbeitsquanten）に帰着する（E. Mandel, *Der Spätkapitalismus: Versuch einer marxistischen Erklärung*, Frankfurt / M., Suhrkamp, 1972, SS. 324–5.〔飯田裕康・的場昭弘訳『後期資本主義』Ⅱ、柘植書房、一九八一年、一六一頁〕）。ついで、西ドイツのノイジースが次のように書いて、これに続いた。「国際価値との関連では、より生産的な国はより生産性の低い国に比べてより多くの価値を生産する。その労働はより大きな生産力の労働である。世界市場において不等国民的労働（ungleiche nationale Arbeitsquanta）が交換されても、それは不等価値（ungleiche Werte）が交換されるとはいわない」（C. Neusüss, ***Imperialismus und Weltmarktbewegung des Kapitals: Kritik der Leninschen Imperialismustheorie und Grundzüge einer Theorie des Verhältnisses zwischen den kapitalistishen Metropolen***, Erlangen, Politladen, 1972, S. 140）。さらに、これらの見解を受けて、ブッシュが次のように主張する。「この不平等交換の内容は不等価値交換（ungleicher Tausch von Werten）として理解されるべきではなく、ただ不等労働量交換（ungleicher Tausch von Arbeitsquanta）としてのみ理解されるべきである」（K. Busch, *a. a. O.*, S. 57）。すなわち、ブッシュにおいては、フランス派の「不平等交換」概念が「不等価値交換」としてではなく、「不等労働量交換」すなわち国際搾取としてつかまえられているのである。したがって、彼のさきの見解は、この「不等労働量交換」をマルクスの国際価値の命題に即して例解したものにすぎないのである。しかし、この例解は正しくなされているだろうか。

マルクスの国際価値の命題として重要なのは、ある国において資本主義的生産が発展していれば、その国の労働の生産性も強度も国際的水準より高い、という文章を受けて、「だから、相異なる国々で同じ労働時間に生産される同種商品の相異なる諸分量は、不等な国際諸価値をもっており、これらの諸価値は相異なる諸価格で、すなわち国際諸価値の相違に従って相異なる諸貨幣額で、表現される」（K. I, S. 584）という文章である。この文章の内容を簡約していえば、同等な労働時間に不等な国際価値諸量が生産される、ということである（拙稿「国際貿易の理論問題」前掲書、六二頁）。ここではこの同等時間と不等価値の対比関係が正しくつかまえられていなくてはならない。しかし、ブッシュの見解では、その理由はA国の強度が高いから、ということになり、生産性は抜け落ちてしまうであろう。そこで、これを補強する見解が同じ西ドイツ派のジーゲルによって表明されたのである。彼女は、マルクスの上の文章を全文引用して、次のように述べる。「われわれは、今度はクラウス・ブッシュのモデルとの類推で、商品Xは A国では二分の一労働日、B国では一労働日、そしてC国では二労働日で生産される、と仮定しよう。国際貨幣の価値は一世界労働日（universeller Arbeitstag）に対応しているとしよう。その場合には、マルクスの叙述は定式化されて、次のように表わされうる。

A国の一国民的労働日＝2X＝二世界労働日＝二国際通貨単位

B国の一国民的労働日＝1X＝一世界労働日＝一国際通貨単位

C国の一国民的労働日＝二分の1X＝二分の一世界労働日＝二分の一国際通貨単位」

（T. Siegel, *Kpitalismus als Weltsystem: Methodische Probleme einer marxistischen Analyse des Weltmarkt*, Frankfurt & New York, Campus, 1980, SS. 154–5）。

このように、ジーゲルは、商品Xの生産量を導入して、ブッシュのモデルをより具体化している。しかし、この後ジーゲルは、次のように述べて、見当違いの方向に考察を進めてしまっている。「その限りでは、クラウス・ブッシュのモデルはマルクスの叙述と一致している。クラウス・ブッシュにおける誤りは、この叙述の解釈と国民的通貨の国際通貨に対する関係の規定にある」（T. Siegel, *a. a. O.*, S. 155）。

結論を急ごう。ブッシュやジーゲルが看過しているのは、世界的に必要な労働時間による国際価値規定である。彼らは確かに国際価値の実体としての世界労働をつかまえてはいる。しかし、彼らは国際価値の量的規定がどのようにこの世界労働によって行なわれるのかを理解してはいない。A、B、Cの三国が同等な労働時間からなる一国民的労働日に等しく一〇〇マルクの価値を生産するのではなく、たとえばA国で三〇〇マルク、B国で二〇〇マルク、C国で一〇〇マルク、等々の不等な国際価値諸量が生産される。なぜか。一国民的労働日に同種の商品がA国で三〇個、B国で二〇個、C国で一〇個生産され、それらが世界市場ですべて同一の価格すなわちこの場合一個一〇マルクで売られるからである。どうしてか。世界市場においては、一商品の価値は世界的に必要な労働時間によって規定されるからである。すなわち、国際価値規定の法則が貫かれるからである。

ここで、世界市場において、国際価値法則が貫かれるということは、すべての国民価値が国際価値に解消されてしまうことをもちろん意味しない。これは世界市場の複合市場としての独自性を無視した議論であろう。世界市場の独自性とは、端的にいえば、世界市場と国内市場との、世界労働と国民的労働との、国際価値と国民価値との独自な並存の仕方についていう言葉である。国民的労働は国民的な社会的再生産を、また世界労働は世界的または国際社会的な再生産をそれぞれになう労働であり、どちらも実在する。両者の関係は、一応ブッシュのいう「世界労働の位階(Stufenleiter der universellen Arbeit)」(K. Busch, *a. a. O.*, S. 41)のなかにあるといえる。すなわち、各国民的労働が資本主義的生産の発展段階に従って上から順々に位階をなし、その総体として世界労働が形成されるという関係である。世界労働と国民的労働の関係がこのような関係に立つならば、国際価値と国民価値もやはり同じ関係に立つであろう。国内市場において成立している社会的価値と個別的価値の関係が、世界市場においてはこの位階を通して独自な仕方で国際価値と国際個別的価値の関係として成立する。そして、どのようにして、さまざまな国際個別的価値が一つの国際価値または国際市場価値に均等化されるかという問題は、次に見る、世界市場における競争に係わる問題なのである。

第四節　国際市場価値

マルクスは、競争をその作用の観点から、第一に同一生産部面においてさまざまな個別的価値から一つの市場価値を成立させる作用と、第二に相異なる生産諸部面間におけるさまざまな利潤率を一般的利潤率に均等化させ生産価格を成立させる作用とに分けたが、世界市場における競争に関する限りは、その作用は第一のそれに限定されなければならない。国際間における利潤率の相違は、世界市場競争によっては、一般的利潤率に均等化せず、したがって国際生産価格は成立しないからである。この競争の作用によって達成されるのは、さまざまな国際個別的価値の国際市場価値への均等化だけである。したがって、国際価格の考察に際しては、資本の国際可動性と労働の非可動性という前提に立ち、利潤率の国際的均等化、国際生産価格の形成によって、これを解明しようとするフランス派の諸理論、すなわちエマニュエルの「不平等交換」論（A. Emmanuel, *L'échange inégal*)、アミンの「世界価値の国民価値に対する優位性」論（S. Amin, *L'échange inégal et la loi de la valeur: La fin d'un débat*, Paris, Anthropos, 1973.〔花崎皋平訳『不等価交換と価値法則』亜紀書房、一九七九年〕)、パロワの「国際価値から国際生産価格への推移」論（C. Palloix, La question de l'échange inégal, *L'homme et la société*, no. 18, 1970.〔原田金一郎訳「不等価交換問題」『新国際価値論争』柘植書房、一九八一年、所収〕)、などの立場を取らない。ここでは、国際価格の形成の解明は、国際市場価値論、すなわち市場価値論の国際的適用によって果たされる。そこでまず、適用されるべき当の市場価値の意味および国際交換に適用された市場価値論についての批判的検討から始めよう。

支配労働価値説に立つマルサスは、投下労働価値説に拠るリカードとは違って競争の領域に一歩立ち入り、「いずれかの場所または時における一商品の市場価値（market value）ないし現実価値」を「その場所および時における商品に対する評価であって、いつの場合にも、需要と比較しての供給の状態によって、また通常はその状態を規制する基本的生産費によって決定されたもの」（T. R. Malthus, *Definitions in political economy*, London, 1827, pp. 242–3.〔玉野井芳郎訳『経済学における諸定義』岩波文庫、一八〇頁〕）と定義する。マルサスのこの定義において重要なことは、「市場価値」が需要との関係によって捉えられながらも、やはりそれが「基本的生産費」によって規定されている点であろう。もっともその「基本的生産費」は「商品が自然かつ通常の状態にある場合に、これと交換される労働の分量」（T. R. Malthus, *op. cit*., p. 242.〔訳、一八〇頁〕）というものであり、またその定義も一種の需要供給説に立つものであるが。

市場価値の規定において最も重要なことは、それが個々の商品についての価値規定ではなく、マルクスのいう「一つの部面全体の生産物として市場にある商品量」（K. III, S. 191）についての価値規定であるという認識である。この基本認識が欠如しているところに、次に見るコールマイや彼に追随する西ドイツ派の国際市場価値論の根本的欠陥が存する。コールマイは、その有名な論文「カール・マルクスの国際価値論」のなかで、国際市場価値について次のような理解を示している。「国境内部における社会的に必要な労働時間は大量の通常の生産諸条件によって規定されるが、国際市場価値量（internationale Marktwertgröße）の形成過程においては、当該商品の国際貿易に参加するすべての国民的な生産性諸段階が入り込む国際価値量（internationale Wertgröße）は加重平均である。これは国際市場における価値法則の作用の第二の修正である」（G. Kohlmey, Karl Marx' Theorie von den internationalen Werten mit einigen Schlußfolgerungen für die Preisbidung im Außenhandel zwischen den sozialistischen staaten, *Probleme der politischen Ökonomie*, Bd. 5, Berlin, 1962, S. 44）。すなわち、コールマイによれば、国内における価値は大量支配規定によって決まるのに対し国際市場価値は加重平均規定によって決まる。しかし、大量支配規定も加重平均規定も市場価値についての規定であって、前者が国内、後者が国際間のものということはできない。しかもコールマイはこの規定の変更を国際間における価値法則の二つの修正の名において行なっている。すなわち、彼によれば、第二の修正が国民的生産性に関するものとすれば、第一の修正は国民的強度に関するものとなる。「国際価値量は大量支配的な強度を基礎としてではなく、すべての問題になる国民的な強度の加重平均を基礎として形成される。これは国際市場における価値法則の作用の第一の修正である」(*Ebenda*)。しかし、ここに見られる大量支配規定と加重平均規定についての恣意的解釈、またその修正観は誤りであろう。コールマイの規定にはこのように多くの誤りが含まれているとはいえ、彼が国際市場価値を加重平均規定によって理解していることだけは確認しておいてよいだろう。

このコールマイの加重平均規定を受け入れながらも、彼とは違ってこの規定を国際間における価値法則の修正とではなく、世界労働と関係づけるのが、さきのノイジースである。彼女は、『資本論』第一巻第二〇章の「どの国にも一定の中位の労働強度として認められているものがあって、……」に始まる国際間における価値法則の修正および世界労働論を含む文章全体を引用して、次のように述べる。「国民的総資本の場合の商品生産と流通の範疇としての平均的社会的に必要な労働時間に代わって、国際的水準では国民的資本の労働生産性の程度および強度の位階(Stufenfolge)の加重平均としての世界労働の範疇が問題になるが、このことは世界市場で交換される諸商品についていえるのである」(C. Neusüss, *Imperialismus und Weltmarktbewegung des Kapitals*, S. 139)。さらに続けて、彼女は自己の見解を次のように明らかにする。すなわち、国民的に必要な社会的労働時間は、世界市場においては、そのまま社会的に必要な労働時間としては現われず、個別的労働時間として現われる。世界市場では、国民価値が個別的価値になり、その価値増殖度は、世界労働、すなわち世界市場における社会的に必要な労働との関係に左右される。この場合には、世界市場で交換される商品の一部は国民価値と世界市場価値とが重なることになり、商品の世界市場価格で表わされる世界労働の範疇のなかで、価値尺度として通用する、平均的生産条件で一部の国民が生産する、ということが前提となる、と。そしてこの後、彼女は、コールマイに従って、「しかし世界労働は世界市場で交換される諸商品の大量の生産条件と一致する必要はない」（*Ebenda*）とわざわざ述べている。ここに見られるのは、大量支配規定の拒否、加重平均規定の承認であるが、加重平均規定は世界労働に結びつけられて、コールマイの規定に比べてより一層不明確なものにされている。

ノイジースと同様の見解はゴラルチクにも見られる。彼もまた『資本論』第一巻第二〇章のさきの文章を全文引用して、次のように述べる。「世界市場における強度および生産性の程度ではなく、一つの位階をなすすべての国民的強度および生産性の程度の加重平均が、世界市場における諸商品の生産の平均的生産条件を構成する、すなわち世界市場における一商品の生産に社会的に必要な労働の基礎は、世界労働である」（D. Goralczyk, *Der internátionalé Konzern: Zu Genesis, Funktionsweise und Empirié einer modernen Kapitalform*, Fránkfurt / M., Bern, Cirencester, Peter D. Lang, 1979, S. 101）。この後、ゴラルチクは、さきのコールマイの国際間における価値法則の二つの修正についての文章を引用して、国民的強度および生産性の程度の加重平均の基礎上での国際価値または世界市場価値の成立は、この国際価値または世界市場価値での交換が生じて、一方では平均以上の生産性および強度の国民的資本には特別剰余価値をもたらしはするが、他方平均以下の生産性および強度の国民的資本はその剰余価値の一部分を実現することができない、と主張する。ここでも、加重平均規定がやはり世界労働と結びつけられて理解されている。

しかしいったいノイジースやゴラルチクらのいう加重平均規定とは何だろうか。彼らはこの規定を国際市場価値の規定として考えているのではない。彼らは国民的強度および生産性の位階の加重平均、すなわち世界労働の範疇としてそれを問題にしているにすぎない。国際市場価値を加重平均規定によって理解しようとするコールマイですら、国際市場価値についてそれ以上に踏み込んで考察しているわけではない。ノイジースやゴラルチクらの場合にはなおさらそうなのである。ノイジースは、社会的欲望、社会的価値と個別的価値の矛盾について論じた個所の脚注で、「市場価値規定に関連するここに含まれている諸問題は、本書では触れない」（C. Neusüss, *a. a. O.*, S. 109, N. 19）とわざわざ明言しているほどである。ゴラルチクもまた、市場価値についてよりも、むしろ生産価格について多くの言葉を費やしている。彼らと離れる前に、ゴラルチクの国際交換に適用された生産価格論について見ておこう。ここにもまた、加重平均規定が登場するからである。

ゴラルチクは、コールマイの見解、「ある商品の世界市場価格は重要な国民的諸生産価格の合成力である個別的価格である」（G. Kohlmey, *a. a. O.*, S. 59）や「世界市場価値をめぐって揺れ動くのではなく、国民的諸生産価格の加重平均をめぐって揺れ動くのである」（*Ebenda*, S. 63）などを引用しながら「国民的諸生産価格の加重平均としての世界市場価格は国民的諸価値の加重平均としての世界市場価格とは一致しない」（D. Goralczyk, *a. a. O.*, S. 118）と述べて、さらに次のように自己の見解を明らかにする。「世界的水準での平均価格としての世界市場価格は、だから、労働の国民的強度および生産性の、世界労働の位階の、加重平均の結果であるだけでなく、まったく同じに国民的諸利潤率および平均諸利潤の加重平均の結果でもある。さまざまに発展した国民的資本間の利潤率差はいまや世界市場価格に共同決定しながら入り込んでいる」（*Ebenda*）。

確かにマルクスの場合、世界的に均等化されるものと見られているのは、商品の価格と利子率だけである。たとえば、商品の価格については、「世界市場での競争の場合には、……商品を与えられた一般的市場価格でかまたはそれより安く売って利益を上げる……」（*K.* III, S. 881）という場合の一般的市場価格、また利子率については、「世界市場での利子率の大なり小なりの近似的な平均化」（*K.* III, S. 370）が想起できよう。これに対して、利潤率も労賃も地代も世界的に平均化されない。しかし、世界市場における競争においては、これら均等化されるものも均等化されないものもそれぞれ規定的な大きさとして資本家の計算に入り込む。この場合、重要なことは、資本家にとって、ただ国民的労賃や国民的地代や国民的および国際的利子だけが費用価格を構成する諸成分として、したがって商品の価格要素として現われるだけではない。彼にとっては、いまや平均利潤そのものまでが労賃や地代や利子、あるいは租税などと同じく商品の価格要素として現われるのであって、結局彼にとっては国民的生産価格そのものが費用価格をなすものとして現われる。ところで、資本の国際的可動性から直接利潤率の国際的均等化や、国際生産価格の形成を導くエマニュエルやパロワらの見解に対して、ブッシュは、「国際的資本運動の今日の水準では、一般的な国際的利潤率の実在は主張できない」（K. Busch, *Die multinationalen Konzerne, a. a. O.*, S. 57）と批判しているが、これはコールマイやマンデルらの見解でもある。とりわけ、マンデルはここから、「さまざまな国民的諸生産価格が並存していて、世界市場によって特殊な方法で相互に節合されるという事実」（E. Mandel, Der Spätkapitalismus, S. 325.〔飯田・的場訳『後期資本主義』Ⅱ、前掲、一六二頁〕）を確認する。

ゴラルチクが利潤率の国際的均等化や国際生産価格の成立を否定して、国際価格の形成を国民的諸利潤率したがって国民的諸生産価格の相互関係から導出しようとするのは、それなりに評価できる。しかし彼がもっぱらコールマイに依拠して、それを世界市場において並存し節合し合っている国民的諸生産価格、国民諸利潤率の加重平均規定によって理解しようとするのは、正しくない。コールマイやゴラルチクの見解においては、このように何でも加重平均規定と結びつけられているため、むしろこの規定の濫用すら見られるが、この規定は、次に見るように国際市場価値の規定として正しく把握されなくてはならない。

国際価値が世界市場で交換される個々の商品に関する価値規定であるのに対し、国際市場価値は世界市場で交換される同一生産部面の商品総量に関する価値規定である。国際市場価値が国際価値の現実化または具体化されたものといわれるのも、それが世界市場における競争によって媒介されるというだけではなく、このように同一種類の商品量全体に価値規定が適用されたものだからである。国際市場価値は絶えず変動する国際価格の平均価格または国際個別的価値の均等化として形成されるが、この価値規定が世界市場に存在する同種商品の総量に関する規定である限り、加重平均規定が問題になってこざるをえない。

いま国際的な社会的欲望すなわち支払能力ある国際的需要を捨象して、世界市場において並存し節合し合っている同一生産部面の生産諸条件の相違を上位、中位、下位の三つに分けるとすれば、これらの生産諸条件のもとで生産される商品がどのように組み合わされるかによって、すなわち世界市場に存在する商品総量のなかでどのような量的比率を占めるかによって、国際市場価値の規定がさまざまに違ってくる。これは、国際的需要とは独立に、どの国際個別的価値が国際市場価値を規定するかという問題である。

第一に、世界的に見て中位の生産条件にある国において生産された商品が大量を占め、上位および下位の条件のもとで生産された商品量が平均化される場合には、この中位の大量の商品の国際個別的価値が国際市場価値を規定する。第二に、世界的に見て資本の有機的構成が低く下位の生産条件にある国において生産された商品が大量を占め、上位の条件のもとで生産された商品量によってそれが相殺されない場合には、この下位の条件のもとで生産された商品の国際個別的価値が国際市場価値を規制する。第三に、資本の有機的構成が高く上位の生産条件にある国において生産された商品が大量を占め、下位の条件のもとで生産された商品量とそれが均衡しない場合には、この上位の条件のもとで生産された商品の国際個別的価値が国際市場価値を規制する。そしていずれの場合においても、国際市場価値の規定的な生産諸条件よりも優れた条件を持つ生産者は、国際市場価値と国際個別的価値との差額である国際特別剰余価値または国際超過利潤を領有することができる。

この三つの場合のどれが国際市場価値を規制しようとも、問題になっているのはやはり国際市場価値であって、国際価格が国際市場価値から乖離するか否かということではない。要するに、これは国際市場価値がさまざまな国際個別的価値の加重平均によって規定されるということである。しかしこのような抽象的な国際市場価値の規定ではなく、国際的な社会的欲望の量が本質的な契機となる具体的で現実的な国際市場価値の規定が問題となる時には、上の加重平均規定をただ一般的に繰り返しているだけでは問題解決に一歩も近づかない。この問題は、すでに別の機会に述べたように、「市場価値を国際間に適用する場合のおそらく最大の困難」（拙稿「国際貿易の理論問題」前掲書、一〇八頁）という問題である。これは、国際的な社会的欲望の役割を無視したまま各国民の国際個別的価値が国際市場価値に均衡化するという形で市場価値論を国際間に適用する吉村正晴教授、松井清教授らの見解を批判する木下悦二教授によって提起されたもので、世界労働の国際的な均衡的配分をいかに立証するかという点がその基本的な争点であった。世界労働のこのような配分を否定する木下説に対しては、その機会に、村岡俊三教授、それに筆者の見解も加えて批判しておいたので、ここでは繰り返さない。ここでは、別の観点からこの木下説を補強して、市場価値論の国際的適用に反対される渋谷将教授の見解に触れておこう。渋谷教授は次のようにいわれる。

「これらの（吉村教授や木下教授らの――引用者）見解についての立ち入った検討は別の機会にゆずらざるをえないが、この問題の考え方については、私は基本的に木下教授の見解にしたがう。なぜなら問題はやはり競争の見地から観察されるべきであって、その点からみれば市場価値論を適用するということは、事実上、国際的交換に登場する商品量からなる市場を想定し、それら商品についての『国際的個別価値』の加重平均として『国際的市場価値』が想定されるということになるが、このような国際的交換に登場する商品について、同種部門のなかからいわば貿易資本だけをとりだし、各国の貿易資本だけからなる一部門を想定し、そのなかでの部門内競争の作用の結果として『国際的市場価値』の成立を説くことは、この場合の必要なかぎりの単純化仮定としても許されないと思われるからである。この市場は国際的交換に参加している各国の国内市場の一部分の総計からなっているのであるから、各国内のさしあたり国際的交換に参加していない資本の競争とも無関係ではありえない。それにもかかわらず、それを捨象してしまうことは、問題にとって不可欠の要素である複合市場としての世界市場の特質を捨象して、市場価値論一般に問題を解消することを意味するであろう」（渋谷将『経済学体系と外国貿易論』青木書店、一九八一年、一二七―八頁）。

渋谷教授のこのような批判は、市場価値論の国際的適用についての誤解のうえに成り立つものである。まず筆者の見解は、「国際的交換に登場する商品について、同種部門のなかからいわば貿易資本だけをとりだし、各国の貿易資本だけからなる一部門を想定し、そのなかでの部門内競争の作用の結果として『国際市場価値』の成立を説く」見解とは別のものであることを断わっておきたい。市場価値は、個々の商品についての価値規定ではなく、同一生産部面の商品量全体についての価値規定である。したがって、この市場価値規定の国際的適用は、「各国の貿易資本だけからなる一部門」にそれを適用することではなく、同一生産部面の各国民の商品量全体に適用することでなければならない。同一生産部面の「各国の貿易資本」だけではなく、この同じ部面の「各国内のさしあたり国際的交換に参加していない資本」もこの国際市場価値形成の運動に参加しているものと見なければならない。国際価値の実体としての世界労働を肯定されている渋谷教授が、国際価値の量的規定、市場価値論の国際的適用の問題になると、一転して否定的な見解を持つに至る、その論理の通し方が筆者には理解できない。そして、問題の「複合市場としての世界市場の特質」すなわち世界市場の独自性についていえば、ある商品について国際市場価値が成立しているような状況のもとでは、この商品に関する限りは国内市場も同時に世界市場なのであって、これら両市場の関係は、かつて吉村教授が指摘されたように、「国内市場と世界市場、したがって、国民的価値と国際的価値は、丁度写真の二重写しのような存在」（吉村正晴「国際価値論序説」前掲誌、一三〇頁、注）なのである。

むすびにかえて

わが国の国際価値論争には、はじめに見た、国際間における価値法則の修正、国際価値、世界労働、国際等価交換および不等価交換、国際間における貨幣の相対的価値の相違、国際市場価値などの国際価値論研究の基本課題ともいうべき諸問題をめぐる論争があるほか、国際搾取、名和教授の「基軸産業」、木下教授の「国民的生産性」、貿易の超過利潤の源泉、などその一つ一つがまた広範な広がりを持つ諸問題をめぐっても激しい意見の対立が見られる（拙稿「国際貿易の理論問題」前掲書、四三－五頁）。わが国の国際価値論研究はこれを大別すれば、二つのグループに分けることができる。一つは、名和教授、吉村教授、松井教授らを代表とするいわば国際価値実体肯定説ともいうべきグループ、他の一つは、いうまでもなく木下教授、行沢教授、木原教授らを代表とする国際価値実体否定説のグループである。このほかにも両グループのどちらにも属さない中間のグループがあり、このグループは、世界労働には肯定的でありながら、国際価値や国際市場価値には否定的であったり、逆に国際価値や国際市場価値には積極的な見解を持つが世界労働にはまったく消極的であったりして、論理の一貫性という点で、大きな問題を残している。筆者の立場はもちろん第一のグループに属する。しかし、そういったからとて、筆者が第一グループの諸理論のすべてを承認しているわけではない。第一グループがともかくも国際価値論研究の理論的根底をなす世界労働、国際価値、国際市場価値に真正面から取り組み、これを展開しようとしている点を評価しているにすぎない。

最近国際価値論の論点整理や論争復活への呼びかけが積極的になされてきている。しかし、わが国経済学界の大勢が国際価値論研究の目指す方向と大きくかけ離れている現状のもとでは、こうした呼びかけが果たして実を結ぶかどうかおぼつかない。たとえば、国際経済学会の今日の状況を見ていると、一九五〇年代から六〇年代初めにかけてマルクス経済学者と近代経済学者とを二分して展開された国際価値論争の頃に比べていまや隔世の感がある。とりわけ国際価値論研究グループと学会主流との間の断絶と懸隔とはおおいがたいものがある。争点の明確化やその鋭角的な提示に対する要請と問題のいっそうの錯綜化とが、なお今後も続くものと思われる。

結びにかえてもう一点指摘しておきたいことがある。筆者はさきに信用理論研究会編『信用理論研究入門』(有斐閣、一九八一年)に小文「多国籍企業と資本輸出をめぐる諸問題」執筆の機会を与えられたが、その過程で、資本蓄積論の国際的適用問題としての資本輸出論や現代資本輸出分析における国際分業論的視点の導入問題、あるいは国際価値論の援用による資本輸出の一般理論の構築など、国際価値論研究のもう一つの重要な課題のあることを知った。村岡教授の『マルクス世界市場論』第六章「資本輸出論序説」や柳田侃教授の『資本輸出論と南北問題』(日本評論社、一九七六年)、あるいは最近の佐々木隆生教授の論稿「資本輸出と国際貿易」(久保・中川編『国際貿易論』、所収)、などがそれである。これらの業績に啓発されて、筆者の関心は次第に貿易と投資の一般理論、その統一把握に向かいつつある。しかし、資本輸出といっても、直接投資と間接投資あるいは証券投資との区別があり、また、直接投資といっても、比較劣位産業の国外逃避と巨大企業の多国籍企業化とはこれを分けて考えなければならないであろう。国際価値論の研究課題とも合わせて、なお今後の研究に俟つ部分の多いことを痛感している。

Kr. は『経済学批判』、*K.* は『資本論』、*Gr.* は『経済学批判要綱』を表し、*Kr.* と *K.* はディーツ社ヴェルケ版（*Marx-Engels Werke*, Bd. 13, 23, 24, 25, Berlin, Dietz Verlag, 1961–64.〔『マルクス＝エンゲルス全集』第一三巻、第二三〜二五巻、大月書店〕）の、*Gr.* はディーツ社版（K. Marx, *Grundrisse der Kritik der politischen Ökonomie: Rohentwurf, 1857–58*, Berlin, Dietz Verlag, 1953.〔高木幸二郎監訳『経済学批判要綱』I〜V、大月書店〕）の原典頁数を記した。

第四章　国際的交換

はじめに

本章の課題は、前章に引き続き、「生産の国際関係。国際分業。国際交換。輸出入。為替相場」のなかの一項目「国際交換」を、マルクスの主要著作『資本論』、『剰余価値学説史』、『経済学批判要綱』その他の関連箇所から、一定の視角（世界市場においてどのようにして価値法則が貫かれるか）に立って理論的に再構成することである。「国際交換」という用語は、これらの著作では「国際商品交換」とより正確に使われたり、「国際貿易」や「世界貿易」のようにより一般的な、また「対外貿易」や「外国貿易」のようにより特殊的な意味に用いられたりしている。

マルクスはこれらの「国際交換」や「対外貿易」などを、リカード（D. Ricardo）のように「単純流通」として捉えて「交換価値を増加させたり、交換価値を生みだしたりはできない」とする見地に反対して、次のように述べている。「リカードの外国貿易論をも見よ。彼は外国貿易を単純流通として捉え、したがって、『外国貿易は、けっして一国の交換価値を増加させることはできない』（リカード、39、40）と述べている。彼がそのために持ちだしている根拠は、交換そのもの、単純流通、したがって商業一般――商業が単純流通として捉えられる限りでの――は、交換価値を増加させたり、交換価値を生みだしたりはできないということを『証明する』根拠と、まったく同じである」（*Gr.*, S. 222. II/1.1, S. 233. 傍点は原文）。ということは、マルクスにあってははじめから、「国際交換」や「対外貿易」が「交換価値を増加させたり、……生みだしたり」できるものと見なされていた、ということになるだろうか。これは簡単にそうとはいえないのであって、そういえるためには国際価値論、およびそれに基礎づけられた国際搾取論、さらには外国貿易による一般的利潤率の引き上げ論などが、明らかにされなければならず、またこれら三者を貫く論理の一貫性が確保されなければならないのである。マルクスはこの課題に、すでに一八四四～四五年の「パリ・ノート」および一八五〇～五三年の「ロンドン・ノート」において取り組んでおり、とりわけ「ロンドン・ノート」の第八冊には、「外国貿易と交換価値」(*Gr*, S. 808–11.) や「異なった国々での交換価値の規定」(*Ibid.*, S. 811–2.)、「植民地貿易の諸価格に対する影響」(*Ibid.*, S. 812–4.) という表題のもとに、リカード外国貿易論からの抜粋およびそれに対する評注が収められている。

本章では、これらの用語を同義で互換可能なものとして使用し、問題を次の三つに分けて考察する。第一の国際交換と国際搾取では、国際搾取論を初期の国際価値概念の未確立段階のそれと、中・後期の国際価値論にもとづくそれとに分け、またこの観点に立ってマルクスの初期の著作『自由貿易問題についての演説』を取り上げる。第二の国際交換と国際価値では、現在継続中の内外の国際価値論争[1]への言及を差し控え、問題の焦点をその最も基本的な争点ともいうべき世界労働と国際価値の内容規定にのみ絞り、それらの相互関係に関するマルクスの把握の仕方を明らかにする。第三の国際交換と資本蓄積では、資本蓄積の一契機としての外国貿易という観点から、再生産と外国貿易および利潤率と外国貿易という二つの問題を取り上げ、その内的連関を明らかにする。

第一節　国際的交換と国際搾取

1　国際搾取

リカードの『経済学および課税の原理』第二二章「輸出奨励金と輸入禁止」の後半部分は、セー（J. B. Say）との間の国内商業の利潤と外国貿易の利潤との区別をめぐる論争に当てられている。

セーは次のように述べた。「私は、すでに、不当にも貿易差額と呼ばれているものについて論ずるにあたって、次のような所見を述べる機会を得たことがある、すなわち、もしも商人にとって、貴金属を外国へ輸出する方が、何か他の財貨を輸出するよりも有利であるならば、彼が貴金属を輸出することはまた国家の利益でもある、なぜならば、国家が得をしたり損をしたりするのは、その市民を通じてだけであるからである、そして外国貿易に関しては、個人にとってもっとも有利なものは、国家にとってもまたもっとも有利である。……しかし、私がこう言うのはただ外国貿易に関する事柄だけについてであることが、注意されなければならない、なぜならば、商人が彼らの同胞との取引によって得る利潤は、植民地との排他的貿易において得られる利潤と同様に、まったく国家にとっての利得ではないからである。同一国の個人間の取引においては、生産された効用という価値以外には（que la valeur d'une utilité produite）なんらの利得もない[2]」。これに対してリカードは、「私は、ここに国内商業と外国貿易との利潤の間に設けられている区別がわからない」と述べ、続けて外国貿易をも含めてすべての商業の目的は生産物の価値ではなく、その分量を増加させることであるとする立場に立って、次のようにセーを批判した。「本書の第七章〔「外国貿易について」――引用者、以下同じ〕において、私は、外国貿易であれ国内商業であれ、すべての取引は、生産物の価値を増加させることによってではなく、その分量を増加させることによって、有利なものである、ということを証明しようと試みてきた。われわれがもっとも有利な国内商業および外国貿易を営もうが、それとも禁止法によって束縛される結果として、もっとも不利な取引で満足することを余儀なくされようが、どちらかの場合により大なる価値を取得するということはないであろう。利潤率および生産される価値（the value produced）は同一であろう。その利益は、つねに、セー氏が国内商業に限定しているように思われるものに帰着する、すなわち、両方の場合に、生産された効用（utilité produite）という価値の利得以外には、なんらの利得もない」(3)。セーは自分の見解がこのようにリカードによって批判されるや、コンスタンショ（F. S. Constancio）によるリカードの『経済学原理』フランス語版に付した彼の注釈において、リカードを次のように批判した。「生産された効用および価値によって得られる利得のほかに、ひとは他人の損失から利益を引き出すことができる。この他人が同国人である場合には、他人のポケットからもたらされたこの利益によっては、国民はなにものも失いも得もしない。この他人が他国民である場合には、他人の損失から利益を引き出すそのひとが属している国民は他国民が失うものを得る。私はこの利得を正当化するつもりはない、この事実を証明するだけにとどめる」(4)。リカードとセーとの間で行なわれた国内商業の利潤と外国貿易の利潤との区別、というよりも外国貿易の利潤の本質をめぐる論争は、以下に見るように、マルクスの国際交換論研究の出発点となったものである。

マルクスの国際交換に関する最初の見解は、この論争に深く関わっている。

マルクスが経済学の研究を志すようになったのは、彼がはじめて「いわゆる物質的利害に口だしせざるをえない」（*Kr.*, S. 7.〔3–4.〕Ⅱ/2, S. 99.）状況に陥った一八四二年から四三年の間、すなわち『ライン新聞』の編集者として活躍していた頃のことであった。後年マルクス自身この間の事情を『経済学批判』の「序言」のなかで、「木材窃盗と土地所有の分割に関するライン州議会の議事、当時のライン州知事フォン・シャーパー氏がモーゼル地方の農民の状態について『ライン新聞』を相手にして起こした公けの論争、最後に自由貿易と保護貿易とに関する討論、以上が私の経済問題にたずさわる最初の動機となった」（*Kr.*, S. 7–8.〔4.〕II/2, S. 99–100. 傍点は引用者）と語っている。しかしマルクスの最初の仕事は、彼を「悩ませた疑問の解決のために企てた」（*Kr.*, S. 8.〔4.〕II/2, S. 100.）ヘーゲル法哲学の批判的検討であった。一八四四年『独仏年誌』に掲載された二つの論文「ユダヤ人問題によせて」と「ヘーゲル法哲学批判序説」がそれであった。マルクスの経済学研究はこうして始まったが、その直接の動機となったのは、彼自身認めているように、『独仏年誌』に彼の二論文と並んで掲載されたエンゲルスの「国民経済学批判大綱」に接したことであった。ここからマルクスは多くの示唆と大きな刺激を受けた。研究の最初の成果は、一八四四年から翌四五年にかけて作成された九冊の研究ノートおよび四四年に執筆された経済学と哲学に関する手稿であった。前者は、『歴史・経済学研究』（パリ・ノート）として知られ、後者は『経済学・哲学手稿』と呼ばれているものである。

『歴史・経済学研究』は、マルクスがパリ時代に執筆したもので、イギリスとフランスの著名な経済学的著作（イギリスの経済学者のものはすべてフランス語訳）からの抜粋とそれに対するマルクスの部分的な評注とからなっており、エンゲルスの「大綱」からの若干の抜粋も含まれている。そのなかで重要なものは、リカード評注におけるマルクスの外国貿易に関する最初の見解である。それは彼が対外貿易の利潤と国内商業の利潤との区別をめぐるリカードとセーの論争に対する批判として、次のように述べているものである。

「リカードは、彼がセーの外国貿易（commerce étranger）と国内商業（commerce intérieur）の利潤との間の区別がわからない、といっている。両方の場合とも利益は生産された効用（utilité produite）であり、商業の目的は『生産の増加（d'augmenter la production）』である、と。セー氏はリカードのこの素朴な驚きに、利益は生産された効用および価値（eine utilité und eine valeur produite）によってのみならず、『他人の損失（pertes d'unautre homme）』によっても得られる、と答えている。国内商業においてはこの利益は国民にとっての利益ではなく、単に一人のポケットから他の一人のポケットへの置き換えにすぎない。しかし、他人が外国人である場合には、『利益を他人の損失によって得るそのひとが属している国民は他国民が失うものを得る（la nation dont le premier fait partie gagne ce que l'autre nation perd)』。このことは明白である[5]」。

リカードは外国貿易の利益を取引される生産物の価値の増加ではなくその分量の増加に求めた。ここから彼は、外国貿易の利潤と国内商業の利潤とを区別するセーに反対して、国内商業であろうと外国貿易であろうとすべての商業の利益は、富（使用価値）あるいはセーのいう「生産された効用」以外には見出せないと主張した。これに対してセーは利益は効用および価値によるだけでなく、他人の損失によっても得られるとした。そしてさらにセーは、この利益は国内商業の場合には同国人の損失によって相殺されるが、外国貿易の場合には外国人の損失によって生ずると主張した。この論争がマルクスの注意を引き、彼がセーの主張を支持したことに注目しなければならない。マルクスの外国貿易に対する最初の関心が、一国民による他国民の搾取すなわち国際搾取という点にあったことが、これによって明らかになるからである。

マルクスはこれ以後、『賃労働と資本』、『自由貿易問題についての演説』、『共産党宣言』など一八四〇年代後半の初期の主要著作だけでなく、『経済学批判要綱』、『剰余価値学説史』、『資本論』など中・後期の主要著作においても、この国際搾取について論じ続ける。たとえば、『賃労働と資本』では「一国について見ても、また世界市場全体について見ても、資本家階級すなわちブルジョアジーが生産の純収益をどんな割合で自分たちの間に分配しようとも、この純収益の総量はいつでも、だいたいにおいて、蓄積された労働が生きている労働によって増やされた量にすぎない」[6]と書かれ、『自由貿易問題についての演説』では「コスモポリタン的な状態での搾取をユニヴェルセルな友愛(fraternité universelle)という名称で呼ぶようなことは、これこそブルジョアジーの胸中でなければ発生しえなかった考えだ」[7]と記され、また「ポーランドについての演説」(一八四七年)や『共産党宣言』では、国際搾取のよってきたる理由とその解決の方向を示して、次のように述べている。

「万国のブルジョアは、世界市場においては互いに相手を打ち倒したり競争したりするにもかかわらず、万国のプロレタリアに対しては団結し友愛する。諸国民が真に団結しうるためには、彼らの利害が共通でなければならない。彼らの利害が共通でありうるためには、現在の所有関係が廃止されねばならない。そのわけは現在の所有関係は諸国民間の搾取を必然的に結果するものだからである」[8]。「一個人による他の個人の搾取が廃止されるにつれて、一国民による他の国民の搾取も廃止される。一国民の内部の階級対立がなくなれば、諸国民の間の敵対関係もなくなる」[9]。

これに対して、中・後期の著作では国際搾取が労働すなわち価値規定との関連で説かれるようになる。たとえば、『経済学批判要綱』では、マルクスが自分自身のために書いた「ノートへの心覚え」(ノートB″)の末尾に「二つの国民は利潤の法則に従って交換し、両者とも利潤を得るが、しかし一方はつねに騙されている」とあるが、これは「資本に関する章——第三篇果実をもたらすものとしての資本」(ノートⅦ)の最後の表題にあたるものであり、その内容は、冒頭で説明されているように、国際搾取に関するものである。

「利潤は剰余価値以下であっても差し支えがなく、したがって資本は厳密な意味では自ら価値増殖することなしに、交換されて利潤をあげる（ことができる）ということからつぎのようなことが出てくる。すなわち、一人ひとりの資本家ばかりでなく、諸国民もまた、相互に引き続き交換し、しかも諸国民はそのために一様に利得しなくともよいままに、絶えず増大する規模で引き続き交換をくり返すことができるということである。一方の諸国民は他方の諸国民の剰余労働の一部分（ein Theil der Surplusarbeit）を、これに対して交換でなんらかの対価を支払わずに引き続き領有する（aneignen）ことができるが、ただこの場合は尺度は資本家と労働者との間の交換のようなわけにはいかない」（*Gr.*, S. 755. Ⅱ/1.2, 732.）。

なお、『剰余価値学説史』や『資本論』に関しては、次の周知の文章を引用しておくだけでよいだろう。

「ある国の三労働日は他の国の一労働日と交換されうる……。このような場合には、より富んでいる国がより貧しい国を搾取することになり、それは、たとえ後の方の国が交換によって、利益を得るにしても、そうである。」（Mw. Ⅲ, S. 101. Ⅱ/3.4, S. 1296.）「この恵まれた国は、より少ない労働と引き換えにより多くの労働を取り返すのである。といっても、この差額、この剰余は、労働と資本との間の交換では一般にそうであるように、ある階級のふところに取り込まれてしまうのであるが」（*K.* Ⅲ, S. 248.〔266.〕）。

ここで注意すべきことは、同じ国際搾取といっても、これに対する初期の著作と中・後期の著作におけるマルクスの取り扱い方の違いである。『経済学批判要綱』の「貨幣に関する章」においてはじめて、マルクスは自らの価値論を「価値を規定するものは、生産物に合体された労働時間ではなく、現在必要な労働時間である」（Gr., S. 54. II/1. 1, S. 70.）と定式化した。

もちろんマルクスは、初期の著作『哲学の貧困』（一八四七年）や『賃労働と資本』において、価値論の基礎的命題のいくつかを明らかにしているのはよく知られている。ここでの問題は、マルクスの価値論が資本と労働の交換論や国際交換論との関連でより豊かな展開を見せてくるのはいつからかということである。

したがって、この定式化のうえに一切の経済学的諸規定を把握していく方法が厳密に採用されるようになるのは、この『要綱』以降のことであり、それが外国貿易や世界市場の分野にまで及んでくるのは、『経済学批判（一八六一～六三年草稿）』以降、すなわち一八六〇年代にはいってからのことである。したがって、初期のマルクスの国際搾取論は、この観点からすれば国際価値論なき国際搾取論、後期のそれは国際価値論にもとづく国際搾取論と特徴づけることができよう。それでは、国際価値論にもとづく国際搾取とはどのようなものか。後に見るように、それは、国際等価交換あるいは国際価値通りの交換にもとづく国際不等労働量交換ということである。

このように、国際価値論にもとづく国際搾取を、国際等価交換あるいは国際価値通りの交換にもとづく国際不等労働量交換であるというと、いとも簡単なものと思われがちだが、この場合の根本問題は、国際等価交換あるいは国際価値通りの交換がいったい何を意味するのか、さらに逆にいえば、この不等労働量交換がどのような国際交換様式のもとで行なわれるのかを、明確にしなければならないということである。そしてそのためには、国際価値の実体規定とその量的規定が正しく掴まれていなければならないのである。

2 『自由貿易問題についての演説』(ブリュッセル、一八四八年)

マルクスは『賃労働と資本』の冒頭で、一八四八年の二月革命と三月革命における階級闘争を総括する重要な契機を列挙し、そこから革命的反乱と社会改良について若干の教訓を引き出した後、自己の課題を、ブルジョアジーの存立と彼らの階級支配ならびに労働者階級の奴隷状態の基礎をなしている経済的諸関係そのものを検討することであると設定した。「われわれはつぎの三つの大きな部分に分けて述べよう。(1)賃労働と資本との関係、労働者の奴隷状態、資本家の支配。(2)今日の制度のもとでは中間市民階級と農民身分の没落は不可避であること。(3)世界市場の専制的支配者であるイギリスによってヨーロッパ諸国のブルジョア階級が商業的に隷属させられ搾取されていること」[10]。しかしこの計画は、第一の賃労働と資本に関する部分が掲載されただけで、他の部分は『新ライン新聞』の発行禁止その他の理由で中断された。

この『賃労働と資本』と直接の関連があり、かつこれの補足と見られている手稿『賃金』において、マルクスは賃金の国際比較について次のような観点を明らかにしている。まずシェルビュリエ(A.-E. Cherbuliez)について論じたところで、マルクスは「賃金の騰落について語る場合には、世界市場全体と種々な地方における労働者の状態とをけっして見落としてはならない」[11]と述べ、また「生産力の増大は、賃金にどんな影響を及ぼすか?」について論じたところで、「賃金はますます世界市場に依存するようになる。労働者の状態も浮動的になる」[12]と述べている。さらに「賃金の変動」というところでも、次のように論じている。「賃金の上昇を語るとき注意すべきことは、つねに世界市場を考えていなければならないこと、そして賃金の上昇は、他国の労働者が職を奪われることによって無効となるということである」[13]。ある国における賃金上昇を、それだけを孤立的に見るのではなく、つねに世界市場の状態を考慮にいれて見るというその見方は、『ドイツ・イデオロギー』の次の一節の観点と共通するものを持つ。「相互に影響を及ぼし合う個々の国がこの発展の経過のなかで広がっていけばいくほど、個々の諸民族のもともとの閉鎖状態が、発達した生産様式、交通、および、それらのおかげで自然発生的に生じてきた諸国民間の分業によって崩されていけばいくほど、それだけますます歴史は世界歴史となるのであり、したがってたとえばイギリスにおいて一つの機械が発明され、そのためにインドと中国で無数の労働者たちの飯の食いあげとなってこれらの国々のあり方全体が覆えるとなると、その発明は一つの世界史的出来事となる……[14]」。

このように、『賃労働と資本』が国際搾取についてふれているのは、一八四七年から四八年にかけてのこの時期、イギリス産業資本が、その前年穀物法を廃止し、その余勢を駆って今度は、自由貿易運動を、関税障壁によって仕切られていたヨーロッパ大陸諸国に向けて展開し始めたため、マルクスが大陸諸国の労働者階級の実践の立場から、この運動に強い関心を抱いたことによる。そして彼は、この運動の目的をイギリス産業資本による大陸諸国民の搾取にあると警告してやまなかったのである。

この自由貿易運動について論じた著作に、『賃労働と資本』とほぼ同じ時期のもので、一八四八年一月九日マルクスがブリュッセルの民主主義協会の公開集会で行った『自由貿易問題についての演説』がある。これにには、自由貿易の労働者階級に及ぼす影響や国際間の搾取などがくわしく論じられている。彼は前年の九月ブリュッセルで開かれた自由貿易会議に出席し、演説を申し込んだが、共産主義者同盟のメンバーの一人であったヴェールト（G. Weerth）が、自由貿易は労働者の惨めな状態をけっして改善しはしないだろうと演説したことにおじけづいた会議の主催者は、マルクスのこの申込みを許可しなかった。大会後、彼は用意してあった「保護関税論者、自由貿易論者、労働者階級」に関する演説をまとめ、これを多くの新聞社に送った。すでにそのなかで彼は、ドイツの保護関税論者リスト（F. List）やフォン・ギューリヒ（G. von Gülich）などの階級的目的を、次のように暴露していた。「もし彼らが労働者階級に思った通りを腹蔵なく語るとすれば、自分たちの博愛主義をつぎのように要約するであろう、外国人に搾取されるよりは、同胞に搾取される方がましだ、と」[15]。

これに対して、『自由貿易問題についての演説』ではイギリスの自由貿易論者の階級的目的が容赦なく暴露され、その欺瞞が痛烈に批判されている。マルクスがここで展開した考え方は、だいたい次のようなことであった。どこの国でも自由貿易論者は主として穀物と一般原料の自由貿易を考えるものだが、イギリスの自由貿易論者の唯一のスローガンは「安いパン、高い賃金（cheap food, high wages）」であった。これを彼らは労働者に国際分業の利益を説いて説得しようとした。しかし相手は労働者一人ではない。小商人、借地農業者、農業労働者といった相互に利害の一致しない国民諸階層を同時に説得しなければならない。それで、反穀物法同盟はこれらの国民諸階層を説得するために、穀物法廃止のイギリス農業に与える有益な影響を論ずる最優秀論文三篇に賞をかけた。受賞者の一人ホープ（G. Hope）は外国穀物の輸入によって損失をこうむるのは地主だけで、借地農業者も労働者も利益を得ると論じた。第二の受賞者モース（A. Morse）は、反対に穀物価格は穀物法廃止とともに騰貴するが、これはすべて借地農業者と労働者の利益となり、地主の利益にならないと断言した。第三の受賞者グレッグ（W. R. Greg）は大工場主で、その立場からもっと科学的に穀物法廃止の利益について述べた。

グレッグは、農業でやっていけなくなる零細借地農業者は、工業に活路を見出し、大借地農業者の方は、このために得をするにちがいない、という。マルクスは、ここで、これらすべての議論を宗教的に神聖化して、「イエス・キリスト、そは自由貿易なり、自由貿易、そはイエス・キリストなり！」と叫んだボーリング（Sir J. Bowring）が一八三五年イギリス下院で行った演説の抜粋を引用している。この演説には、『資本論』でもおなじみのイギリスの綿布手織工の没落やインドの織布工の困窮の事例が述べられている。マルクスはこの演説をさきの手稿「賃金」でも引用している。

しかしイギリスの労働者階級は、彼らの説得をまつまでもなく、自由貿易をめぐる地主と産業資本家との闘争の意義を正しく理解していた。彼らはパンの価格を下げれば賃金が下がるであろうこと、地代を下げれば利潤が上がるであろうことをよく知っていた。それにもかかわらず、労働者が自由貿易論者と結んで地主に対抗したのは、これによって封建制度の最後の遺物を破壊し、相手とする敵を一つしかないようにするためであった。このように、労働者階級の運命に及ぼす自由貿易の影響についてのマルクスの見解は、彼のこれまでの経済学研究から導き出されたものではなく、イギリスの労働者階級の実践のなかで確かめられたものであった。彼は書いている。

「社会の現状においては、自由貿易とはいったい何か？　資本の自由だ。いまだに資本の前進を拘束している若干の国民的桎梏を除去してみても、それは資本の活動を完全に解放したことになるにすぎない。賃労働の資本に対する関係を存続させておく限り、諸商品相互間の交換がもっとも有利な諸条件のもとでなされても無駄であり、搾取する階級と搾取される階級とがつねに存在するだろう。資本のより有利な使用は産業資本家と賃労働者との対立を消滅させるだろうと想像する自由貿易論者たちの主張は、まったく了解しがたいものである。まったく反対に、その結果として生ずるものは、これら二階級の対立がさらに一層明白に現われる、ということにほかならない(16)」。

最後に、マルクスは労働者階級に自由という抽象的な言葉に騙されてはならない、それは資本の労働者を押しつぶす自由なのだ、と呼びかける。しかし彼が自由貿易制度を批判するのは、保護貿易制度を擁護するつもりなのだ、と誤解してはならない。保護貿易制度はたしかに国内に産業を樹立し、一国内部の自由競争を発達させはする。「しかし、一般的には、今日では保護貿易制度は保守的である。これに対して自由貿易制度は破壊的である。それは古い民族性を解消し、ブルジョアジーとプロレタリアートとの間の敵対関係を極端にまで推し進める。一言でいえば、通商自由の制度は社会革命を促進する[17]。最後に彼はこう述べてこの演説を結ぶ。「この革命的意義においてのみ、諸君、私は自由貿易に賛成するのである[18]」。

ここで「資本の文明化作用」、すなわち『経済学批判要綱』の①「対外貿易の文明化作用（zivilisierende Wirkung）」（*Gr.*, S. 168. Ⅱ/1. 1, S. 179.）、②「資本の偉大な文明化作用（the great civilising influence of capital）」（*Gr.*, S. 313. Ⅱ/1. 2, S. 322.）、③「資本の文明化作用」（*Gr.*, S. 429. Ⅱ/1. 2, S. 430.）、および『経済学批判。原初稿』の④「対外貿易のいわゆる文明化作用」（*Gr.*, S. 921. Ⅱ/2, S. 68.）について少しく述べておこう。これらの①〜④のうち、③はマルクスの注記であって、「競争はたとえば、いままでの生産力の発展からすればまだそれほど差し迫ったものとなっていない国に、鉄道の一層の必要性をつくりだすことができる。諸国民間での競争の作用は、国際交易に関する篇に属する。ここではとくに資本の文明化作用が明らかになる」（*Gr.*, S. 429. Ⅱ/1. 2, S. 430.）と最も簡単なものである。①と④はほぼ同じ内容で、たとえば④ではこの言葉に続けて、「その場合、交換価値を生む運動がどこまで生産の全体を捉えるかは、一部は外国からのこの作用の強さに、一部は内的発展の程度にかかっている」（*Gr.*, S. 921–2. Ⅱ/2, S. 68.）と書かれ、①でもこれと同じ意味のようなことが記されている。「その場合それは、一部は外部からのこの作用の強さに、一部は国内生産の諸要素——分業がすでに発展を遂げている程度に、どこまで交換価値を措定する運動が生産の全体を捉えているかの程度に、依存している」（*Gr.*, S. 168. Ⅱ/1. 1, S. 179.）。とすれば、②のⅢ「資本に関する章」の第二篇「資本の流通過程」の「資本の偉大な文明化作用」が最も重要なものとなる。これは次の三つの部分に分けて考察しなければならない。

第一は、絶対的剰余価値生産と世界市場の創造。資本は一面では「より多くの剰余労働を創造しようとする傾向」を持つとともに、他面では「より多くの補完的交換地点を創造しようとする傾向」を持つ。すなわち、「この場合絶対的剰余価値ないし剰余労働の立場からすれば、自己自身への補完としてより多くの剰余労働を呼び起こそうとする」。つまり、「資本を基礎とする生産または資本に対応する生産様式を普及しようとするのである」。マルクスはこれらを総括して、「世界市場を創造しようとする傾向は、直接に資本自体の概念のうちに与えられている」（*Gr.*, S. 311. Ⅱ/1. 2, S. 320.）と述べている。

第二は、相対的剰余価値生産と世界市場の創造。「さきに生産の圏域が拡大されたのと同じように、流通の内部で消費の圏域が拡大されることを必要とする」（*Gr.*, S. 312. Ⅱ/1. 2, S. 321.）として、マルクスは①現在の消費の量的拡大、②現存の欲求の普及、新しい欲求の創造、③新しい欲求の生産、新しい使用価値の発見と創造、の必要性をあげ、これを、剰余労働の変化ではあるが、量的なそれではなく、質的なそれとして理解し、その内容を剰余労働の質的区別の範囲増大、多様化、分化としている。ここから彼は次のものが生ずると述べている。①諸物の新しい有用な特質を発見するための全自然の探査、②あらゆる他所の風土と国国の生産物の「世界交換（universeller Austausch）」（*Ibid.*）、③自然対象の新しい加工、それによる新しい使用価値の発見、④元からの対象の新しい使用性質の発見、またその原料等としての新しい特質の発見、⑤自然科学の極点までの発展。それだけではない。「社会自体から生まれる新しい欲求の発見、創造、充足」。「社会的な人間のあらゆる性質の陶冶と、できるだけ豊かな欲求をもつものとしてのそうした人間の生産」。なぜなら、このように豊かな性質と豊かな関連に恵まれた人間は、資本に基礎づけられた生産の一条件だからである。そして最後に、マルクスは、「これらの労働と生産の種類には、たえず拡大し豊かになっていく欲求の体系」（*Gr.*, S. 312–3. Ⅱ/1. 2, S. 321–2.）、すなわち「市民社会」が対応している、と結んでいる。

第三は、資本に基礎づけられた生産と「世界勤労（die universelle Industrie）」の創造。「資本に基礎づけられた生産は、一方では世界勤労――すなわち剰余労働、価値を創造する労働――を創造すると同時に、他方では自然と人間の諸性質を一般的に利用する体系、一般的な効用性の体系を創造する」（*Gr.*, S. 313. Ⅱ/1. 2, S. 322.）。後に見るように、ここでの「世界勤労」は、B「国際的交換と国際価値」で検討する国際価値の実体をなすところの世界労働である（国際交換によって媒介される国際分業体制の諸環として概念的に把握することのできるこの世界労働については、B（1）を参照）。かくして、「この体系の担い手として科学それ自体が、すべての物質的・精神的諸性質と同様に現われるのであるが、他方なにものも、即自的な超越者、対自的な権能者として社会的生産と交換のこの圏域の外に現われるものはなくなる」（*Ibid.*）。そしてこの文脈の末尾に、マルクスはこの「文明化作用」を置く。「このように、資本はまず市民社会を創造し、また社会の構成員を通じて自然と社会的関連それ自体の世界領有（die universelle Aneignung）を創造する。ここからして、資本の偉大な文明化作用、つまり資本による一つの社会的段階の生産が出てくるのであり、これに比べるとそれ以前のすべての段階は、人類の局地的発展と自然崇拝として現われるにすぎない」（*Ibid.*）。このように「資本の文明化作用」は、絶対的・相対的剰余価値生産と世界市場および世界市場連関における市民社会の創造、資本に基礎づけられた生産と「世界勤労」の創造、およびそれら相互の関係についての全体を指す用語なのであるが、ここでのキイ概念は「世界勤労」であり、これの創造がこの「資本の文明化作用」の窮極の内実なのである。

しかしこの呼びかけとともに、自由貿易論者が階級間の搾取を国際間の搾取にまで押し広げようとしていることが、次のように暴露されていた。①諸階級の間の搾取をあえて友愛と呼んできた自由貿易論者が、コスモポリタン的な状態での搾取をユニヴェルセルな友愛と呼んでも不思議はない。自由貿易が一国内部に発生させてきた破壊的現象はもっと巨大な規模で世界市場で再現する。②一階級が他の階級を犠牲にして富むことを理解しようとしない自由貿易論者が、一国が他の国を犠牲にして富むことを理解できないのは驚くにあたらない。

第二節　国際的交換と国際価値

1　世界労働

国際間では価値法則は、国民的労働の強度および生産性の相違にもとづいて修正を受ける。

国際間における価値法則の修正の考察においては、『剰余価値学説史』第二〇章「リカード学派の解体」のなかの有名な一挿入句の検討を逸するわけにはいかない。この価値法則の修正についてのマルクスによる最初の叙述は、次のように書かれている。「セーはコンスタンショによる仏訳のリカード〔『原理』〕への彼の注解のなかで、ただ一つだけ対外貿易について正しい発言をしている。①利潤は、一方が利益を得て他方が損をするという詐取によっても得ることができる。一つの国の内部での損失と利得とは相殺される。相異なる国々の間ではそうしたことはない。②そして、リカードの理論でさえも、——セーは述べていないことだが——ある国の三労働日は他の国の一労働日と交換されることを考察している。この場合には（hier）価値の法則は本質的な修正を受ける。③そうでない場合には（oder）、一国の内部で、熟練した複雑な労働が未熟練で簡単な労働に対してどうであるかということも、相異なる国々の労働日が相互にどうであるかということも、同様であろう。④このような場合には（in diesem Fall）、より富んでいる国が、より貧乏な国を搾取することになり、それは、たとえ後の方の国が交換によって利益を得るにしても、そうである。このことは、J・S・ミル（Mill）も彼の『経済学の未解決の諸問題に関する試論』のなかで説明している通りである」（*Mw.* III, S. 101, II/3. 4, S. 1296. 傍点は原文。①〜④の数字は引用者）。筆者は別稿で[19]、マルクスのこの文章は①④が国際搾取に関するもの、②③は、「それぞれの理由づけが異なっているが、いずれも国際間における価値法則の修正に関するものである」と解釈した。「理由づけが異なっている」としたのは、②では労働の生産力の相違にもとづく修正の場合、③では労働の強度の相違にもとづく修正の場合と理解したからであった。ところで、本文中のoderは旧訳では「そうでない場合には」、新訳では「または」と訳されている。しかし筆者は別稿で旧訳を採用し、リカードは労働の強度の相違の意味を知らなかったから、「そうでない場合には」の意味を、「労働の生産力の相違にもとづかない場合であり、この場合には、一国の内部と同様に国際間においても相異なる国民的諸労働日は複雑労働と単純労働の関係として互いに関係し合うのである。とりわけ、この複雑労働がより生産的な労働という意味ではなく、ここでは何よりも強度のより大きい労働という意味に理解されていることは、この同じ『学説史』のなかに、つぎのように複雑労働が労働の強化したがってまた労働の強度に関係づけて論じられていることによっても明らかである」とした。しかしoderをこのように訳すと、次のin diesem Fallとの関係が不明確となる。そこで、次のような異論[20]が提出された。ここでのoderを「言い換えれば」と訳すというのである。そうすれば新旧訳と意味が違ってくるが、前後関係を重視すれば、筆者もその限りでこの異論に同意しなければならない。しかしこの異論は筆者の見解を誤解して、筆者の「そうでない場合には」を「価値法則が修正を受けない場合には」の意味であると断じ、「それでは全体の論旨が通りにくいように思う」と筆者を批判している。筆者は明確に②も③も「価値法則の修正に関するもの」と述べている。そこで、oderを新訳のように「または」あるいは異論のように「言い換えれば」と訳し、②と③の修正の「理由づけ」を無視すれば、一応筋が通る。ただ、この場合には④の国際搾取と②と③の修正との関係が不明確となる。

これをもう少し敷衍していえば、相異なる諸国民が資本主義的発展のさまざまな諸段階、すなわち①単純な協業、「手工業的だった初期のマニュファクチュア」(*K.* I, S. 355.〔351.〕)や「ある種の大農業」(*Ibid.*)、②分業にもとづく協業、「本来のマニュファクチュア」(*K.* I, S. 356.〔352.〕)、③機械制大工業、④装置工業やコンビナートあるいはオートメーションなどの諸段階にある場合には、一国民のもとで作用している価値法則は、国際間に労働の強度や生産性にいちじるしい相違があるのだから、そのままの形では他の国民のもとで作用するということはない。「労働時間による価値の均等化、ましてや一般的利潤率による費用価格〔生産価格――引用者〕の均等化は、別々の国の間に……直接的な形では存在しない」(*Mw.* Ⅱ, S. 198–9. Ⅱ/3. 3, S, 849.)。価値法則は国際的に適用される場合には一定の修正が加えられるのであるが、

マルクスは、『資本論』第一部第四篇第一三章「機械と大工業」の第三節「機械経営が労働者に及ぼす直接的影響」のC「労働の強化」において、労働日の強制的短縮が「同じ時間内の労働支出の増大、より大きい労働力の緊張、労働時間の気孔の一層濃密な充塡、すなわち労働の濃縮」(*K.* Ⅰ, S. 432.〔430.〕)を労働者に強要するようになれば、外延量としての労働時間の尺度と並んで内包量としてのそれが現われるという一節に注記して、「価値尺度としての労働時間への影響が生ずるのは、……内包量と外延量が同じ労働量の二つの正反対で互いに排除し合う表現として現われる限りでのことである」(*K.* Ⅰ, S. 433.〔431.〕. 注 157.）と記している。価値法則の修正とは、このように労働時間が価値の尺度として影響を受ける場合なのである。これをマルクスは国際間に適用して考察している。「労働の強度がすべての産業部門で同時に同程度に増加すれば、その新たなより高い強度が、普通の社会的標準度となり、したがって、外延量としては計算にはいらなくなるであろう。とはいえ、その場合でさえも、労働の平均強度は、国が異なれば異なっており、したがって、相異なる国民的諸労働日への価値法則の適用を修正するであろう」(*K.* Ⅰ, S. 548.〔550.〕)。国内では社会的標準強度からの強度の個別的背離が価値法則を修正し、国際間では平均強度の国民的相違が価値法則を修正する。「与えられた一国では、労働時間の単なる長さによる価値の度量を変更するのは、ただ国民的平均よりも高い強度だけである。個々の国々をその構成部分とする世界市場ではそうではない。労働の中位の強度は国によって違っている。それは、この国ではより大きく、あの国ではより小さい。これらの種々の国民的諸平均は一つの階段をなしており、その度量単位は世界労働の平均単位である」(*K.* Ⅰ, S. 584.〔586.〕)。ここでも、国内では平均強度よりも高い強度が価値法則を修正し、国際間では一つの階段をなしている強度の国民的諸平均が価値法則を修正する。後の文章が前

のそれと違っているのは、これらの国民的諸平均を度量する世界労働の平均単位が提示されていることである。

このことは、この法則が国際間で失効したり廃棄されたりするのではなく、逆にそれが貫徹されることを意味する。国際間における価値法則の修正を、この法則に特有な国際的貫徹様式と考えるその根拠は、以下に見るように、価値法則を国際価値法則、すなわち国際価値の実体規定を世界労働として、またその量的規定を世界的または国際社会的に必要な労働時間として、より具体的に把握するところにある。それでは、この国際価値の実体としての世界労働とは何か。これがここでの問題である。

マルクスは『資本論』第一部第六篇第二〇章「労賃の国民的相違」中の、かの国際間における価値法則の修正命題のなかで、ただ一箇所世界労働にふれているだけである。しかし、世界労働、国際価値、世界貨幣およびそれら相互の関係に関するマルクスの把握は、かの一八四〇年代の「パリ・ノート」、五〇年代の「ロンドン・ノート」以来の彼自身の辛苦に満ちた研究の歩みの一成果なのであった。したがって、明示的または黙示的に語られているマルクス自身の断片的な記述を再構成すれば、彼自身の首尾一貫した考え方をうかがうことができるのである。マルクスの世界労働論をその理論の形成過程に即してみれば、ちょうど『経済学批判要綱』、『剰余価値学説史』、『資本論』の執筆時期と一致する、次の三期を区分することができる。

（a）『経済学批判要綱』Ⅲ「資本に関する章」の第二篇「資本の流通過程」中の、かの「資本の文明化作用」の論述にはいる前段に、さきに見たように、絶対的剰余価値生産および相対的剰余価値生産と世界市場の創造との関係についての長い論述を受けて、次のように書かれた文章がある。「資本に基礎づけられた生産は、一方では世界勤労(die universelle Industrie)——すなわち剰余労働、価値を創造する労働——を創造すると同時に、他方では自然と人間の諸性質を一般的に利用する体系、一般的な効用性の体系を創造する」(*Gr.*, S. 313. Ⅱ/1. 2, S. 322.)。この「世界勤労」

は、問題の国際価値の実体としての「世界労働」である。この「勤労」は『経済学批判』第一章「商品」のA「商品の分析の史的考察」中のステュアート（Sir J. Steuart）の功績に関する次の一節に関連している。「ステュアートが彼の先行者や後継者より抜きんでていた点は、交換価値に表わされる特有な社会的労働と使用価値を目的とする現実的労働とをはっきり区別したことである。彼はいう。その譲渡（alienation）によって一般的等価物（ein allegemeines Äquivalent〔universal equivalent〕）を創造する労働を、私は勤労（Industrie）と呼ぶ。彼は勤労としての労働を現実的労働から区別するだけでなく、労働の他の社会的形態からも区別する」（*Kr*., S. 43-4.〔46.〕II/2, S. 135-6.）。すなわち、「勤労」は使用価値を目的とする現実的労働すなわち具体的労働から区別されているだけでなく、ステュアートにとっては「労働のブルジョア的形態」すなわち「ブルジョア的労働」として「封建的労働」（*Kr*., S. 44.〔46.〕II/2, S. 136.）からも区別されているのである。したがって、「資本に基礎づけられた生産」は二重の観点から捉えられているのであって、それは一方では価値創造労働としての世界勤労を創造し、他方では使用価値の体系を創造する。ここに、「資本の文明化作用」が世界市場、世界市民社会、世界勤労の創造と、それらの創造による国際価値にもとづく生産の開始を告知する言葉であったことがわかる。

（b）『剰余価値学説史』第二一章「経済学者たちに対する反対論」の最初に取り上げられている匿名パンフレット『国民的苦難の根源と救済策。経済学の原理からの演繹。ジョン・ラッセル卿（Lord J. Russell）への書簡』（ロンドン、一八二一年）の著者は、「利潤」や「利子」などの「剰余生産物」を「剰余労働」として示したことによって、リカードを越える一進歩をなしたといわれている。彼はまた、対外貿易によって「剰余生産物」が外国の奢侈品と交換されて、資本家によって消費される可能性を明らかにしたともいわれている。これらを受けて、次の二つの重要な文章が書かれている。

「もし剰余労働または剰余価値がただ国民的剰余生産物に表わされるだけだとすれば、価値のための価値の増殖、したがってまた剰余労働の搾取は、(国民的)労働の価値を表わすであろう諸使用価値の局限性に、その狭い範囲に、限界を見出すであろう。しかし、対外貿易ははじめて価値として、その真の性質を発展させる。というのは、対外貿易は価値のなかに含まれている労働を種々な使用価値の無限の列に表わされる社会的労働として発展させ、そして実際に抽象的な富に意味を与えるからである」(*Mw.* Ⅲ, S. 249. Ⅱ/3. 4, S. 1384–5.)。

つまり、生活必需品の奢侈品への転化という、その素材転換機能によって対外貿易は価値の真の性質を発展させるのである。というのは、対外貿易は「価値のなかに含まれている労働を種々な使用価値の無限の列に表わされる社会的労働」として発展させるからである。この文章はこれに続く次の文章とともに、『剰余価値学説史』におけるマルクスの世界労働把握の一到達点を示す。

「しかし、ただ対外貿易だけが、市場の世界市場への発展だけが、貨幣を世界貨幣に発展させ、抽象的労働を社会的労働に発展させるのである。抽象的な富、価値、貨幣――したがってまた抽象的労働は、具体的労働がいろいろな労働様式の世界市場を包括する総体に発展するのと同じ度合いで発展する。資本主義的生産は価値に、すなわち生産物に含まれている労働の社会的労働としての発展に、もとづいている。しかし、これはただ対外貿易と世界市場という基礎の上でのみのことである。だから、これは資本主義的生産の前提でもあれば結果でもあるのである」(*Mw,* Ⅲ, S. 250. Ⅱ/3. 4, S. 1385. 傍点は原文)。

以上を敷衍すれば、次のようなことであろう。①対外貿易、市場の世界市場への発展だけが、貨幣を世界貨幣に、抽象的労働を「社会的労働」に発展させる。この発展には市場の世界市場への発展が先行するのであって、けっしてその逆でないことに注意しなければならない。②抽象的労働は「具体的労働がいろいろな労働様式の世界市場を包括する総体に発展するのと同じ度合いで」発展する。

この一句は、分業とりわけ国際分業を指していることは、次のマルクスの叙述によって明らかであろう。「商品世界では、発展した分業が前提されている、あるいは発展した分業が、特殊な諸商品として対立しあっている諸使用価値の多様性、それと同じくらい多様な労働様式がそこにひめられている諸使用価値の多様性のうちにむしろ直接に表わされている。すべての特殊的生産就業様式の総体としての分業は、その素材的側面から、使用価値を生産する労働としてみた社会的労働の総姿態である」（*Kr.*, S. 37.〔38–9〕Ⅱ/2, S. 130. 傍点は原文）。「分業とは、ある意味では、共存的な労働にほかならない。すなわち、生産物またはむしろ商品のいろいろな種類に現われるいろいろな労働様式の共存にほかならない」（*Mw.* Ⅲ, S. 264. Ⅱ/3. 4, S. 1401. 傍点は原文）。「いろいろに違った使用価値または商品体の総体のうちには、同様に多種多様な、属や種や科や亜種や変種を異にする有用労働の総体——社会的分業が現われている」（*K.* Ⅰ, S. 56.〔46.〕）。

何にか。「社会的労働」にである。③資本主義的生産は「価値」、すなわち、「生産物に含まれている労働の社会的労働としての発展」にもとづいているが、これは「ただ対外貿易と世界市場という基礎の上でのみ」そういえるのである。ここには世界労働という言葉はない。しかし、ここでの「社会的労働」こそわれわれが尋ねている世界労働なのである。したがって、対外貿易、市場の世界市場への発展が抽象的労働を世界労働に発展させ、また国際分業が発展するにつれて、抽象的労働が世界労働に発展するのである。したがって、資本主義的生産は生産物に含まれている労働の世界労働としての発展に、すなわち国際価値の生産にもとづいているのである。だからマルクスは、これは

「ただ対外貿易と世界市場という基礎の上でのみ」そういえるのであると書いたのである。
（c）『資本論』第一部第二〇章にある、問題の世界労働および国際価値に関する記述を含む二つの文章は、次のようになっている。

「与えられた一国では、労働時間の単なる長さによる価値の度量を変更するのは、ただ国民的平均よりも高い強度だけである。個々の国々をその構成部分とする世界市場ではそうではない。労働の中位の強度は国によって違っている。それは、この国ではより大きく、あの国ではより小さい。これらの種々の国民的諸平均は一つの階段をなしており、その度量単位は世界労働（die universelle Arbeit）の平均単位である。だから、強度のより大きい国民的労働は、強度のより小さい国民的労働に比べれば、同じ時間により多くの価値を生産するのであって、この価値はより多くの貨幣で表現される」（*K.* I, S. 584.〔586.〕）。

これが世界労働に関する論述で、国民的労働と対比されている点は留意しなければならない。そして、この国民的労働と世界労働との関係が理解できれば、これと同じ関係に立ち、かつ国民的価値とは区別される国際価値についても一定の理解が得られよう。

「ある一国で資本主義的生産が発達していれば、それと同じ度合いでそこでは労働の国民的な強度も生産性も国際的水準の上に出ている。だから、違った国々で同じ労働時間に生産される同種商品のいろいろに違った分量は、不等な国際価値（internationale Werte）をもっており、これらの価値は、いろいろに違った価格で、すなわち国際価値の相違に従って違う貨幣額で、表現されるのである」（*Ibid.*〔587.〕）。

これが次のB（2）「国際価値」で検討する国際価値に関する論述で、上の二つの文章は内的に関連しあっている。すなわち、国際価値を国民的労働の交換比率や国民的価値相互間の国際価値関係と見るのではなく、世界労働という社会的実体を持つものとして規定するのである。世界労働と国際価値についてのこの根源的な洞察が国際価値論研究の土台をなすのである。世界労働を世界的または国際社会的な再生産を担う労働と規定し、国際貿易によって媒介される国際分業体制の一分肢として具体的に把握するという見地は、この洞察から出てくるのである。[21]

2　国際価値

「世界的な相対価格の体系（le système mondial des prix relatifs）」[22]や「国際的次元で交換される諸商品の相対価格（les prix relatifs……au plan international）」[23]あるいはリカードの外国貿易論におけるイギリスの服地とポルトガルのぶどう酒の国際交換の場合のような国際交換価値を国際価値に、そして窮極的にはその実体としての世界労働に還元し、そのうえでこれらの相対価格、交換価値を世界労働の量、国際価値量によって規定しなければならない。ここで重要なことは、世界市場価格（国際市場価格、世界価格、国際価格とも呼ばれる）、国際交換価値、国際価値、そして世界労働、これらの内的連関を探究して、この連関を理論的一貫性のもとにかつ法則的に把握することである。これをB（1）「世界労働」の場合と同様に、マルクスの研究の歩みに即して再構成してみよう。

（a）『経済学批判（一八六一～六三年草稿）』の三「相対的剰余価値」のなかのいわゆる「機械についての断章」において、マルクスは「ひとたび問題が具体的な経済現象となると、けっして一般的な経済法則を単純に適用してはならない」と留保しつつも、「〔当面の研究〕対象からはるかに遠いところにある、そのうえ、ここでのわれわれにもまだ手の届く諸関係と比べてはるかに具体的な諸関係をあらかじめ展開しておかなければ、説明が不可能でさえあるような一連の状況が考察の対象になる」として、これらの状況を、①カリフォルニアとオーストラリアにおける金発見と世界市場拡大に伴う需要の増大、②綿花の安価と大量輸入の産業に及ぼす影響、③「最後に、たとえば綿花の価値の尺度は、イギリスの労働時間によって決まるのではなくて、世界市場における平均的必要労働時間（die average necessary time of labour auf dem Weltmarkt）によって決まるという事情」[24]をあげる。ここに、世界市場における商品の価値の尺度として、輸入国としての「イギリスの労働時間」ではなく、したがってまた輸出国としての他のいかなる国の労働時間でもなく、「世界市場における平均的必要労働時間」を見出すことができる。すなわち、マルクスによって、「世界市場における平均的必要労働時間」が世界市場における商品の価値規定者として把握されているのである。

（b）『資本論』第一部初版の第六章に予定されていた手稿『直接的生産過程の諸結果』の「個々の断片」のなかに、世界市場における商品の価値規定に関するマルクスのより進んだ考え方が示されている。すなわち、①国際間においては、「継続時間や個々の労働者には依存しない生産性のほかに、労働日の強度がその長さと同様に大きな相違を示している」。②強度のより大きい国民的労働日は、強度のより小さい国民的労働に比べて価値の点から見てその差等だけ、つまりプラスx分だけ大きい。③金銀生産国の労働日を「国際的労働日（internationaler Arbeitstag）の尺度」とすれば、たとえば強度のより大きいイギリスの労働日は、同じ長さの労働時間からなる強度のより小さいスペインの労働日に比べて、より多くの金で表現されるであろう。④すなわち、強度のより大きいイギリスの労働日は、「金銀に実現される中位の労働日」に比べてもより高いであろう。[25]ここではじめて登場した「国際的労働日の尺度」や「金銀に実現される中位の労働日」が、のちに度量単位としての「世界労働の平均単位」や「世界労働の通常の強度」[26]に具体化されていくのは、容易に理解できる。ここでマルクスは、強度のより大きい国民的労働日の貨幣表現を通して、国際交換される商品の価値規定すなわち国際価値の量的規定の問題に一歩接近しているのである。

（c）『資本論』第一部初版の第五章「絶対的および相対的剰余価値の生産に関する追加的研究」の末尾の三つの段落は、労賃の国民的相違に関する研究であるが、その第二段落の冒頭には、マルクスの世界市場における商品の価値規定に関する、より簡潔な一文が見出せる。第二版の第二〇章「労賃の国民的相違」中にも、これと同じことが書かれている。その内容は、①世界市場では強度のより大きい国民的労働日は、それだけ時間数の長い労働日として計算されること、②より生産的な国民的労働日は強度のより大きい労働日として、したがってそれだけまた時間数の長い労働日として計算されること、③強度のより大きいまたはより生産的な国民的労働日は、世界市場においてそれだけより高い貨幣表現として現れること、の三つであるが、このうち②に後述の「より生産的な国民が商品の販売価格をその価値まで引き下げることを競争によって強制されない限り」（K. I, 1. Aufl., S. 549; K. I, 2. Aufl., S. 584.〔586–7〕）という限定条件が付けられている。①と②は国際間における価値法則の修正、③は世界市場で国際交換される商品の価値の貨幣表現、すなわち国際価値の量的規定に関するものである。

国際価値の実体を世界労働に還元し、その量的規定を探究してまず「世界市場における平均的必要労働時間」、ついで「国際的労働日」「金銀に実現される中位の労働日」を把握し、最後に「世界労働の通常の強度」「世界労働の平均単位」を獲得するに至ったマルクスは、それではいったいこれによって国際価値をどのように量的に規定しているのであろうか[27]。

（d）国際価値の量的規定に関するマルクスのおそらく唯一の見解は、『資本論』第一部第二〇章「労賃の国民的相違」のなかの、国際間における労働の強度および生産性の相違にもとづく価値法則の修正の命題に続く、B（1）

「世界労働」の末尾で引用したあの文章である。その内容は、①資本主義的生産が発展していれば、それだけ国民的労働の平均的強度も生産性も国際的水準以上に高く、②そのため国際間では同等な労働時間に同種商品の相異なる諸分量が生産され、③これらの相異なる諸分量は不等な国際価値諸量を持ち、④これらの不等な国際価値諸量は、相異なる諸価格ですなわち国際価値諸量の相違にしたがって相異なる諸貨幣額で表現される、というものである。この内容をさらに簡約していえば、同等な労働時間に不等な国際価値諸量が生産される、ということである。このマルクスの国際価値の命題において最も重要なことは、この同等時間と不等国際価値諸量の対比関係なのである。そしてこの対比関係を成り立たしめているのは、国民的労働の強度や生産性、生産される商品諸分量、国際価値諸量およびそれらがそれによって表現される諸貨幣額のこのような相違にもかかわらず、同じ種類の個々の商品の国際価値の大きさはすべて同一である、ということである。すなわち、これが同一であるという前提のうえに、以上の諸点が成り立っているのである。これはいったい何を意味するのか。

すでにマルクスは、手稿「賃金」において、「そもそも一般的法則は、市場価格は二つありえないし、しかも（質の等しい場合は）低い方の市場価格が支配する、ということである[28]」、また「一般的経済法則に従えば、二つの市場価格というものはありえない[29]」と、のちのジェヴォンズ（W. S. Jevons）の「無差別の法則（the law of indifference）[30]」すなわち「一物一価の法則」と同じ内容のことを述べ、さらに『賃労働と資本』では「商品の価格を決める競争には、三つの面がある[31]」といい、いわゆる三面競争すなわち売り手間、買い手間、売り手と買い手との間の競争の作用についての見解を明らかにしていた。そしてのちの『剰余価値学説史』では、この市場価格を市場価値によって、「二つの違った市場価格が同時に同じ市場に存在することはありえない、あるいは、同じときには、市場にある同じ種類の生産物は同じ価格をもつ、あるいは、ここではこの価格の偶然性は捨象できるのだから、同じ市場価値をもつ」（*Mw.* II, S. 203.

Ⅱ/3, 3. S. 853. 傍点は原文）と述べ、これをマルクスは次のように敷衍している。「したがって、この場合には、一部は資本家たちどうしの競争、一部は彼らと商品の買い手との競争、また商品の買い手どうしの競争が作用して、そのために、特殊な生産部面の各個の商品の価値は、この特殊な社会的生産部面の商品総量が必要とする社会的労働時間の総量によって規定されることになり、個々の商品の個別的価値または個々の商品がその特殊な生産者および売り手に費やさせた労働時間によっては規定されないことになる」（*Ibid.* 傍点は原文）。

また『資本論』では、次のように社会的に必要な労働時間によって規定されるものとしていた。

「ある一つの商品にはただその商品の生産に社会的に必要な労働時間だけが費やされるということは、商品生産一般では競争の外的強制として現われるのであるが、それは、表面的にいえば、各個の生産者が商品をその市場価格で売らなければならないからである」（*K.* Ⅰ, S. 366.〔362.〕）。

「同じ種類の諸商品の市場価格は同じだということは、資本主義的生産様式の基礎の上で、また一般に個々人の間の商品交換にもとづく生産の基礎の上で、価値の社会的な性格が貫かれる仕方である」（*K.* Ⅲ, S. 674.〔712.〕）。

したがって、さきの「そのより生産的な国民が自分の商品の販売価格をその価値まで引き下げることを競争によって強制されない限り」（*K.* Ⅰ, S. 584.〔587.〕）という場合の「販売価格」、また「世界市場での競争の場合には、問題は、ただ、与えられた労賃、利子、地代を支払いながら商品を与えられた一般的市場価格でかまたはそれよりも安く売って利益をあげることが、すなわちそれ相当な企業者利得を実現することが、できるかどうかということだけである」（*K.* Ⅲ, S. 881.〔931.〕）という場合の「一般的市場価格」、これらは世界市場価格であり、いずれも国際価値すなわち世界的または国際社会的に必要な労働時間によって規定されるのである。世界市場において同種商品の価格が同一であるということは、このように世界的に必要な労働時間による国際価値規定の法則が貫かれることを意味する。それでは、イギリスの服地とポルトガルのぶどう酒の国際交換のような異種商品の場合であればどうであろうか。

異種商品の国際交換もやはり国際価値規定の法則によって規制される。このような国際交換価値、すなわちある国のある種類の使用価値が他の国の他の種類の使用価値と交換される量的関係は、それらが相互に含んでいる世界的または国際社会的に必要な労働時間に比例して交換されるので、やはり世界的に必要な労働時間による国際価値規定の法則によって規制されるのである。この国際交換価値の規制の法則から得られる一つの帰結は、自国の商品を最小の費用で生産する国が他国の商品を最小の費用で獲得する国でもある、ということで、これは次に見る国際交換の利益とも関連している。

第三節　国際的交換と資本蓄積

1　再生産と外国貿易

『資本論』の篇別構成を資本蓄積論として捉え返してみれば、第一部第七篇は生産過程の蓄積論として、第二部第三篇は流通過程の蓄積論として、そして第三部第三篇は生産過程と流通過程の統一としての総過程における蓄積論として再構成できよう(32)。したがって、資本蓄積と外国貿易というテーマを取り上げる場合には、当然この資本蓄積論の三連関契機に外国貿易論を関連づけて考察しなければならない。なぜなら、「外国貿易も使用価値の多様化や諸商品の大量によって蓄積過程における大きな要因になる」（*Mw.* Ⅲ, S. 439. Ⅱ/3. 5, S. 1881.）からであり、逆に、このような

「生産物の洗練や多様化は、また、大工業によって創造される新たな世界市場連関からも生ずる」（K. I, S. 468.〔468.〕）からである。

また、本稿の「国際交換」が「生産の国際関係」のなかの最初の項目「国際分業」につぐ二番目の項目である限り、「国際分業」を前提としていることは明白である。したがって、生産過程の蓄積論との連関におかれる国際交換もこの国際分業を理論的に前提しなければならない。すなわち、『資本論』第一部第四篇第一三章「機械と大工業」のなかの有名な国際分業論は、資本蓄積と外国貿易というテーマの前提として見なされなければならないのである。マルクスは、ここで、国内における機械あるいは機械経営の導入、およびその普及の過程と、世界市場における機械の導入、およびその普及の過程とに分けて考察している。ただし、そこでは、国内における機械あるいは機械経営の普及期が、世界市場においては一時期遅れたその導入期として掴まえられている。国内において機械および機械経営が普及して一定の成熟段階に達すれば、この機械経営は原料と販売市場とにのみ制限を見出す「一つの弾力性、一つの突発的飛躍的な拡大能力」を獲得する。

「機械は一方では原料の直接的増加を引き起こす。たとえば繰綿機が綿花生産を増加させたように。他方では、機械生産物の安価と変革された運輸交通機関とは、外国市場を征服するための武器である。外国市場の手工業生産物を破滅させることによって、機械経営は外国市場を強制的に自分の原料の生産場面に変えてしまう。こうして、東インドは、大ブリテンのために綿花や羊毛や大麻や黄麻やインジゴなどを生産することを強制された。大工業の諸国での労働者の不断の『過剰化』は、促成的な国外移住と諸外国の植民地化とを促進し、このような外国は、たとえばオーストラリアが羊毛の生産地になったように、母国のための原料生産地に転化する」（K. I, S. 474–5.〔474–

5.])。

分業、機械、技術の進歩、運輸手段の改善、外国貿易の拡張など、要するに商品の生産あるいは運搬に、世界的または国際社会的に必要な労働時間の急激かつ急性的な変動すなわち価値革命が起これば、たとえばイギリスの機械生産によってインドの手工業生産は没落させられ、インドはイギリスのための原料生産地に変えられてしまう、等々。こうして、資本主義的生産様式が次々と主要工業国の支配的な生産様式になっていくにつれて、地球的規模で国際分業が成立するに至る。「機械経営の主要所在地に対応する新たな国際分業がつくりだされて、それは地球の一部分を、工業を主とする生産場面としての他の部分のために、農業を主とする生産部面に変えてしまう」（*K.* I, S. 475.〔475.〕）。この国際分業が資本蓄積と外国貿易というテーマの考察にあたっては、つねに前提として念頭に置かれなければならない。

ところがマルクスは、周知のように『資本論』第一部第七編（蓄積篇）の第二二章「剰余価値の資本への転化」において、すなわち生産過程の蓄積論において外国貿易の導入に反対している。

マルクスは次のように書いている。「ここでは、一国が奢侈品を生産手段や生活手段に転換することを可能にしまたその逆の転換を可能にする輸出貿易は捨象される。研究の対象をその純粋性において攪乱的な付随事に煩わされることなく捉えるためには、われわれはここでは全商業世界を一国と見なさなければならないのであり、また、資本主義的生産がすでにどこでも確立されていてすべての産業部門を支配しているということを前提しなければならないのである」（*K.* I, S. 607.〔609.〕注 21a.）。

その理由としては、外国貿易は、ある国の奢侈品を他の国の生産手段や生活手段に転換することを可能にすること、またその逆の転換を可能にするにすぎないからであるというのである。同じことを彼は、『資本論』第二部第三編

〈再生産篇〉の第二〇章「単純再生産」の第一二節「貨幣材料の再生産」において、再生産分析においては外国貿易は捨象されなければならないと、第一部より詳しい理由をあげて、指摘している。

マルクスは次のように書いているが、その文章は「われわれは金鉱山をわれわれがいまその年間再生産を分析している資本主義的生産の国に移してみることにある」というその「理由」として書かれたものである。「資本主義的生産はおよそ対外貿易なしには存在しない。しかし、ある一定の規模での正常な年間再生産が想定されるならば、それと同時に次のことも想定されていることになる。すなわち、対外貿易はただ国内生産物を使用形態や現物形態の違う物品と取り替えるだけで、価値の割合には影響を及ぼさないということ、したがってまた生産手段と消費手段という二つの部類が互いに取り替えられる価値の割合にも、またこれらの部類のそれぞれの生産物の価値が分解できる不変資本と可変資本と剰余価値との割合にも、影響を及ぼさないということがそれである。だから、一年間に再生産される生産物価値を分析するときに対外貿易を引き入れることは、ただ混乱を招く恐れがあるだけで、問題やその解決のなんらかの新たな契機を提供するものではないのである。だから、対外貿易はまったく捨象されなければならないのであって、ここでは金も年間再生産の直接的要素として取り扱われるべきで、交換によって外から輸入される商品要素として取り扱われるべきではないのである」（*K.* II, S. 466.〔474–5.〕）。こうしてマルクスは「金の生産は金属生産一般と同じく部門Ⅰに属する」（*Ibid.*）として、「貨幣材料の再生産」の考察にはいる。

マルクスによれば、資本主義的生産の優勢な諸国のうちではアメリカだけが金銀生産国であり、イギリスをはじめヨーロッパの主要資本主義諸国は、金銀をオーストラリア、アメリカ、メキシコ、南アメリカ、ロシアから輸入していた。しかし、再生産過程の分析においては、貨幣材料としての金は外国から輸入するのではなく、国内で生産しているものとしなければならない。その理由は、資本主義的生産は対外貿易なしには存在しえないが、ある一定の規模での正常な年間再生産が想定されるならば、それは同時に対外貿易が捨象されているのと同じことなのである。その理由は、①まず、対外貿易は国内商品を使用形態や現物形態の異なる外国商品と転換するだけで、価値の割合すなわち価値比率に影響を及ぼさない、②したがってまた、生産手段と消費手段という二部門が転態されあう価値比率にも影響を及ぼさない、③さらに、それぞれの生産物の価値が分解される不変資本・可変資本・剰余価値の比率にも影響を及ぼさない、からである。したがって、再生産過程の分析に対外貿易を導入することは、ただ混乱を招く恐れがあるだけで、問題やその解決に新たな契機を提供するものではないから、対外貿易はまったく捨象されるべきであるというのである。

　マルクスがここで対外貿易捨象の理由としてあげている価値比率の問題は、第二部第二〇章の第一節「問題の提起」のなかの価値革命と関連している。価値革命とは、商品または資本の価値が、なんらかの原因によって、革命的といえるほどに激烈かつ急性的に変動することなのであるが[33]、この価値革命が一般的かつ均等に起こる限り、価値比率に影響を与えないが、それが部分的かつ不均等に起これば、再生産過程に撹乱をもたらす。「この撹乱は、第一に、ただ、それが元のままの価値比率からの偏差として見られる限りでのみ、撹乱として理解されうるものである。しかし、第二に、年間生産物の価値の一部分は不変資本を補填し他の一部分は可変資本を補填するという法則が証明されるならば、不変資本または可変資本の価値に革命が起きても、それはこの法則を少しも変えないであろう」(K. II, S. 393.〔397.〕傍点は原文)。そこで問題は、このような「偏差」をもたらす価値革命が、どうして起こるのかということになる。価値革命を引き起こす原因のなかで最も基本的なものは、技術の進歩と外国貿易の作用である。これらによる価値革命は、一般的かつ均等にも部分的かつ不均等にも行なわれる。しかし、それにもかかわらず、ここで外国貿易が価値比率に影響を及ぼさないと想定されているのは、このような価値革命を起こす外国貿易を捨象して、再生産の均衡条件を確保するための必要な措置なのである。

したがってマルクスは、実際の再生産過程の分析においては、外国貿易の素材転換機能による均衡化作用と不均衡化作用について論じている。いずれも第二〇章の第一一節「固定資本の補填」に関連するものである。

この問題は必ずしも「固定資本の補填」のみに関連するわけではない。念のために、次の文章を引いておこう。「一国がその国の資本の蓄積に必要な機械の量を自分で供給することができない場合には、その国はそれを外国で買い入れる。生活手段（賃金のための）や原料の必要性を自分で供給することができない場合も、同様である」（*Mw.* Ⅱ, S. 491. Ⅱ/3.3, S. 1113.）。

第一の均衡化作用の場合は、たとえば資本家Ⅱのうち、固定資本を現物で補填する部分をⅡC（1）、固定資本の損耗価値を貨幣形態で積み立てる部分をⅡC（2）と呼べば、①Ⅰ 200M、Ⅱ（1）220C（貨幣）＋（2）200C（商品）のように、ⅡC（1）がⅡC（2）より大きい場合には、「ⅠMのうちの余りの貨幣を実現するためには外国商品の輸入が必要である」（*K.* Ⅱ, S. 462.〔470.〕）。逆に、②Ⅰ 200M、Ⅱ（1）180C（貨幣）＋（2）200C（商品）のように、ⅡC（1）がⅡC（2）より小さい場合には、「ⅡCの損耗部分を生産手段に実現するために商品Ⅱ（消費手段）の輸出が必要である」（*Ibid.*）。このような不均衡の均衡化のためには、「どちらの場合にも対外貿易が必要である」（*Ibid.*）というのである。これに対して、同じく不均衡の均衡化のために、対外貿易は「助け」になるが、「対外貿易は、それがただ諸要素を（価値から見ても）補填するだけでない限り、ただ諸矛盾を一層広い面に移し諸矛盾のために一層大きな活動範囲を開くだけである」（*K.* Ⅱ, S. 464.〔473.〕傍点は引用者）という。ここには、再生産過程に及ぼす外国貿易による均衡化作用だけでなく、不均衡化作用の影響も明白に述べられている。

2　利潤率と外国貿易

リカードの外国貿易論に対する批判的見地に立つマルクスが、一八四〇年代の「パリ・ノート」、五〇年代の「ロンドン・ノート」以来、格闘し続けて解明することのできた国際交換論の基本問題は、国際搾取論、国際価値論、およびここで検討する外国貿易による一般的利潤率の引上げ論、の三つである。この最後の利潤率と外国貿易というテーマは、『資本論』第三部第三篇（利潤率低下篇）第一四章「反対に作用する諸原因」の第五節「対外貿易」において本格的に取り上げられているが、議論の中心となるいくつかの問題点は、『剰余価値学説史』の第一五、第一六章のリカードの剰余価値論および利潤論に対する批判的検討のなかですでに論及されている。

マルクスは、『剰余価値学説史』において、利潤率と外国貿易に関するリカードの諸見解を取り上げ、これを次のように批判している。①「特定の商人がときどき外国貿易において取得する大きな利潤は、その国の一般的利潤率を高めるであろう」というスミスの見解を反駁して、リカードは次のように述べている。「彼らは、利潤の均等が利潤の一般的上昇によってもたらされるであろう、と主張するが、私は、有利な産業部門が急速に一般的水準に従うであろう、という意見である」。これに対してマルクスは、「例外的な利潤は（価値を越える市場価格の上昇によるものでない場合）〔利潤〕の均等化が行なわれるにもかかわらず、一般的利潤率を引き上げるものではない、という彼の見解はどこまで正しいか、さらに、外国貿易と市場の拡張は利潤率を引き上げることはできない、という彼の見解はどこまで正しいか、これらのことはもっと後で見ることにしよう」（*Mw.* II, S. 377–8. II/3. 3, S. 1003. 傍点は原文）と批判的な見解を明らかにしている。②いま資本の有機的構成の低い産業部門が出現するとすれば、その部門はその生産物を生産価格よりも高くほぼ価値通りに販売することがありうる。この場合、競争による均等化は一般的利潤率を引き上げることによってのみ可能である。リカードはこの点でも誤っている。「均等化が引き起こしうるのは、利潤率を従来の水準に戻すということではなく、新しい水準を確立するということである」。マルクスが次のように書くのは、この後である。「たとえば植民地貿易も同様である。植民地では、奴隷制や自然の豊かさのために、労働の価値は古い国々よりも低い……。母国の諸資本が任意にこの新しい産業部門に移動可能だとすれば、それらの資本は確かにこの産業部門の独自な超過利潤を引き下げるであろうが、しかし、利潤の一般的水準を引き上げるであろう（これはA・スミスがまったく正しく指摘している通りである）」（*Ibid.*, S. 438. Ⅱ/3. 3, S. 1061–2. 傍点は原文）。③もう少し後の方で、リカードは安い原料調達の重要性を理解していないと、次のように批判されている。「リカードは、利潤率をまったく間違って把握しているために、労働者の食料の価格を直接に低下させない場合の対外貿易の影響をまったく誤解している。イギリスにとって、たとえば工業のためにより安い原料を調達することが、どんなに巨大な重要さをもっているか、……リカードは見ていないのである」（*Ibid.*, S. 440. Ⅱ/3. 3, S. 1062–3.）。いずれも外国貿易による一般的利潤率の上昇論であるが、③は観点がまったく違う。これは、のちに『資本論』第三部第一篇第六章「価格変動の影響」において展開される、対外貿易による原料および補助材料の低廉化の結果としての利潤率の引上げという問題である。いま原料および補助材料の価格変動をdとすれば、費用価格はC＋Vであるから、原料などの価格が上昇すれば、費用価格は（C＋*d*）＋Vと上昇し、反対に下落すれば、（C－*d*）＋Vと下落する。利潤率は $\frac{M}{C+V}$ であるから $\frac{M}{(C+d)+V}$ あるいは $\frac{M}{(C-d)+V}$ となり、他の事情が一定であれば、「利潤率は原料の価格とは反対の方向に上下するのである」（*K.* Ⅲ, S. 116.〔128.〕）。

マルクスがこの第五節「対外貿易」において取り上げている主要問題は、二つの対外貿易の「作用の二重性」（*K.* Ⅲ, S. 247.〔265.〕）の問題、対外貿易やことに植民地貿易に投下された資本の取得する高利潤の問題、対外貿易による一般的利潤率の引上げの問題、の三つである。

（a）二つの対外貿易の「作用の二重性」の問題からはいろう。対外貿易は不変資本の諸要素、および可変資本が転換される必要生活手段を安くする限りでは、剰余価値率を高め不変資本の価値を低くするので、利潤率を高くする作用をする。対外貿易は、このように一方では蓄積を促進するが、他方では資本の有機的構成を高めて利潤率の低下をも促進する。これが一つ。もう一つは次のようなことである。対外貿易の拡大は、「資本主義的生産様式の幼年期にはその基礎であった」（K. Ⅲ, S. 247.〔265.〕）が、その進展につれて、「この生産様式の内的必然性によって、すなわち不断に拡大される市場へのこの生産様式の欲求によって」（Ibid.）、資本主義的生産様式自身の「産物」（Ibid.）になった。リカードは、対外貿易のこのような「作用の二重性」をまったく見落としていた。マルクスはこれらの「二重性」のうち前者について少し後の方で次のように一般化して述べている。「このようにして一般的に明らかになったように、一般的利潤率の低下を引き起こす同じ諸原因が、この低下を妨げ遅れさせ部分的には麻痺させる反対作用を呼び起こすのである。このような反対作用は、法則を廃棄しはしないが、しかし法則の作用を弱める」（K. Ⅲ, S. 249.〔267.〕）。

（b）次に対外貿易やことに植民地貿易に投下された資本が取得する比較的高い利潤率の問題についてみよう。第一に、対外貿易部門に投下された資本が高い利潤率をあげることができるのは、次の理由によるが、いずれも国際価値生産に関連している。①先進国は生産条件の劣っている後進国と競争し、したがって先進国は自国の商品をこの後進競争国よりは安く売ってもなおその価値よりも高く売るからである。②この場合には、先進国の労働が「比重の高い労働（Arbeit von höherm spezifischen Gewicht）」（K. Ⅲ, S. 248.〔265.〕）、として利用される限りでは利潤率は高くなる。

この「比重の高い労働」については、『経済学批判（一八六一～六三年草稿）』の次の文章を参照せよ。「……われわれは、労働者の労働は普通の平均労働（gemeine Durchschnittsarbeit）とする、という前提から出発したのであった。けれども、労働者の労働は、比重の高い労働（Arbeit von höherem spezifischen Gewicht）、力能を高められた平均労働（pontenzirte Durchschnittsarbeit）とする、と前提としたとしても、事情は変わらないのである[34]」。すなわち、この「比重の高い労働」は「力能を高められた平均労働」の意味なのであるが、それが世界市場においては強度のより大きい労働として数えられ、より多くの国際価値量を生産するのである。したがって、ここでも前提となっているのは、世界的または国際社会的に必要な労働時間による国際価値規定の法則なのである。

③というのは、「質的により高い労働（qualitativ höhere〔Arbeit〕）」（*Ibid.*）として支払われない労働が、そのような労働として売られるからである。

この「質的により高い労働」の「より高い労働」についても、次の『批判（一八六一～六三年草稿）』の文章が参考になる。「労働はこの場合同じ事業部門の平均労働（Durchschnittsarbeit）とは違って例外的に〔高い〕生産力を得ている結果、この労働は平均労働に比べてより高い労働（höhere Arbeit）になっているのであって、その結果、たとえばこのより高い労働の一労働時間は平均労働の四分の五労働時間に等しいのであり、より高い力能にある単純労働（einfache Arbeit auf höherer Potenz）なのである[35]」。このようにして、先進国の労働が「質的により高い労働」、「より高い力能にある単純労働」としてより多くの国際価値量を生産するのであるが、それはそれらの労働が世界市場において強度のより大きい労働として数えられるからである。ここでも、さきの国際価値規定の法則が前提となっているのである。

①はB（2）で見た「そのより生産的な国民が自分の商品の販売価格をその価値まで引き下げることを競争によって強制されない限り」という限定条件と内容において一致する。なお、この場合、先進国がその商品を国際価値通りではなくそれより安く売らなければならないのは、たとえば販売商品量が競争相手の後進国に比べて二倍になり、そのため二倍の売行き、二倍の大きさの市場を必要とするからである。そして、これと同じ関係は、商品がそこへ送られまたそこから買われるような後進国に対しても生ずることがありうる。すなわち、「この国は、自国が受け取るよりも多くの対象化された労働（mehr vergegenständlichte Arbeit）を現物で与えるが、それでもなおその商品を自国で生産できるよりも安く手に入れるという関係である」（*K.* Ⅲ, S. 248.〔266.〕）。

これはまさにリカード外国貿易論の世界である。「この交換は、ポルトガルによって輸入される商品が、そこではイギリスにおけるよりも少ない労働を用いて生産されうるにもかかわらず、なお行なわれるであろう」[36]。なお、リカード外国貿易論の設例では、ポルトガルが先進国、イギリスが後進国である。もう一つ注意しておかなければならないことは、世界市場における商品流通は外国貿易の形態をとらなければならないこと、外国貿易は単に一方的な販売か一方的な購買にすぎないこと、すなわち、外国に対する販売者がただちに外国品の購買者となり、また逆に外国品の購買者がただちに自国品の販売者とはならないこと、したがってまた商品の国際的流通は、その国内的流通によって媒介されなければならないこと、などである。

マルクスがここで、先進国が対外貿易から高い利潤率をあげることができる理由として述べているのも、また、後進国の立場からこの同じ関係が、商品がそこへ輸出されまたそこから輸入される国に対しても生じうる理由としているのも、国際等価交換すなわち国際価値通りの交換が行なわれる限りでのことである。マルクスが、対外貿易に投下された資本が高利潤を取得する理由としてあげている、特別剰余価値または超過利潤の取得は、この問題全体を解く鍵を提供している。「それは、ちょうど、新しい発明が普及する前にそれを利用する工場主が、競争相手よりも安く売っていながらそれでも自分の商品の個別的価値よりも安く売っているようなものである。すなわち、この工場主は自分が充用する労働の特別に高い生産力を剰余労働として実現し、こうして超過利潤を実現するのである」(*K.* III, S. 248. [266.])。これとほぼ同じ内容のことを、マルクスは『経済学批判(一八六一～六三年草稿)』のなかで、イギリスの一〇時間法案が労働日を短縮したにもかかわらず、資本家の利潤が少しも減らなかった理由の一つとしてあげて、次の文章を示している。「イギリスの労働時間は大陸の労働時間よりも高位にあり、後者に対してより複雑な労働(complicirtere Arbeit)として関係するということ(したがって、イギリスの工場主の、外国の工場主に対する関係は、新しい機械を採用するある一人の工場主の、彼の競争相手に対する関係と同じであるということ)」[37]。

第二に、対外貿易一般ではなくて植民地貿易に投下された資本が、より高い利潤率を取得する理由はきわめて簡単なもので、次の二つまたは三つである。すなわち、①植民地では一般に発展度が低いために利潤率が高いこと、②また奴隷や苦力などを使用するので労働の搾取度が高いこと、それに②と同じことだが、③「植民地では、奴隷制や自然の豊かさのために、労働の価値は古い国々よりも低い（あるいはまた、土地所有制度の実際上または法律上の未発展のためにも、そうである）」（*Mw.* II, S. 438. II/3. 3, S. 1061.）ことなどである。ここには、「自然の豊かさ」が付加されているほか、「土地所有制度」の未発展にも言及されている。

（c）対外貿易による一般的利潤率の引上げの問題を最後に検討しよう。マルクスはここでリカードを批判して、「このように、ある種の部門に投下された資本が生み出して本国に送り出す高い利潤率は、なぜ本国で、独占に妨げられない限り、一般的利潤率の平均化に参加してそれだけ一般的利潤率を高くすることにならないのか、そのわけはわかっていない」（*K.* III, S. 248.〔266.〕）と書いている。

マルクスはこれに続けて、リカードの考え方を次のように批判している。「外国で比較的高い価格が実現され、その代金で外国で商品が買われて帰り荷として本国に送られる。そこでこれらの商品が国内で売られるのだから、このようなことは、せいぜい、この恵まれた生産部面が他の部面以上にあげる一時的な特別利益になりうるだけだ、というのである」（*K.* III, S. 248.〔266.〕）。『資本論』ではこのように書いているだけなのであるが、『剰余価値学説史』ではもっと詳しく展開している。一般に利潤率の上昇ついていう場合、大別すれば二つの場合がある。すなわち、①特殊的利潤率が一般的利潤率より上昇する場合と、②一般的利潤率そのものが上昇する場合とである。リカードはどちらの場合も知ってはいるが、その理解の仕方は対外貿易による一般的利潤率の上昇論には結びつかないようになっている。①から見ると、「彼〔リカード――引用者〕にあっては利潤率はただ特殊な産業部門においてのみ平均水準よりも高く上昇するのであって、その理由は、需要供給関係の結果として、特殊な産業部門での過少生産または過剰生産の結果として、市場価格が自然価格よりも高く上がるからである」（*Mw.* II, S. 437, II

/3, 3, S. 1060. 傍点は原文）と書かれているが、結局このより高い特殊的利潤率は、一般的利潤率に均等化されるのである。「競争、一方の産業部門への新資本の流入、または他方の産業部門の旧資本の引き上げが、市場価格と自然価格とを互いに均等化し、特殊な産業部門の利潤を一般水準に帰着させる」（*Ibid.*, Ⅱ/3. 3, S. 1061. 傍点は原文）。②について見ると、「リカードによれば、この水準そのものが騰落しうるのは、ただ、労賃が騰落する（相対的に永続的に）場合、すなわち相対的剰余価値の率が騰落する場合だけであって、このことは価格の変動がなくても生ずるのである」（*Ibid.*, Ⅱ/3. 3, S. 1061. 傍点は原文）と、リカードの利潤率と剰余価値率の混同ぶりが指摘されている。マルクスが植民地貿易による一般的利益の上昇の理由として論ずるのは、この同じ②の場合であるが、リカードとは違って、絶対的剰余価値率の上昇にもとづく場合なのである。「しかし、一般的利潤率が確立されており、したがってまた費用価格が確立されている場合でさえも、特殊な諸産業部門において、ここでは労働時間がより長くて絶対的剰余価値の率が上がるために、利潤率は上がるということがありうる」（*Ibid.* 傍点は原文）。そして、このような場合には利潤率が一般的水準に均等化されるとしても、従来よりも高い水準に均等化されるのである。「……だから、均等化が引き起こしうるのは、利潤率を従来の水準に戻すということではなく、新しい水準を確立するということである」（*Ibid.*, S. 438. 傍点は原文）。この後に、たとえば「植民地貿易も同様である」（*Ibid.* 傍点は原文）と続く。

リカードの思いつくのは、この恵まれた生産部面は外国で比較的高い価格を実現し、一時的に特別利益を手に入れるにすぎない、というものであるが、「このような外観は、貨幣形態から離れて見れば、すぐに消えてしまう」（Ibid.）のである。この問題の本質は、マルクスによれば、「この恵まれた国は、より少ない労働と引き換えにより多くの労働を取り返す」（*Ibid.*）ことにある。これは本稿全体が証明してきた国際等価交換すなわち国際価値通りの交換のもとでの国際不等労働量交換、したがって国際搾取のことであるが、この搾取が対外貿易による一般的利潤率の上昇の根本原因なのである。世界的または国際社会的に必要な労働時間による国際価値規定の法則が貫徹される結果、世界市場においては、より生産的な国民の労働は強度のより大きい労働として、したがってまたそれだけより長い労働時間として数えられる。こうして、より生産的な国民は自国の商品を国際価値よりも安くではあるが、その国民的価値よりも高く売り、対外貿易部門の資本は特別剰余価値または超過利潤を取得する。いま、この国民の一般的利潤率の旧水準を $P'1=\frac{M}{C+V}$ 対外貿易部門の取得する特別剰余価値 ΔM とすれば、対外貿易による一般的利潤率の新水準 $P'2$ は、諸資本の競争による利潤率の均等化作用の結果、他の事情を一定とすれば、$\frac{M+\Delta M}{C+V}$ となり、$\frac{M}{C+V}$ より大きくなる。以上によって、Aの国際搾取、Bの国際価値、C（2）の対外貿易による一般的利潤率の上昇の三つの内的連関が明らかとなろう。

注

（1）木下悦二編『論争・国際価値論』弘文堂、一九六〇年。中川信義「旧国際価値論争の総括」（原田金一郎訳『新国際価値論争』柘植書房、一九八一年）参照。

（2）J. B. Say, *Traité d'économie politique*, ed., Ⅲ, Paris 1817, t. Ⅰ, p. 401, quoted in *The Works and Correspondence of David Ricardo*, ed. by P. Sraffa with the Collaboration of M. H. Dobb, London 1966, vol. Ⅰ, p. 318.（堀経夫訳『リカード全集』第Ⅰ巻、雄松堂、一九七二年、三六六頁）。

（3）*Ibid.*, pp. 318–20.（同上訳書、三六六–七頁）。

（4）D. Ricardo, *Des principes de l'economié politique et de l'impôt*, traduit par F. S. Constancio. Avec des notes par J. B. Say, 2nde éd., Paris 1835, p. 148.

（5）K. Marx, *Historisch-ökonomische Studien*（*Pariser Hefte*）, *MEGA*, Ⅳ/2, S. 418.

（6）*Werke*, Bd. 6, S. 415.

（7）*Werke*, Bd. 4, S. 456.

（8）*Ibid.*, S. 416.
（9）*Ibid.*, S. 479.
（10）*Werke*, Bd. 6, S. 398.
（11）*Ibid.*, S. 539.
（12）*Ibid.*, S. 541.
（13）*Ibid.*, S. 543.
（14）*Werke*, Bd. 3, S. 45–6.
（15）*Werke*, Bd. 4, S. 297
（16）*Ibid.*, S. 455–6.
（17）*Ibid.*, S. 457–8.
（18）*Ibid.*, S. 458.
（19）中川信義「国際貿易の理論問題」（久保新一・中川信義編『国際貿易論』有斐閣、一九八一年、四六頁以下）参照。
（20）木原行雄「国際貿易における不等価交換について（中）」（『東京経大学会誌』第一二五号、一九八二年）参照。
（21）中川、前掲論文、五二–八頁、同「国際価値論をめぐる若干の理論問題」（奥村茂次・村岡俊三編『マルクス経済学と世界経済』有斐閣、一九八三年、三一–九頁）参照。
（22）S. Amin, *Le développement inégal: Essai sur les formations sociales du capitalisme périphérique*, Paris: Minuit, 1973, p. 195（西川潤訳『不均等発展』東洋経済新報社、一九八三年、二二八頁）。
（23）S. Amin, *La loi de la valeur et le matérialisme historique*, Paris: Minuit, 1977, p. 54.（北沢正雄訳『価値法則と史的唯物論』亜紀書房、一九八三年、九七頁）。
（24）K. Marx, *Zur Kritik der politischen Ökonomie*（*Manuscript 1861–1863*）, *MEGA*, II/3. 6, S. 1907.（中峯照悦・伊藤龍太郎訳『一八六一～一八六三年草稿抄——機械についての断章——』（マルクス・ライブラリ②、大月書店、一九八〇年、二三頁）。
（25）K・Marx, *Resultate des unmittelbaren Produktionsprozesses*, АрхивМарксаиЭнгельса, Том II, Москва 1933, S. 246.（岡崎次郎訳

『直接的生産過程の諸結果』国民文庫、二〇八–九頁)。

(26) K, Marx, *Le Capital*, Traduction de M. J. Roy, entièrement revisée par l'auteur. Paris1872–75, p. 243.（江夏美千穂・上杉聡彦訳『フランス語版資本論』法政大学出版局、一九七九年、下巻、二一〇頁)。

(27) 中川、前掲「国際貿易の理論問題」五九–六五頁、同前掲「国際価値論をめぐる若干の理論問題」三九–四三頁参照。

(28) *Werke*, Bd. 6, S. 537.

(29) *Ibid.*, S. 542.

(30) W. S. Jevons, *The Theory of Political Economy*, 4th ed., London 1911, pp. 90–5.（小泉信三・寺尾琢磨・永田清訳『経済学の理論』日本経済評論社、一九八一年、七〇–三頁)。

(31) *Werke*, Bd. 6, S. 402.

(32) 山田盛太郎『再生産過程表式分析序論』改造社、一九三一年、一九四八年（『山田盛太郎著作集』第一巻、岩波書店、一九八三年、所収）：松石勝彦『資本論研究』三嶺書房、一九八三年、参照。

(33) 中川信義「価値革命」（大阪市立大学経済研究所編『経済学辞典』第二版、岩波書店、一九七九年、一一八頁)。

(34) K. Marx, *Zur Kritik der poritisochen Ökonomie* (*Manuskript 1861-1863*); *MEGA* II/3.1, S. 80-1.（マルクス『資本論草稿集』④、大月書店、一九七八年、一四二頁)。

(35) *Ibid.*, S. 293.（同上訳書、五一四頁)。

(36) D. Ricardo, *The works and Correspondence of David Ricardo*, *op. cit.*, vol. 1, p. 135.（前掲訳書、一五七頁)。

(37) K. Marx, *Zur kiritik der politischen Ökonomie* (*Manuskript 1861-1863*), *MEGA* II/3. 1, S.310.（前掲訳書、五四二頁)。

第五章　国際価値論争再考

第一節　日本の「国際価値論争」

「国際交換価値」とも「国際価値」とも、どちらとも取れる「国際価値論争」の現段階については、筆者はすでに一九八一年にエマニュエル（Emmanuel, Arghiri）やベトレーム（Bettlheim, Charles）、アミン（Amin, Samir）、パロワ（Palloix, Christian）の《*Imperialismo y commercio international: El intercombio desigual*（『帝国主義と国際貿易――不平等交換論』）、1971》邦訳（原田金一郎訳『新国際価値論争』）の補章第一報告で「旧国際価値論争の総括――国際価値論争の現段階」[1]を、また久保・中川編『国際貿易論』の第二章「国際貿易の理論問題」の第一節で「国際価値論争の現段階」[2]を総括し、一九八三年に奥村茂次・村岡俊三編『マルクス経済学と世界経済――木下悦二先生還暦記念論文集』の「国際価値論をめぐる若干の理論問題」[3]の「1　国際価値論の難点」で宇野弘蔵および宇野派世界経済論に対して批判し、「2　世界労働」でアミンの「世界資本主義システム」（le systéme capitaliste mondial）内のさまざまな諸「生産様式」（le mode de production）およびウォーラーステイン（Wallerstein, Immanuel）の「近代世界システム」（the modern world system）の一環としての諸「労働管理様式」（the mode of labor control）を世界労働として位置づけ[4]、「3　国際価値」でブッシュ（Busch, Klaus）、「4　国際市場価値」でノイジース（Neusüss, Christel）その他の批判を行なった。

そして約一〇年後の一九九二年に大阪市立大学経済研究所編『経済学辞典　第三版』に収録された「国際価値論

争」[5]で、筆者は、まず「Ⅰ　発端」において、名和統一の国際価値研究は、第二次世界大戦前の日米貿易の「unequal trade」[6]や日中貿易の「生産・流通事情及び社会事情に基因する国際的不等価交換」[7]の解明を目指し、実証研究と結びついたものであったことを述べ、次に「Ⅱ　展開」において、「国際間における価値法則のモディフィカツィオーン」、「世界的労働」、「国際的価値」、「国際的不等価交換」、「国際的搾取」、「国際間における貨幣の相対的価値の差異」、「国際市場価値」、および「外国貿易の超過利潤の源泉」の基本的争点を明らかにした。さらに「Ⅲ　反省」において、①わが国の「国際価値論争」を、西ヨーロッパの「新国際価値論争」（田中素香、原田金一郎、筆者）、すなわち②フランス派の「不平等交換（l'échange inégal）論争」（本多健吉、本山美彦、筆者）、および③旧西ドイツ（BRD）派の「資本の世界市場運動（die Weltmarktbewegung des Kapitals）論争」（柳田侃、森田桐郎、筆者）と比較してみると、①は一九三〇年代の日米・日中（満州）間貿易の不等価交換、②は一九六〇年代の発展途上国の交易条件悪化、③は一九七〇年代の旧西ドイツ企業の多国籍企業化の究明を目指すものであったが、西ヨーロッパの「新国際価値論争」は現代世界経済論の重要問題である南北問題および資本輸出論への優れたアプローチを用意しているのに対し、わが国のそれはいまだ『資本論』第Ⅰ巻第二〇章、同第三巻第一四章や『経済学批判（一八六一～一八六三年）』とくに「剰余価値に関する諸学説」の解釈学にとどまっていることなどを略述した。

さらに筆者は、「世界市場・世界商品・世界労働（Ⅰ）（Ⅱ）」、「世界価値論序説（Ⅰ）（Ⅱ）」、および「世界労働・世界価値・世界的市場価値（Ⅰ）（Ⅱ）（Ⅲ）」[8]、と、本稿に連なる論稿において、「世界的労働」、「世界的価値」、および「世界的市場価値」について検討してきた。その結果、わが国の国際経済学会において、国際価値または世界価値という研究分野は、現在に至るもなお自明のものとして定着してはいないということが明らかになった。

一九六〇年代、高木幸二郎（敬称略）の世界市場恐慌論研究の影響下に始められた筆者の世界価値論研究は、わが国「国際価値論争」の代表者名和統一、吉村正晴、松井清、木下悦二、行澤健三、村岡俊三のそれぞれの独創的な諸理論[9]に対峙し、これらの諸理論とは別個の理論（「世界的労働」、「世界的価値」、および「世界的市場価値」論）を構想している。以下この三つの理論のみについて述べることを許されたい。他の争点については、上記の著作・論文・辞典のそれぞれの項目を参照されたい。

始めに「比較生産費説」（the theory of comparative costs）を説いているリカードが、「国際価値論」のマルクスの先行者だとする近代経済学者による誤解について、一言しておきたい。この種の誤解は、一九五〇年代の「国際価値論争」における近代経済学者によるマルクス経済学者批判、たとえば赤松要の名和批判のなかに見いだされる。赤松は、小島清の優れた論稿「リカァドォの国際均衡論」および「J・S・ミルの国際均衡論」[10]にもとづいて、マルクスおよび名和を始めマルクス経済学者の「国際価値論」はすべてこれリカードの「比較生産費説」およびJ・S・ミルの「相互需要説」（the theory of reciprocal demand）すなわち「国際価値論」の枠内にあると主張する。しかしこの場合、同じく「国際価値論」を主張するマルクスとJ・S・ミルとではその価値論の内実が問われなければならない。それは、マルクスのように「世界的労働」をこの「国際的諸価値」の社会的実体と見るか、それともJ・S・ミルのように国際交換価値・交換比率をこの「国際的諸価値」の内実と見るかの違いである。マルクスとJ・S・ミル両者の理論上のこの差異を見落とすようでは、「世界価値に関する諸学説」（「表2　世界価値に関する諸学説」、大阪市立大学経済研究会『季刊経済研究』、第二二巻第三号、三五頁と「表4　マルクスの世界価値論」、同、第二四巻第一号、六九–七〇頁を比較せよ）の研究を真に穿ったことにはならない。

この種の単純な誤解とは異なるが、リカードの「比較生産費」をめぐる近代経済学者のマルクス経済学者に対するこうした批判は、二〇数年後の森田桐郎に対する根岸隆の批判のなかにも見られる。たとえば、森田はいう。「リカードの所説には交易条件決定論が欠けており、したがって需要要因を導入することによってその瑕瑾を補完しなければならないとする、J・S・ミル以来の伝統的理解の誤りが明らかになる。リカードは、比較生産費と金配分の理論との有機的結びつきをつうじて、需要要因を入れることなしに、生産条件の側から交易条件（＝国際価格）を一義的に規定する機構を提示していたのである[11]」との森田の「比較生産費の新説」に対する根岸のいわば一蹴的批判[12]のなかにそれは再現されている。

さきの赤松による名和批判には、マルクスの世界価値論研究がリカードやJ・S・ミルなど先行研究に対する『パリ・ノート（一八四四年）』や『マンチェスター・ノート（一八四五年）』、『ロンドン・ノート（一八五〇～五三年）』、『経済学批判（一八六一～一八六三年）』特に「剰余価値に関する諸学説」における根底的批判のうえにうち立てられたものであったことが、見落とされている。論争の展開とその帰結の方向とは、以下の通りであるが、すべてマルクス経済学者相互間の国際価値論あるいは世界価値論問題の解釈をめぐる論争である。

第一の世界労働論については、《universelle Arbeit》を、一方では、「普遍的労働」（河上肇）と訳し、国際価値の実体をなんらかの抽象的人間労働、すなわち「世界的な普遍的労働」（名和）、「世界的規模における抽象的人間労働」（松井）、「ドン詰まりの人間労働」（木下）などとする見解と、他方では、これを「世界的労働」（高畠素之、長谷部文雄）と訳し、これを世界的または国際社会的再生産体系の諸環として具体的に把握しようとする見解（筆者）とが対立している。筆者の「世界的または国際社会的」とは、ケネーの「異なる数カ国に跨る世界共和国」、スミスの「大商業共和国」、リカードの「文明社会全体にわたる諸国民の世界社会」あるいはコンスタンショによるその仏訳の「交換は文明社会のすべての諸国民を利益および友好関係という共通の結節点によって結びつけ、文明世界を単一の大社会（にする）」などを指し、また世界的労働および普遍的労働の導き方にも根本的な違いがあり、筆者が国民的労働の世界的労働への発展（つまり、発生史的方法）を主張するのに対し、前者は国民的労働の普遍的労働への還元（つまり、還元主義）を主張する。

第二の国際価値または「世界的価値」論については、論争最大の対立点は、これを交換価値（「国際的諸価値」）と見るか、それとも「世界的労働」という社会的実体を持つ価値（「世界的価値」）と見るかをめぐって行なわれている。一方は、「国際的価値」を、「国民的労働相互間の価値関係」（木下）、「国民的労働の交換比率」（行澤）と見る立場である。この「国際的交換価値」説はまた、それぞれニュアンスがあるが、「国民的生産性」（木下）、「国民的労働の生産性格差」（木原行雄）、および「国際価値生産性」（行澤）説などに始まり、「国民的生産性格差」（佐藤秀夫[13]）や「労働生産性の国際比較」（柳田義章[14]）説などと広がってきている。この立場は、労働生産性の国民的差異が「国際的価値」（その内実は価値関係・交換比率・価値の国際的形態）の量的差異を生みだすと主張する。したがって、「国際的価値」の決定が、「国際的価値」の実体すなわち「世界的労働」抜きに、またその量的規定すなわち「世界的労働」量による「世界的労働」量規定によらずとも、可能であると理解するところに、理論的特質があり、かつ難点がある。

他方は、「国際的価値」または「世界的価値」の実体を、「普遍的労働」または「抽象的人間労働」（名和、松井、木下）、または「世界的労働」（吉村、宮崎犀一、柴田政利、村岡、渋谷将、堀中浩、筆者、久保新一、岩田勝雄、杉本良雄）と見る立場である。ただし、「抽象的人間労働」および「世界的労働」が「国際的価値」を形成する実体と見る立場のなかでも、「国際的価値」の度量単位である「世界的労働の平均単位」（『資本論』第一巻第二〇章）を社会的実体としての「世界的労働」と取り違えたり（吉村、村岡）、「平均単位」そのものを否定したり（松井、村岡、岩田）する見解などがあり、基本的争点はいささかも解消されていない。

第三の国際市場価値または「世界的市場価値」論については、国際市場価値を『資本論』第三巻第一〇章の市場価値論の国際的適用によって展開し、国際市場価値を個別的価値の「加重平均」として把握するか、あるいはそれを「国際社会的価値」として理解する見解（櫛田民藏、平瀬巳之吉、吉村、松井、木原、桑野仁、鈴木重靖、村岡、筆者、杉本、細居俊明）と、「市場価値法則の類推的適用によって説明できる単純な過程ではない」（木下）[15]、あるいは「この問題の考え方については、私は基本的に木下教授の見解にしたがう」（渋谷）[16]として国際市場価値概念を否定する見解とが、大きく対立している。国際市場価値を主張する立場に立つ研究者の間においても、市場価値論を国際間に直接適用して国際市場価値を導く見解（櫛田、平瀬、吉村、松井）と、世界市場における同一部門内競争が国民的価値や個別的価値から国際市場価値（「世界的市場価値」）および国際市場価格を成立させるとする見解（木原、村岡、筆者）とが対立している。

以上、「国際価値論争」はこれを大別すれば、二つのグループに分けることができる。一つは、名和、吉村、松井らを代表とする「国際価値実体肯定説」ともいうべきグループ、他の一つは、木下、行澤、木原らを代表とする「国際価値実体否定説」である。このほかに、両グループのいずれにも属さない中間のグループがあり、このグループは、「世界的労働」には肯定的でありながら、「国際的価値」や国際市場価値には否定的であったり、逆に「国際的価値」や国際市場価値には積極的な見解を持つが、「世界的労働」にはまったく消極的であったりして、論理の一貫性という点で、大きな問題を残している。筆者の立場は、もちろん第一のグループに属する。しかしそういったからといって、筆者が第一のグループのすべての理論を承認しているわけではない。第一のグループがともかくも「国際価値論研究」の理論的根底をなす「世界的労働」、「国際的価値」、および国際市場価値に真正面から取り組み、これらを展開しようとしている点を評価しているからにすぎない[17]。筆者の「世界価値論研究」と名和に始まる従来の「国際価値論研究」との根本的な違いは、本稿の「世界市場および世界価値に関する諸学説」の検討に見たように、筆者は、自らの「世界価値論研究」を、イギリス古典派経済学、フランス重農主義および古典派経済学のW・ペティ、J・ステュアート、A・スミスとその「周辺」、ケネー、シスモンディなどの先行諸理論の批判という形式を踏まえて、世界市場やマルクスをその理論的出発点とする「世界的労働」、「世界的価値」、および「世界的市場価値」という基本的カテゴリーを獲得しているという点に見いだすべきである。

第二節　フランスの「不平等交換（l'échange inégal）論争」とドイツの「資本の世界市場運動（die Weltmarktbewegung des Kapitals）論争」

1　フランスの「不平等交換論争」

フランス派の「不平等交換論争」は、のちに「文献リスト」に挙げて詳しく見るように、エマニュエルの《*L'échange inégal*（『不平等交換論』）》の一九六九年初版、七二年第二版の出版とベトレームによるエマニュエル批判が一五年も続く論争の出発点になっている。

フランス派の「不平等交換論争」の理論的特質は、エマニュエルの理論およびその批判・反批判を含めて多種多様であり、後述するように、論争および研究過程も複雑多岐にわたっているが、次の五点に要約される。第一に、論争参加者は資本も労働力特に移民として国際的に可動としたブハーリン（Бухалин, Николай Иванович）による利潤率および労賃の国際的平均化という理論の誤りを免れているが、資本の国際的な可動性および労働力の非可動性から利潤率の国際的均等化や国際的生産価格の形成を導出するバウアー（Bauer, Otto）およびグロースマン（Grossmann, Henryk）の理論の誤りを共有していること（戦前の一九三六年名和統一によるバウアーおよびグロースマンの国際的生産価格論に対する批判が、戦後の七五年名和によってまたエマニュエルの国際生産価格論として復活させられた[18]、第二に、わが国の「国際価値論争」およびドイツ派の「資本の世界市場運動論争」において基本的な争点となっている「国際間における価値法則のモディフィカスィヨン」、「世界的労働」、「貨幣の相対的価値の国民的差異」、および、「国際市場価値」などの理論問題がその体系からまったく抜け落ちてしまっていること。第三に、「不平等交換論争」においては、「不平等交換」(〔英〕unequal exchange;〔仏〕échange inégal;〔独〕ungleicher Tausch)という用語が、わが国の「国際価値論争」において解決済みの「国際的搾取」(international exploitation: exploitation internationale; internationale Ausbeutung)および「国際的不等価交換」(international exchange of non-equivalents; échange international entre non-équivalents; internationales Austausch von Nicht-Äquivalenten)と混同されていること(わが国の「不平等交換論者」の誰もがこの混同に沈黙している)。第四に、国際間における「賃金の不等(格差)」から「交換の不等(不平等)」を導出するエマニュエルの「不平等交換」論、このエマニュエル理論の批判の見地に立つアミンの「国民的価値にたいする世界的(国際的)諸価値の優位性」(la prééminence des valeurs mondiales〔internationales〕sur les valeurs nationales)論、およびパロワの「国際的価値から世界的生産価格への推移」(le passage de la valeur internationale au prix de production mondiale)論などがその代表的な理論として挙げられること、第五に、これも後述するが、一九六九年一一～一二月『ル・モンド』紙上でベトレームとの論争においてエマニュエルが主張したように、「不平等交換」論から労働者階級の国際連帯に関する否定的な結論が導きだされやすいこと、などである。

このうち、本稿と関連する「世界的価値」論を主張していると思われるアミンの理論のみを、次に検討する。アミンの「国民的価値にたいする世界(国際)的諸価値の優位性[19]」および「世界的諸価値の国民諸価値にたいする優位性(国際的諸価値よりも正確な用語[20])」のテーゼ、この二つがここでの問題である。しかしアミンは、この肝心の「世界的諸価値」の実体および量的規定についてはほとんど沈黙を守り、ただ次のように主張するだけで終わっている。「一方では、生産的諸過程の漸進的な世界化（mondialisation）の結果、国民的諸価値にたいする世界的諸価値の優位性の傾向であり、他方では、労働搾取率の中心部と周辺部における格差拡大の傾向である」とか、また「われわれは、エマニュエル批判から出発して『世界的諸価値』の概念（国際的価値ではない）とその（世界システムの統一性を反映する）『優位性』との概念を引きだした」とか、また「多様性にもかかわらず、システムの統一性が、世界的諸価値の優位性の増大と、総体的なシステムの規模における資本への労働の従属拡大によって現われている[21]」とか述べるだけで、「世界的諸価値」の規定についてはなにも明らかにしていない。しかしただ一点、アミンが、J・S・ミルの「国際的価値」（その内実は国際的交換価値である）およびマルクスの「国際的価値」（その内実は「国際的交換価値」か「世界的価値」かをめぐって論争がある）の交換価値という側面を否定して、「世界的価値」の用語を使っているのは、一つの貢献だと見なすことができる。しかしその場合も、本稿で見たように、タッカーの《universal industry（「万人のインダストリ」）》やマルクスの《universelle Industrie（「世界的インダストリ」）》の継承発展としての《universelle Arbeit（「世界的労働」）》や《universeller Wert（「世界的価値」）》ではなく、「世界的労働」という社会的実体を欠いた《valeurs mondiales（「世界的諸価値」）》というものであり、いわば俗語にすぎない。

しかしフランス派の「不平等交換論争」は、一九六二年以来一五年という長期間にわたって続けられてきた。その一端を、「非レーニン主義マルクス主義アプローチ」という副題を持つ、ラトゥシュ（Latouche, Serge）の《*Critique de l'imperialisme: Une approche marxiste non léniste des problems théoriques du sous-développement*, Paris, Editions Anthropos, 1979》（『帝国主義批判――低開発の理論問題についての非レーニン主義マルクス主義アプローチ』パリ、エディスィヨン・アントロポ、一九七九年[22]）という著書から完全ではないが、次の「文献リスト」を掲載しておく。

一九六二年――エマニュエルおよびベトレーム《Échange inégal et politique de développement（「不平等交換と開発政策」）、E. P. M. E. *Problémes de planification* n°2（E. P. M. E.『計画化の諸問題』誌、二号）》

一九六九年――エマニュエル《*L'échange inégal*（『不平等交換論』）、ベトレーム（Bettelheim）、*préfase et remarques théoriques*（「序文および理論的評注」）、Maspéro（マスペロ）》

――ベトレーム《*Présentation et remarques théoriques Échanges inégal*（『不平等交換の紹介と理論的評注』）、Maspéro（マスペロ）》

――《*Le Monde* du 11 novembre（『ル・モンド』紙一一月一一日付）（Monde de l'Économie, n°7722）》エマニュエル（Le Prolétariat des nations privilégiées participe à l'exploitation du tiers-Monde「特権的な諸国民のプロレタリアートは第三世界の搾取に参加している」）vs. ベトレーム（Les travailleurs des pays riches et des pays pauvres ont des intérêts solidaires「豊かな国と貧しい国の労働者は連帯という利害関係を持っている」）／《Le Monde, 27 nov. /3 déc. du 1969（『ル・モンド』紙一一月二七日付／一二月三日付）》エマニュエル vs. ベトレーム（Deux theses sur les 'salaires' se réclamant marxisme「マルクス主義が要求する『賃金』に関する二つのテーゼ」）

一九七〇年――ドクワ（Dhoquois, Guy）《Faire face aux contradictions théoriques（「理論的矛盾に挑戦せよ」）、*Politique Aujourd'hui*, Juillet-août（『今日の政治』誌、七〜八月）》

――エマニュエル《Démystifier les antagonismes entre les nations（「諸国民のあいだの敵対の正体を暴く」）*Politique Aujourd'hui*, n°1（『今日の政治』誌、一号）。Échange inégal et Développement inégal（「不平等交換と不平等開発」）、Pol. A., n°12（『今日の政治』誌、一二号）》

――エマニュエル《La question de l'échange inégal（「不平等交換の問題」）、*L'homme et la société*, Oetobre-Décmbre（『人間

と社会』誌、一〇～一二月）》

――ドゥニ（Denis, Henri）《Note sur l'échange inégal（「不平等交換に関する評注」）、*Revue économique*, Juin（『経済評論』誌、六月）》

――パロワ《La question de l'échange inégal（「不平等交換の問題」）、*l'homme et la société*, Oct. -Déc.（『人間と社会』誌、一〇月～一二月）》

――《*Les causes de l'échange inégal*, Doc. IREP, Grenoble（『不平等交換の諸原因』。IREP資料、グルノーブル）》

一九七一年――シャトレーヌ（Chatelain, Eugéne）《Où mène la théorie de l'échange inégal？（「不平等交換の理論はどこに導くか？」）、*Critiques de l'économie politique*（『政治経済学批判』）》

――ヴァン・デ・クルンデール（Van De Klundert［Th］）《Labour values and international trade: a reformation of the theory of A. Emmanuel［no publié］（『労働価値と国際貿易――A、エマニュエル理論の再定式化』［未完］）》

――ラウィ（Laoui, L'Hacéne）《Échange inégal, taux d'exploitation et niveaux de développement（『不平等交換、搾取率および開発レベル』）、Mémoire de D. E. S. de Sciences Économiques de Lille（リールの経済科学のD. E. S. のメモワール）》

一九七二年――エマニュエル／ベトレーム《2éme édition de *l'échange inégal*（『不平等交換論』第二版）、Maspéro（マスペロ）》

一九七三年――ドゥラリュ（Delarue, Antoine Paul）《Production, exchange and exploitation in a Neo-Ricardian framework（『ネオ・リカーディアンのフレームワークにおける生産、交換、および搾取』）、Thése Stanford University（スタンフォード大学の学位論文）》

――フロリオン（Florion, Patrick）《Emmanuel chez les philistins（「俗物としてのエマニュエル」）、*Critiques de l'économie potique*（『政治経済学批判』誌）》

一九七四年――レイ（Rey, Pierre Philippe）《Transfert de plus-value et articulation des modes de production（「剰余価値の移転と生産様式の節合」）、*Cahiers du C. E. R. E. L.*, n°8, Lille（『C. E. R. E. L. のノート』誌、八号、リール）》

――《Interrogations récentes sur la théorie du commerce international（「国際商業の理論に関する近年の問い掛け」）、*Cahier d'analyse économique GEREI*, n°4（『GEREI経済分析ノート』誌、四号）、avec contributions des Benetti, S. Brunhoff, Jean Cartelie, G. Deleplace, H. Deni, B. Ducros, A. Emmanuel, L. Gillard, G. Grellet, Th. van de Klundert, J. Weiller（Il s'agit des actes d'un colloque de 1971）（ベネッティ、ブルンホフ、カルトリエ、ドゥルプラス、ドゥニ、ドゥクロス、エマニュエル、ジラール、ヴァン・デ・クルンデール、ヴァイラーの寄稿を含む〔一九七一年の討論会の議事録が問題となっている〕）》

一九七五年――エマニュエル／ソメイニ（Somaini）／ボッジオ（Boggio）／サルヴァッティ（Salvati）《*Un débat surl'échange inégal, salaires sous-développement, impérialisme*（『不平等交換・賃金・低開発・帝国主義に関する論争』）、Maspéro（マスペロ）》

一九七六年――エマニュエル《La《stabilization》alibi de l'exploitation internationale（「国際的搾取のアリバイ『安定化』」）、*Tiers-Monde*, n. 70. Avril-Juin（『第三世界』誌、四～六月）》

一九七七年――オラール（Hollard, Michel）《*Surl'échange inégal: Thèse complémentaire*（『不平等交換――学位論文の補足』）、Grenoble（グルノーブル〔大学〕）》

――ラトゥシュ（Latouche, Serge）《*Transferts de plus-value et échange inégal*（「剰余価値の移転と不平等交換」、*Tiers-Monde*, n. 70, Avril-Juin（『第三世界』誌、四～七月）》

以上、「不平等交換論争」参加者の著書・論文においては、利潤率の国際的均等化や国際的生産価格の成立を前提に、「不平等交換」や「低開発問題」、「ネオ・リカーディアンのフレームワーク」などがもっぱら争点になっていて、さきに見たアミンの社会的実体なき「世界的諸価値」（valeurs mondiales）という一論を除いて、本稿で取り上げる「世界的労働」や「世界的価値」、「世界的市場価値」などが、いちども基本的争点とはなっていない。ここに、日本やドイツの国際価値論研究にも影響を与えた。この「論争」の限界がある。

2　ドイツの「資本の世界市場運動論争」

「新国際価値論争」（わが国の「旧国際価値論争」に対するフランス派の「不平等交換論争」およびドイツ派の「資本の世界市場運動論争」の総称）へのインドにおける参加者サウ（Sau, Ranjit）は、「不平等交換」の意味を「不等価交換」の意味に、「平等交換」を「等価交換」の意味に理解しているが、彼は「不平等交換（unequal exchange）を定義するためには、まず第一に平等交換（equal exchange）がなにを意味するかが明確にされなければならない[23]」と嘆いている。しかし、この嘆きはひとりサウだけのものではなく、「新旧国際価値論争」参加者全員のものでもなければならない。フランス派の「不平等交換論争」の参加者は、等価交換ことに国際的等価交換の定義づけに失敗したのである。それでは、ドイツ派の「資本の世界市場運動論争」の参加者は、これの概念的把握に成功しているであろうか。

ドイツの「資本の世界市場運動論争」は、一九六二年に旧東ドイツ（ＤＤＲ）の《*Probleme der politischen Ökonomie*（『政治経済学の諸問題』）》誌上に掲載された、コールマイ（Kohlmey, Gunther）の論稿「カール・マルクスの国際的価値論[24]」に一部影響を受けた論争で、『資本論』研究特に価値論のそれについては、フランスの「不平等交換論争」と比べて理解度の点で格段の差がある。その理論的特質は、第一に、世界市場における価値法則特にその独自の作用様式のモディフィカツィオーン、第二に、国際価値論にもとづく為替相場論の新しい試み、第三に、コールマイの「国際的市場価値」(internationaler Marktwert) 論を批判的に継承しようとする「世界的市場価値」論の試み、第四に、フランス派の「不平等交換論争」特に利潤率の国際的均等化および国際的生産価格の形成を主張する代表者エマニュエル理論に対する根本的な批判、第五に、「資本の世界市場運動論争」特にその国際価値論を援用した多国籍企業論の新しい試みなど、五点に要約されよう。ドイツ派の「資本の世界市場運動論争」の代表者たちは、果して国際的等価交換の理論化に成功しているであろうか。ここでは、この理論化のために必要な、「世界的価値」、および「国際的市場価値」の三つの概念について検討しておくことにしたい。

第一に、「世界的労働」について見ると、代表者のひとりで「現代のローザ」といわれた、故ノイジースは、「国際的水準では国民的諸資本の労働の生産性および強度の位階の加重平均 (gewogener Durchschnitt der Stufenfolge) としての世界的労働の範疇 (die Kategorie der universellen Arbeit) が問題になるが、このことはもっと正確には、世界市場において交換される諸商品についても言えるのである[25]」とか、また「国民社会的価値が個別的価値になり、その価値増殖度 (Verwertungsgrad) は、世界的労働すなわち世界市場における社会的に必要な労働との関係に立つ[26]」とかいって、世界的労働すなわち国際的価値の実体をその量的規定の問題と取り違えている。ノイジースのこの取り違えは、以下に見るようにドイツ派の「世界的労働」把握の原型をつくることになった。たとえば、ブッシュは、「われわれは、国際的諸価値の価値実体 (die Wertsubstanz der internationalen Werte) を『世界的労働』(《universelle Arbeit》) と呼べば、A国の一国民的労働日は二世界的労働日、B国の一国民的労働日は一世界的労働日、そしてC国の一国民的労働日は二分の一世界的労働日を代表する[27]」と述べ、価値実体とその量的規定を一応区別しているが、この同じ文章でその実体をそのまま量的単位としてしまっている。また、ゴラルチク (Goralczk, Dietmar) は、「国際的または世界市場価値の構成 (die Kostitution der internationalen oder Weltmarktwerte) の場合には、抽象的人間労働、価値の普遍的実体 (allgemeine

Substanz）は世界化される（wird……universalisiert）[28]」といい、抽象的人間労働の「世界的労働」への転化、世界化という、刮目に値する発生史方法をはじめて提起した。しかしこの「世界的労働」については、「世界市場における強度および生産性の大量支配的な度合い（der massenhalt herrschende Grad）ではなく、一つの段階状をなす、すべての国民的強度および生産性の加重平均（der gewogene Durchschnitt）は、世界市場における諸商品の平均的生産諸条件を構成する、すなわち世界市場における一商品の生産に社会的に必要な労働の基礎は、世界的労働である[29]」と述べて、ノイジースやブッシュを踏襲しているが、その世界的労働が実体規定なのか量的規定なのかは明らかではない。以上、ドイツ派の「資本の世界市場運動論争」においては、「世界的労働」を「国際的価値」の社会的実体として、概念的に把握することには成功していない。

第二に、「国際的価値」特にさきのフランス派の「不平等交換論争」批判から始めれば、ノイジースは、「国際的価値との関連では、より生産的な国はより生産性の低い国に比べてより多くの価値を生産する。その労働はより大きな生産力の労働である。世界市場においては不等国民的労働諸量（ungleiche nationale Arbeitquanta）が交換されても、それは不等諸価値（ungleiche Werte）が交換されたとは言わない[30]」と述べ、続けてブッシュも、「この不平等交換（ungleiche Tausch）の内容は不等諸価値交換（ungleiche Tausch von Werten）として理解されるべきではなく、ただ不等労働諸量交換（ungleicher Tausch von Arbeitsquanta）としてのみ理解されるべきである[31]」と書いていることからわかるように、エマニュエルに始まるフランス派の「不平等交換論争」は、まったく拒否されている。この批判を通じて、「不平等交換」の持つ「国際的搾取」および「国際的不等価交換」の二面性のうち、一方の「不平等交換」を、「不等労働諸量交換」すなわち「国際的搾取」と理解することによって、さきの定義づけには成功しているといえるが、他方の「不平等交換」を、「不等諸価値交換」すなわち不等価交換とする定義づけには成功していない。それは、「平等交換」すなわち「国際的等価交換」の概念的把握にまだ成功していないからである。
「不平等交換」の定義づけのためには、「国際的等価交換」すなわち「国際的価値」通りの交換がいったいなにを意味するのかを理解しなければならない。「国際的等価交換」を、本稿のように「世界的等価交換」と呼ぶことにすれば、結論の先取りになるが、「世界的価値」すなわち世界的または国際社会的に必要な労働時間において等しいということ、また「世界的等価」とは「世界的価値」とは「世界的価値」通りの交換または販売を意味し、このような「世界的価値交換」によらない、すなわち諸商品が「世界的価値」から乖離した世界市場価格で交換・販売されることを、「国際的不等価交換」と呼ぶ。ドイツの国際価値論者は、こうした論理運びをしているだろうか。さきに引用した一節を含む、ブッシュの全文を紹介し検討しておこう。「世界市場において、生産力発展によってさまざまな発展水準が決まる、A、B、Cの三国が向かい合っているとしよう。A国がもっとも高度に発展した国とすれば、この国は労働強度から見てもっとも大きな平均的度合いを実現し、その生産部門は労働生産性から見てもっとも高い度合いの国際的比較において生産する。B国が中位の国、C国がもっとも後れた国であるとしよう。そうすれば、A国がもっとも大きい労働強度およびもっとも高い労働生産性水準を決めるので、A国の国民的労働はB国およびC国の同じ労働日よりも高い国際的諸価値（internationale Werte）を表わす。……われわれがいまさらにその国民的および国際的形態における一般的等価物（das allgemeine Äquivalent）を導入すれば、つぎの等式が成り立ちうる。

A国の一国民的労働日＝一国民的通貨単位（nationale Wähnrungseinheit）＝二世界的労働日＝二国通貨単位（internationale Wähnrungseinheit）

B国の一国民的労働日＝一国民的通貨単位＝一世界的労働日＝一国通貨単位

C国の一国民的労働日＝一国民的通貨単位＝二分の一世界的労働日＝二分の一国通貨単位

A国の一国民的通貨単位＝B国の二国民通貨単位＝C国の四国民的通貨単位[32]」。

ブッシュは、ここで『資本論』第一巻第二〇章の論述に沿って、労働生産性および強度、「国際的諸価値」、その実体としての「世界的労働」、国民的および国際的通貨による価値表現、およびその等式について論じているが、ただ一点、その論理を繋いでいく商品量の国民的差異という問題が抜け落ちている。そこで、それを補強する見解が、ジーゲル（Siegel, T.）によって表明された。「われわれは、今度はクラウス・ブッシュのモデルとの類推で、商品XはA国では二分の一労働日、B国では一労働日、そしてC国では二労働日で生産されると仮定しよう。国際的貨幣の価値は一世界的労働日（universeller Arbeitstag）に対応しているとしよう。その場合には、マルクスの叙述は定式化されて、つぎのように表わされうる。

A国の一国民的労働日＝二X＝二世界的労働日＝二国際通貨単位

B国の一国民的労働日＝一X＝一世界的労働日＝一国際通貨単位

C国の一国民的労働日＝二分の一X＝二分の一世界的労働日＝二分の一国際通貨単位[33]」。

この第二〇章の論述において重要なのは、ある国において資本主義的生産が発展しておれば、その国の労働の生産性も強度も国際的水準より高い、という一文を受けて、「だから、相異なる国々で同じ労働時間に生産される同種の相異なる諸分量は、不等な国際的諸価値（ungleiche internationale Werte）を持っており、これらの諸価値は相異なる価格で、すなわち国際的諸価値に応じて相異なる諸貨幣額で表現される」（「表4　マルクスの世界価値論」、『季刊経済研究』第二四巻第一号、七〇頁）という文章である。この同等労働時間と不等国際的諸価値との関係を正しく掴まえておかねばならない。「国際的価値」の概念的把握には成功しているとはいえないが、その実体規定の存在を認めているブッシュやジーゲルが看過しているのは、「国際的価値」の量的規定の方である。各国の一国民的労働日に同種の商品が、A国で三〇〇単位、B国で二〇〇単位、そしてC国で一〇〇単位生産され、それらが「その販売価格がその価値にまで引き下げることを競争によって強制されない限り」（「表2　マルクスの世界価値論」前掲誌、七〇頁）、一単位すべて同じ価格で販売されるならば、同等労働時間に不等「国際的諸価値」すなわち「世界的諸価値」が生産される。世界市場においては、本稿で縷々述べたように、個々の商品の世界価値は世界的または国際社会的に必要な労働時間によって規定されるからである。

第三に、国際市場価値について見ておけば、コールマイは、さきの「カール・マルクスの国際価値論」において、国際市場価値について、次のようにいっている。「国境内における社会的に必要な労働時間は大量の通常の生産諸条件によって規定されるが、国際的市場価値量（*internationale Marktwertgröße*）の形成過程においては、当該商品の国際貿易に参加するすべての国民的な生産性諸段階がはいりこむ、国際的価値量（*internationale Wertgröße*）は加重平均（*der gewogene Durchschnitt*）である。これは国際諸市場における価値法則の作用の第二のモディフィカツィオーンである」（強調はコールマイ）[34]。

コールマイは、ここで世界市場における国民的強度の差異にもとづく価値法則のモディフィカツィオーンを、「第一のモディフィカツィオーン」[35]、そして国民的生産性の差異にもとづく価値法則のモディフィカツィオーンを、「第二のモディフィカツィオーン」[36]とし、「二つの体系」（beides System）、「二重の体系」（Doppelsystem）[37]と理解するなどとしている。しかし、前稿で述べたように、より生産的な国民的労働は、世界市場においては、強度のより大きい国民的労働として数えられるというただそのことだけによって価値法則のモディフィカツィオーンが起こり、第一と第二の「二つ」、「二重」に起こるとする、誤った表現が見られる。しかしいずれにせよ、東独のコールマイが国際市場価値を国際的諸価値の「加重平均」規定として理解している点は、ドイツの国際価値論研究史上に輝き、「ベルリンの壁」（一九六一年八月～八九年一一月）に隔てられていた西独においても多くの継承者を輩出した。

このコールマイの「加重平均」規定を受けいれながら、彼とは違ってこの規定を価値法則のモディフィカツィオーンとではなく、「世界的労働」と関係づけるのは、ノイジースである。彼女は、『資本論』第一巻第二〇章の「どの国にも一定の中位の労働強度として認められるものがあって、……」から始まる「世界的労働」論を含む文章全体を引用して、次のようにいう。「国民的総資本の場合の商品生産および流通の範疇としての平均的社会的に必要な労働時間に代わって、国際的水準では国民的諸資本の労働の生産性および強度の度合いの位階の加重平均（gewogener Durchschnitt der Stufenfolge）としての世界的労働の範疇が問題になるが、このことはもっと正確には、世界市場において交換される諸商品についても言える」[38]。さらに続けて彼女は、次のように述べる。すなわち、国民的に必要な社会的労働時間は、世界市場においては、そのまま社会的に必要な労働時間として現われず、個別的労働時間として現われる。世界市場では、国民的価値が個別的価値になり、その価値増殖度は、「世界的労働」すなわち世界市場における社会的に必要な労働との関係に立つといえるが。「世界労働は世界市場において交換される諸商品の大量の生産条件と一致する必要はない」[39]といって、第二〇章の「国際的諸価値に応じて、相異なる諸貨幣額で表現される」というマルクスの言葉を引いて、次の等式を掲げる。

「世界市場においては、諸国民X、Y、およびZのあいだに、つぎの関係が成り立つ。

国民Xの一労働日＝一・二世界労働日

＝十二商品x＝十二世界貨幣単位

国民Yの一労働日＝一世界労働日

＝一〇商品x＝一〇世界貨幣単位

国民Zの一労働日＝〇・八世界労働日
＝八商品x＝八世界貨幣単位[40]」。

ノイジースは、コールマイに従って、「大量支配」規定を拒否し、「加重平均」規定を承認しているが、彼女にあっては、「加重平均」規定は「世界的労働」のみに結びつけられ、コールマイの規定に比べてよりいっそう不明確なものにされている。

ノイジースと同様の見解はゴラルチクにも見られる。彼もまた、『資本論』第一巻第二〇章のさきの文章を全文引用して、次のようにいう。「世界市場における強度および生産性の大量支配的な度合いではなく、一つの位階をなすすべての国民的強度および生産性の度合いの加重平均(der gewogene Durchschnitt aller nationalen Intensitäts- und Produktivitätsgrade)が、世界市場における諸商品の生産の平均的生産諸条件を構成する、すなわち世界市場における一商品の生産に社会的に必要な労働の基礎は、世界的労働である[41]」。

この後、ゴラルチクは、さきのコールマイの価値法則の二つのモディフィカツィオーンについての文章を引用して、国民的強度および生産性の度合いの「加重平均」の基礎上での国際的価値または「世界市場価値」(Weltmarktwert)の成立は、この国際的価値または「世界市場価値」通りの交換が生じて、一方では平均以上の生産性および強度の国民的資本には特別剰余価値をもたらしはするが、他方、平均以下の生産性および強度の国民的資本はその剰余価値の一部分を実現することができないと主張する。ここでも、「加重平均」規定がやはり「世界的労働」だけに結びつけられ、国際市場価値つまり「世界的市場価値」との関係は理解されていない。

しかしいったい、ノイジースやゴラルチクのいう「加重平均」規定とはなんであろうか。彼らは、この規定を正しく国際市場価値そのものの規定として理解しているのではない。彼らは国民的強度および生産性の位階の「加重平均」、すなわちただ「世界的労働」の範疇としてそれを問題にしているにすぎない。国際市場価値を「加重平均」規定によって理解しようとするコールマイですら、国際市場価値についてこれ以上踏みこんで考察しているわけではない。ノイジースやゴラルチクらの場合はなおさらである。ノイジースは、社会的欲求、社会的価値と個別的価値の矛盾について論じた個所の脚注で、「市場価値規定に関連するここに含まれている諸問題は、本書では触れない[42]」とわざわざ明言しているほどである。

ゴラルチクもまた、市場価値についてよりも、むしろ生産価格の方に多くの言葉を費やしている。そしてここにもまた、「加重平均」規定が登場する。ゴラルチクは、コールマイの見解、すなわち「ある商品の世界市場価格は重要な国民的諸生産価格の合成（*die Resultante der relevanten nationalen Produktionspreise*）である個別的価格である[43]」や「世界市場価値をめぐって揺れ動くのではなく、国民的諸生産価格の加重平均（gewogener Durchschnitt der nationalen Produktionspreise）をめぐって揺れ動くのである[44]」などを引用しながら、「国民的諸生産価格の加重平均（gewogener Durchschnitt）としての世界市場価格は国民的諸価値の加重平均（gewogener Durchschnitt）としての世界市場価格とは一致しない[45]」と述べて、さらに次のように自己の見解を明らかにする。「世界的水準での平均価格としての世界市場価格は、だから、労働の国民的強度および生産性の、世界的労働の位階の、加重平均の結果（Resultat des gewogenen Durchschnitts）であるだけでなく、まったく同様に国民的諸利潤率および平均的諸利潤率の加重平均の結果（Resultat des gewogenen Durchschnitts）でもある。さまざまに発展した国民的資本間の利潤率差はいまや世界市場価格に共同決定しながらはいりこんでいる[46]」。

ここで、フランス派の「不平等交換論争」を振り返れば、エマニュエルやパロワらは資本の国際的可動性から直接に利潤率の国際的均等化や国際的生産価格の形成を導いていた。エマニュエルやパロワらのこの見解に対してブッシュは、「国際的資本運動の今日の水準では、一般的な国際的利潤率の実在（die reale Existenz）は主張できない(47)」と批判しているが、この批判は、ドイツの国際価値論研究および、同様に「相異なる国民的諸生産価格が並存していて、世界市場によって特殊な方法で相互に節合されるという事実(48)」を確認する、ベルギーのマンデル（Mandel, Ernest）の研究にも、当てはまる。

コールマイの「国民的諸生産価格の合成」に従い、フランス派の「不平等交換論」すなわち利潤率の国際的均等化や国際生産価格の形成を否定して、「国民的諸利潤率および平均的諸利潤率の加重平均の結果」を主張するゴラルチクや、相異なる国民的諸生産価格の並存をいい、世界市場によって特殊な方法で相互に節合されるという事実を指摘するマンデルなどの見解は、それなりに評価できる。しかし諸国民的生産価格の「加重平均」によって、世界市場価格を規定しようとするのは、明らかに誤りである。コールマイやノイジース、ゴラルチク、ブッシュなどに見られるように世界的労働や国際市場価値、国民的諸生産価格などなんでも「加重平均」規定と結びつけられている結果、この規定の濫用すら見られるが、この規定は、さきの日本の「国際価値論争」で見たように、「世界的市場価値」の規定として正しく理解されなくてはならない。

第三節　結論

二〇・二一世紀の世紀転換期、すなわち現代の世界市場は、一九世紀後半に始まった自由貿易時代の自由競争的市場構造とは、経済学的範疇も経済的発展段階も根本的に異なっており、各国内市場においては各国内全産業数百あるいは数千の独寡占企業、また世界市場においては各産業数社から十数社程度の企業数で総計数百社の世界多国籍企業が支配する独寡占市場構造に、いわば範疇転化している。

この独寡占市場構造や、世界多国籍企業による各産業毎の恣意的な「グローバル・プライシング」(global pricing) などを解剖するためには、この範疇転化する以前の自由競争的市場構造を理解しなければならない。世界価値論研究は、世界市場におけるこの自由競争的市場構造分析の基礎理論の一つである。W・ペティに始まり、ケネー、A・スミス、リカードウ、シスモンディなどのフランス重農主義派および英仏古典派経済学を経て、最後にこれら重農主義派・古典派経済学批判の見地に立つマルクスに至るまでの「世界市場および世界価値に関する諸学説」の検討の結果、本稿で取り上げたように、「世界的労働」、「世界的価値」、および「世界的市場価値」把握および世界価値論研究の理論的展開のためには、さまざまな範疇および概念の創造が必要であり、またさまざまな系列や序列や組み合わせがこの論理構成において要請されることが明らかになった。

「世界的労働」、「世界的価値」、および「世界的市場価値」の三つの範疇を一個同一のものとして把握しようとすることの困難さは、同時に、世界経済の法則的解明を放棄し、「国際価値論の難点」[49]を主張する宇野弘蔵のような世界価値論絶対否定の困難さと、いわば裏返しの等価の関係にある。世界価値論研究にしか通用しない価値論研究というものはなく、価値法則が自己を貫徹しないような市場というものはない[50]。価値法則は、発生史的に順々に、局地市場においては局地的に、国民的市場においては国民的に、世界市場においてはそれこそ世界的に作用し、自己を貫徹する。競争は、資本主義的生産の内在的な諸法則を、個々の資本家または生産者に、外的な強制法則として作用させる。生産者間、購買者間、および生産者・購買者間の同一生産部門のいわゆる三面的競争は、この価値法則の執行者にほかならない。

世界価値論解明の出発点であり、土台であり、およびキイ概念であるのは、「世界的労働」である。その「世界的労働」特に「世界的勤労」（universelle Arbeit）概念はまた、本稿「世界市場および世界価値に関する諸学説」で見たように、W・ペティ、マンド（デ）ヴィル、『百科全書』の「分業」論やハチソン、A・スミスの「結合労働」論などをその想源にしつつも、直接的にはA・スミスの先行者またはその「周辺」のヒューム、デフォー、タッカー、J・ステュアートの「インダストリ」論、特にタッカーの「万人のインダストリ」（universal industry）論のなかに見いだされるものであった。

「世界的労働」（universelle Arbeit）という概念が、本稿のような方法でもって、把握されうるならば、『資本論』各版、いわゆる『資本論草稿集』（全九巻、大月書店、一九七八〜九四年）、およびMEGA（*Marx/Engels Gesamtausgabe*, 全一一四巻予定、一九七五年―）のマルクスの価値論の基本線に沿って、「世界的価値」（universeller Wert）、および「世界的市場価値」（universeller Marktwert）を首尾一貫した論理でもって展開できる。最後の、そして最も困難な「世界的市場価値」については、本稿において検討したように、利潤率の国際的均等化、国際生産価格の形成を主張するフランス派の「不平等交換論争」批判の立場に立つドイツの「資本の世界市場運動論争」、および『資本論』第三巻第二篇の「市場価格と市場価値・超過利潤」章および同第七篇の「競争の外観」章の展開論理に依拠するわが国の「国際価値論争」の成果でもって初めてその解決の糸口を掴むことができる。

W・ペティに始まり、ケネー、A・スミスを経てマルクスに至る「世界市場および世界労働に関する諸学説」の検討の結果、もう一つ判明したのは、本稿で見た「世界的労働」、「世界的価値」、および「世界的市場価値」の理論的展開の諸研究と並んで、世界市場そのものの概念的把握という問題である。イギリス古典派経済学およびヘーゲルとマルクスに跨る「市民社会」、ヒュームやスコットランド啓蒙の「文明社会」、J・ステュアートの「勤労社会」、A・スミスの「商業的社会」などに示唆を受けて、世界価値論研究の成果と併せて、「世界市民社会」、「世界文明社会」、「世界勤労社会」、「世界商業的社会」などのさまざまな組み合わせが考えられる。これら「世界文明社会」および「世界商業社会」については、前稿「世界市場および世界価値に関する諸学説（Ⅳ）」で検討したので、最後に、これまで触れてこなかった「世界市民社会」について見ておくことにする。

「世界市民社会」特に「市民社会」は、カントの《civitas（キヴィタス、国家）》＝《societas sivilis（ソキエタス・キヴィリス、市民社会）》、《kosmopoliten（Weltbürger, コスモポリタン〔世界市民〕）》、およびヘーゲルの《System von Bedürfnissen（「諸欲求の体系」）》をその思想的源泉にしている。それゆえ、「世界市民社会」は、まずカントにヒントを得たと思われるマルクスの「商品所有者の世界市民主義」、ついでヘーゲルの「諸欲求の体系」としての「市民社会」（bürgerliche Gesellschaft）に起源を持つものであった[51]。

マルクスは、このヘーゲルの「諸欲求の体系」すなわち「市民社会」の創造を、前稿「世界市場および世界価値に関する諸学説（Ⅴ）」で見たように、「資本の文明化作用」と結びつけ、次のように論じている。「資本の文明化作用」は、ヒュームやタッカーなどの曖昧な「インダストリの文明化」などと違い、その主体も、その成果も、明確である。主体はあくまで資本であり、その成果も、絶対的・相対的剰余価値生産を通じての「世界市場・市民社会・世界的勤労」の創造の三つの契機からなるが、筆者は「ここでのキイ概念は世界勤労であり、これの創造が資本の文明化作用の究極の内実である[52]」と理解する。

「資本の文明化作用」の第一の絶対的剰余価値の生産と「世界市場」の創造に続いて、第二の相対的剰余価値の生産と「市民社会」の創造、すなわちあらゆる異郷の風土・地方の生産物の「世界的交換」（universeller Austausch）、原料としての新たな属性を発見するための、「地球の全面的な探求」に続き、「……絶えず拡大し包括的になっていく、労働種類・生産種類の体系の発展であって、これらの労働種類・生産種類には、絶えず拡大されますます豊かになっていく、諸欲求の体系（System von Bedürfnissen）が対応する」（表4「マルクスの世界価値論」、前掲論文〔Ⅲ〕、六一―六二頁）と述べて、ヘーゲルの「市民社会」にもとづく「世界市民社会」の創造を示唆している。この「世界市民社会」は、歴史的にいえば、あくまで「市民社会[53]」、および「社会による国家権力の再吸収」（the reabsorption of the State power by society）[54]を前提にして、一方では将来の「世界社会主義」や「世界的アソツィアツィオーン（universelle〔universale〕Assoziation, 世界的連帯、結合）」に通じ、他方ではそこへ行かないまでも、二〇世紀後半に始まる中国の「経済改革・対外開放社会主義」やベトナムの「ドイモイ（刷新）社会主義」などアジア発展途上諸国民の「社会主義的市場経済」あるいは「市場を通じて社会主義へ[55]」の実験の試みによって、現在、試され続けているものである。

しかしここにいう一九世紀後半の「世界市民社会」は、もちろんそのようなものではない。それは、「世界市民社会」による未来世界における相対立し闘争を繰り返す諸国家の「再吸収」、すなわち「社会による国家権力の再吸収」という重い意味をいまだ持たず、だいたい次のような意味であろう。マルクスは、一八五五年一月一六日、「ヴェルト・ピュルゲリン（世界市民――女性形）」が生まれたとわが娘（Eleanor Marx, エレノア・マルクス）の誕生を誇らしげに語ったというように[56]、《Kosmopolitin》よりも《Weltbürgerin》の方を好んだが、わが国のマルクス文献においても、カント（《*Zum ewigen Frieden*, 1795》〔『永遠平和のために』〕）の造語に倣って《Kosmopoliten》が「世界市民」に、《die kosmopolitische Beziehung》が「世界市民的関連」にそれぞれ訳されている。たとえば、次の例を見よ。

「貨幣が世界貨幣（Weltgeld）に発展するように、商品所有者（Waarenbesitzer）は世界市民（コスモポリタン、Kosmopoliten）に発展する。人間相互の世界市民的関連（コスモポリタン的関連、die kosmopolitische Beziehung）は、もともとただ彼らの商品所有者としての関係にすぎない。商品はそれ自身宗教的、政治的、国民的、言語的ないっさいの障壁を超越している。商品の普遍的言語（allgemeine Sprache）は価格であり、その共同存在（Gemeinwesen）は貨幣である。しかし世界貨幣が国内鋳貨に対立して発展するにつれて、商品所有者の世界市民主義（コスモポリティスムス、der Kosmopolitismus）が、人類の素材転換（Stoffwechsel der Menschheit）を妨げている伝来の宗教的、国民的、その他の偏見に対立する実践的理性の信仰（Glaube der praktischen Vernunft）として発展する」[57]。

「世界市民社会」、「世界文明社会」、「世界勤労社会」、および「世界商業的社会」に対する批判、すなわち根底的には資本主義社会批判として、一九世紀前半に始まったイギリス、フランス、およびドイツの「初期社会主義」の諸理論[58]や、いまのところ世界多国籍企業・銀行という危うい基盤に乗っているとはいえ、二〇世紀後半に始まった中国やベトナムなどアジア諸国民の「社会主義的市場経済」や「市場を通じて社会主義へ」の諸実験など、相互に絡み合う、巨大な政治的・経済的・歴史的諸課題については、ここでは大づかみに、次のようにいうほかない。すなわち、一九七八年の「経済改革・対外開放」以降の中国や八六年の「ドイモイ（刷新）」以降のベトナムなどの「社会主義的市場経済」あるいは「市場を通じて社会主義へ」の実験の試みについて、筆者は重大な関心を持っているが、その成功のためには、「グローバリズム」対「アンチ・グローバリズム」（「全球化」対「反全球化」）や「二一世紀開発帝国主義論」対「内発的発展論」などの根本的諸対立を克服して、地球的・人類史的パースペクティブのうえに立って、現在猛威を振るっている資本のための「グローバライゼーション」にほかならない「アメリカナイゼーション」に対して、ＮＧＯ（non-governmental organization）、ＮＰＯ（non-profit organization）、およびその他民主団体による人間のための「グローバライゼーション」を対置しつつ、「世界商業的社会」すなわち「世界市場」を通じての、将来の「社会主義」、あるいは「世界・社会主義」ならぬ「世界社会・主義」や「世界的アソツィアツィオーン」の到来を展望するよりほかにない、と。

注

(1) 中川信義「旧国際価値論争の総括――国際価値論争の現段階」(Emmanuel, Arghiri et al., *Imperiaismo y commercio international: El intercombio desigual*, México, Ediciones Pasado y Presente, 1971［エマニュエル他『新国際価値論争――不等価交換論と周辺』原田金一郎訳、柘植書房、一九八一年、所収］)、参照。

(2) 中川信義「国際貿易の理論問題」(久保・中川編『国際貿易論』有斐閣、一九八一年、所収)、参照。

(3) 中川信義「国際価値論をめぐる理論問題」(奥村茂次・村岡俊三編『マルクス経済学と世界経済――木下悦二先生還暦記念論文集』有斐閣、一九八三年、所収)、参照。

(4) 「アミンやウォーラーステンの新しい研究から何を学ぶことができるであろうか。それは次の点である。すなわち、彼らが『世界資本主義システム』や『世界システム』を見るところに、われわれは世界労働を発見するという点である」(中川「国際価値論をめぐる若干の理論問題」、前掲書、所収)、三七頁。

(5) 中川信義「国際価値論争」(大阪市立大学経済研究所編『経済学辞典　第三版』、所収)、四一六―一八頁。

(6) 名和統一『日本紡績業と原棉問題研究』(大阪商科大学研究叢書第七冊、大同書院、一九三七年)、四六六頁。

(7) 名和統一「後進国支那に於ける外国貿易問題」(『大陸』一九四一年一〇月、野津豊編集・解説『アジアの変革　上』(歴史科学体系第一三巻) 校倉書房、一九七八年、所収)、一二五―三二頁。

(8) 中川信義「世界市場・世界商品・世界労働(Ⅰ)(Ⅱ)」(大阪市立経済研究会『季刊経済研究』、第一二巻第一号、一九八九年六月、第一四巻第一号、一九九一年六月)、同「世界価値論序説(Ⅰ)(Ⅱ)」(第一七巻第四号、一九九五年三月、第四巻第一号、一九九五年六月) および同「世界労働・世界価値・世界的市場価値(Ⅰ)(Ⅱ)」(大阪市立経済研究会『季刊経済研究』、第二〇巻第四号、一九九八年三月、第二一巻第二号、一九九八年九月、第二一巻第四号、一九九九年三月)、参照。

(9) 名和統一『国際価値論研究』(日本評論社、一九四九年) や木下悦二『論争・国際価値論』(弘文堂、一九六〇年) の両著は、その主張に賛同するにせよ、それを批判するにせよ、出発としなければならないという点で、最も権威あるものであろう。

(10) 小島清「リカァドォの国際均衡論」(『一橋論叢』一九五〇年七月：Ricard's theory of international trade of payments equilibrium, *The Annals of the Hitotsubashi Economy*, Oct. 1951) および「J・S・ミルの国際均衡論」(『一橋論叢』一九五一年九月)、のち、小島

「グレーアム（Grahan, Frank D.）の『国際価値の理論』（*The theory of international values*, Princeton University Press, 1948）」の論稿とともに、同『国際経済理論の研究』（東洋経済新報社、一九五二年）の第二編「国際均衡論序説」に所収、参照。

（11）森田桐郎「古典派国際分業論再考」（東京大学『経済学論集』第四三巻第三号、一九七七年、二―二〇頁）、参照。根岸隆による批判注（12）に接するや、森田はこれを書き改め、注において、「本稿の叙述によっても多分根岸氏の同意は得られないであろう。……それでもなお自説を変えられないのは、まず第一に、第七章第二セクションのいわゆる比較生産費は第三セクションの貨幣価値論との密接不離の関連において把握さるべきだと考えるからであり、……うんぬん」と同じ主張を繰返している。そして、同じ表題の論稿を、森田編著『国際貿易の古典理論』（同文舘、一九八八年）の最終章に収めている。

（12）根岸は、「森田注（11）の次の主張は非常に示唆に富んでいるといわざるを得ない」として、森田の主張を本文のように引用しているが、「しかし、森田が示唆している金の国際配分の理論は必ずしもそれ（「リカード理論は需要要因に頼ることなく交易条件を決定しうること」――引用者）にとって助けにはならないようにみえる」と一言で片づけている（根岸隆『古典派経済学と近代経済学』岩波書店、一九八一年、七九―八〇頁）。

（13）佐藤秀夫『国際分業＝外国貿易の基本原理』（創風社、一九九四年）、参照。

（14）柳田義章『労働生産性の国際比較と商品貿易および海外直接投資――リカードゥ貿易理論の実証研究』（文眞堂、一九九四年）、参照。

（15）木下悦二『資本主義と外国貿易』一八二頁。

（16）「（渋谷は、『木下教授の見解にしたがう』と言い、その理由として――引用者）なぜなら問題はやはり競争の見地から観察されるべきであって、その点からみれば市場価値論を適用するということは、事実上、国際的交換に登場する商品量からなる市場を想定し、それら商品についての『国際的個別価値』の加重平均として『国際的市場価値』が想定されるということになるが、このような国際的交換に登場する商品について、同種部門のなかからいわば貿易資本だけをとりだし、各国の貿易資本だけからなる一部門を想定し、そのなかでの部門内競争の作用の結果として『国際的市場価値』を説くことは、この場合の必要なかぎりの単純化仮定としても許されないと思われる。この市場は国際的交換に参加している各国の国内市場の一部分の総計からなっているのであるから、各国内のさしあたり国際的交換に参加していない資本の競争とも無関係ではありえない。それにもかかわらず、それを捨象してしまうことは、問題にとって不可欠の要素である複合市場としての世界市場の特質を捨象して、市場価値論一般に問題を解消することを意味するであろう」（渋谷将『経済学批判と外国貿易』［青木書店、一九八一年］、一二七―二八頁）。この見解に対する筆者の批判は、次の通りである。「渋谷教授のこのような批判は、市場価値論の国際的適用についての誤解のうえに成り立つものである。まず筆者の見解は『国際的交換に登場する商品について、同種部門のなかからいわば貿易資本だけをとりだし、各国の貿易資本だけからなる一部門を想定し、そのなかでの部門内競争の作用の結果として『国際的市場価値』の成立を説く』見解とは別のものであることを断わっておきたい。市場価値は、個々の商品についての価値規定ではなく、同一生産部面の商品量全体についての価値規定である。したがって、この市場価値規定の国際的適用は、『各国の貿易資本だけからなる一部門』にそれを適用することではなく、同一生産部面の各国民の商品量全体に適用することでなければならない。同一生産部面の『各国の貿易資本』だけではなく、この同じ部面の『各国内のさしあたり国際的交換に参加していない資本』も国際市場価値形成の運動に参加しているものと見なければならない。国際価値の実体としての世界労働を肯定されている渋谷教授が、国際価値の量的規定、市場価値の国際的適用の問題になると、一転して否定的な見解を持つに至る、その論理の通し方が筆者には理解できない。そして、問題の『複合市場としての世界市場の特質』すなわち世界市場の独自性についていえば、ある商品について国際市場価値が成立しているような状況のもとでは、この商品に関する限りは国内市場も同時に世界市場なのであって、これらの両市場は、かつて吉村教授が指摘されたように、『国内市場と世界市場、したがって、国民的価値と国際的価値は、丁度写真の二重写しのような存在』（吉村「国際価値論序説」国際経済学会編『国際経済』第一〇号、一九五八年、一三〇頁、注）なのである」（中川信義「国際価値論をめぐる若干の理論問題」、前掲書、所収）、三〇―三一頁。

（17）　中川信義、前掲論文、三一頁。

（18）　この「国際的生産価格」に対する批判については、「すでに日本の研究が克服してしまったと思われる論点が逆輸入されてなんらかの新たな見地であるかのように提起されることについては、過去の論争の成果をふまえつつ、これを批判し克服する必要が生じている」と、吉信粛によって指摘されている（吉信「総括――『国際経済論の基本問題』の報告・討論を聴いて」『世界経済評論』一九七九年八月号、四七頁）。なお、この「国際生産価格」の着想は、当のエマニュエル自身認めているように、バウアーやグロースマンのものであった。Emmanuel, A., *L'échange inégal*, Paris, 2. ed., Maspero, 1972, p. 204.

（19）　Amin, Samir, *L'échange inégal et la loi de la valeur : La fin d'un débat*, Paris, Antropos, 1973, p. 16（アミン『不等価交換と価値法則』

花崎皐平訳、亜紀書房、一九七七年）、一三頁。

（20）Amin, Samir, *L'imperialisme et le développement inégal*, Paris, 1976, p. 48（アミン『帝国主義と不均等発展』北澤正雄訳、第三書館、一九八一年）、七七頁。

（21）*Ibid.*, pp. 120, 138, 142（前掲訳）、一四七、一六七、一七一頁。

（22）Latouche, Serge, *Critique de l'imperialisme: Une approche marxiste non léniste des problemes théoriques du sous-développement*, Paris, Editions Antropos, 1979, pp. 214–15, 297.

（23）Sau, Ranjit, *Unequal exchange, Imperialism and Underdevelopment : An Essay on the Political Economy of World Capitalism*, Calcutta, Oxford University Press, 1978, pp. 47–48（サウ『世界資本主義の政治経済学――不等価交換、帝国主義および低開発』長谷川幸生・入江成雄訳、梓出版社、一九八一年、七六頁）。

（24）Kohlmey, Gunther, Karl Marx' Thorie von den Internationalen Werten. In: *Probleme der politischen Ökonomie*, Bd. 5, Akademie-Verlag・Berlin, SS. 18–122（コールマイ「カール・マルクスの国際価値論」柴田固宏訳、金沢大学『経済論集』第七号、一九六八年三月）。

（25）Neusiss, Christel, *Imperialismus und Weltmarktbewegung des Kapitals*, Erlangen, Politladen GmbH, 1972, S. 139.

（26）Ebenda.

（27）Busch, Kraus, *Die multinationalen Konzerne : Zur Analyse der Weltmarktbewegung des Kapitals*, Frankfurt/M., Suhrkamp, 1974, SS. 39–40.

（28）Goralczyk, Dietmar, *Der International Konzern : Zu Genesis, Funktionsweise und Empirie einer modernen Kapitalform*, Frankfurt/M., Peter D. Lang, S. 100.

（29）*Ebenda*, S. 101.

（30）Neusiss, *a. a.* O., S. 140.

（31）Busch, *a. a. O.*, S. 57.

（32）*Ebenda*, SS. 39–4.

（33） Siegel, T., *Kapitalismus als Weltsystem: Methodische Probleme einer marxistischen Analyse des Weltmarkt,* Frankfult & New York, Campus, 1980, SS. 154–55.

（34） Kohlmey, *a. a. O.*, S. 44（前掲訳、九五頁）。

（35）「国際的価値量は大量支配的な強度を基礎としてではなく、すべての問題になる国民的な強度の加重平均を基礎として形成される。これは国際諸市場における価値法則の作用の第一のモディフィカツィオーンである」（強調はコールマイ。*Ebenda*［前掲訳。九四頁］）。

（36） *Ebenda*, S. 44（前掲訳、九四頁）。

（37） *Ebenda*, S. 56（前掲訳、一〇七頁）。

（38） Neusüss, *a. a. O.*, S. 139.

（39） *Ebenda.*

（40） *Ebenda*, S. 140.

（41） Goralczyk, *a. a. O.*, S. 101.

（42） Neusüss, *a. a. O.*, S. 101, N. 19.

（43） Kohlmey, *a. a. O.*, S. 59（前掲訳、一一一頁）。

（44） *Ebenda*, S. 63（前掲訳、一一四頁）。

（45） Goralczyk, *a. a. O.*, SS. 118, 365, No. 401,

（46） *Ebenda.*

（47） Busch, *a. a. O.*, S. 57.

（48） Mandel, Ernest, *Der Spätkapitalismus; Versuch einer marxistischen Erklärung*, Frankfurt/M., Suhrkampf Verlag, 1972, S. 325（マンデル『後期資本主義　II』飯田裕康・的場昭弘訳、柘植書房、一九八一年、一六二頁）。

（49）「国際価値論の難点」とは、商品形態が経済生活を根底から支配するような、資本主義社会すなわち「純粋資本主義」のみを対象とすべき経済学にとっては、そもそも「共同体と共同体との間に行われる商品交換」や「資本主義社会の成立の前提条件をなす国際的な商品交換」などは始めからその対象とはなりえないこと、それらが経済生活にとって、外部的・部分的・補足的なものとして「必然性の根拠」とはなりえないこと、の謂である。さらに、その真意は、現実の国際経済が「極めて低度の商品経済の発達を示すに過ぎない地域」から「極度の資本主義的発展をとげた国」までの複雑かつ異質な諸要素を含んでいることになり、また、一九世紀中葉のイギリスの国際経済関係を例に取れば、それが「決して国内の資本主義的関係と同様に資本主義化したもの」とはいえず、「極めて低度の商品経済の発達しか見られない東洋諸国との関係」や「ある程度資本主義化した西洋諸国との関係」を含んでいたことである。世界経済論に宇野が持ちこむこの「プロクルステスのベッド」(das Prokrustesbett) すなわち現実の世界経済が、資本主義の世界史的発展段階によってその程度が違い、多かれ少なかれ前資本主義的諸関係を含むがゆえに、世界経済の法則的解明は、これをなしえないと主張することに対して、筆者は、「世界経済の内部に何らかの前資本主義的関係が残存している事実は、宇野教授の主張とは逆に、……世界経済の法則的解明すなわち国際価値論研究にとっては何の障害にもならない」と批判した。中川信義「国際価値論をめぐる若干の理論問題」(前掲書、二一七–三一頁)。

(50)「科学 (Wissenschaft) とは、まさに、どのようにして価値法則が貫かれるか (wie das Wertgesetz sich durchsetzt, どのようにして価値法則が自己を貫徹するか) を、説明することなのです。ですから、もし外観上法則と矛盾する現象をすべて始めから『解明』しようとするならば、科学以前に科学を提供しなければならないことになるでしょう。リカードウの誤りは、まさに、彼が価値に関する彼の章のなかでこれから展開されるべきあらゆる可能な範疇を与えられたものとして前提して、それらが価値法則に適合していることを論証しようとしている、ということにこそあるのです」(Marx an Ludwig Kugelmann, London, 11. Juli 1868. In: Marx/Engels, *a. a. O.*, S. 241 [前掲訳、一六三頁])。

(51) カントおよびヘーゲルに対して、マイネッケ (Meinecke, Friedrich) は、カントを「初期ロマン主義の代表者」のひとりシュレーゲル (Schlegel, Friedrich) と比較して、またヘーゲルをかの歴史家ランケ (Ranke, Leopold von) と対比して、彼らの理論の特質について、次のように述べる。「カントは永遠平和に到達せんがために、自由な諸国家の連邦組織 (Föderalismus der freien Staaten)、一つの国際平和連盟 (Frieden- und Völkerbund) を要求した。カントはこれに満足しようとし、世界共和国の理念 (Idee einer Weltrepublik) を、実行不可能なものとして退けた。これに反してシュレーゲルは、諸民族からなる国家 (Völkerstaat) をも、十分に考えうるものと思い、また可能であると思っていたようである。『世界共和国の理念は、実際的な妥当性と固有の重要性とを持っている』。」、「……彼（ヘーゲル）は、歴史の普遍的な考察と評価（die universale Betrachtug und Bewertung）を、そのために経験的な歴史（die empirische Geschichte）が幻影になってしまうほど極端にまで、推し進めたのであった。ランケは、経験的歴史に、その奪い取られていた血を再び返し与え、経験的歴史を、概していっそう大切に、かつ丁重に取り扱った。ヘーゲルがいたるところで把握することができると考えた歴史の普遍的意味（univarsaler Sinn）を、彼はただ観照し予感しようとしたにすぎない」（Meinecke, Friedrich, *Weltbürgertum und Nationlstaat: Studien zur Genesis des deutschen Nationalstaates*, München und Berlin, Siebete durchgesehene Auflage, 1928, SS. 77, 302、マイネッケ『世界市民主義と国民国家 I』矢田俊隆訳、岩波書店、一九六八年、七九頁、三三二頁）。ヘーゲルについては、金子武蔵（『ヘーゲルの国家論』岩波書店、一九四四年）、梯明秀（『ヘーゲル哲学と資本論』未来社、一九五九年）、および船山信一（『著作集　第二・第三巻　ヘーゲル哲学の体系と方法、ヘーゲル哲学体系の生成と構造』こぶし書房、一九九九年、九八年）など多くの研究書のあるなかで、カントについては唯一、筆者の尊敬する故藤野渉氏の次の論稿があるのみである。「唯物論のカント獲得のために――『純粋理性批判』復習ノート（その一・二）」（藤野『哲学とモラル』汐文社、一九七九年）、参照。

（52）中川信義「資本の文明化作用」（大阪市立大学経済研究所編『経済学辞典　第三版』、所収）、六一六－一七頁。

（53）「孤立分散的な生産手段をもって多数の私的個人が無自覚的に社会を形成している近代市民社会」と「マルクスの社会主義像」とを対比して平田清明氏はいう。「孤立分散的な……近代市民社会、形式的にのみ自由であって人間の社会的集合が商品集合に外化＝疎外している社会、個々人の労働は私的な労働であって直接にはけっして社会的労働でない社会、――これを批判的に考察するときおのずから浮かびあがった未来像が、右に引用された言葉（「共同の生産手段をもって労働し、その多くの個体的労働力を、自覚的に、一つの社会的労働として支出するような一連合」〔『資本論』第一巻第一章〕――引用者）で表現されていたのである」（平田清明『市民社会と社会主義』岩波書店、一九七四年、一一〇－一一頁）。

（54）Marx, *The Civil War in France* (*First Draft*)、MEGA, I /22, S. 56：Marx, *Erster Entwurf zum 《Bürgerkrieg in Frankreich》*, MEW, Bd. 17, S. 543. この「社会による国家権力の再吸収」の歴史的出発点として、マルクスは、次のように指摘している。「いたるところにゆきわたった複雑な軍事的・官僚的・強権的・司法的諸機関を持つ中央集権的な国家機構（thee centralized statemachinery）は、生きた市民社会（the living civil society）にうわばみのように巻きついている（をからめ込んでいる）が、これは始め絶対君主制の時代に、生まれかけていた近代社会が封建制度からの解放を目指して闘うための武器としてつくりだされた」（*Ebenda*, S. 53; *Ebenda*, SS. 538

–39)。すなわち、「市民社会からの国家の分裂」から「市民社会による国家の再吸収」へという将来社会を見据えたマルクスの展望である。この点については、特に加藤哲郎『東欧革命と社会主義』（花伝社、一九九〇年）、一五〇頁以下、参照。

（55）中川信義「中国経済訪問記――一九九六～九九年中国における日米独・韓国・台湾工場調査」（関西学院大学経済学部『経済論究　杉谷滋博士退職記念号』第五三巻第一号、一九九九年六月）、同「韓国経済訪問記――一九七九年三月～二〇〇〇年六月」（大阪市立大学経済研究会『季刊経済研究』、第二三巻第四号、二〇〇一年三月）、参照。

（56）都築忠七『エリノア・マルクス一八五五―一八九八――ある社会主義者の悲劇』（みすず書房、一九八四年）、一〇頁、Chushichi Tsuzuki, *The Life of Eleanor Marx 1855—1898; A Socialist Tragedy*, Clarendon Press, Oxford, 1967. 参照。

（57）Marx, *Zur Kritik der politischen Ökonomie, Erstes Heft*, MEGA, II/2, S. 213.

（58）イギリス、フランス、およびドイツ「初期社会主義」の膨大な文献については、次の資料集の邦訳を参照。都築忠七編『資料イギリス初期社会主義　オーエンとチャーティズム』、河野健二編『資料フランス初期社会主義　二月革命とその思想』、良知力編『資料ドイツ初期社会主義　義人同盟とヘーゲル左派』（平凡社、一九七四年、七五年、七九年）。このうち、イギリス初期社会主義に関するものであるが、《*The Effects of Civilization on the People of the European States*, London, 1805》（都築忠七抄訳「ヨーロッパ諸国民に対する文明の影響」［都築編、前掲書、所収］）でヒュームやA・スミスの「文明社会」論批判を行なったホール（Hall, Charls）、《*Labour Defended against the Claims of Capital*, London, 1825》（鈴木鴻一郎訳『労働擁護論』世界古典文庫、日本評論社、一九四八年、安川悦子訳『労働擁護論』［世界教養全集、第五巻、イギリスの近代経済思想］河出書房、一九六四年）を「一労働者」（by a Labourer）という匿名で書いたホジスキン（Hodgskin, Thomas）、および《*Labour Rewarded*, London, 1827》（都築忠七抄訳「労働の報酬」［都築編、前掲書、所収］を「怠惰な階級の一員」（by one of the Idle）という匿名で著したトムプソン（Thomson, William）などについては、メンガー（Menger, Anton）の《*Das Recht auf den vollen Arbeitsertrag in geschichtlicher Darstellung*, Dritte vervesserte Aufflage, Stuttgart und Berlin, 1904》（森田勉訳『労働全収益史論』未来社、一九七一年）、鎌田武治『古典経済学と初期社会主義』（未来社、一九六八年）、同『市場経済と協働社会思想――イギリス資本主義批判の思想的源流』（未来社、二〇〇〇年）、および姥原良一『古典派資本蓄積論の発展と労働者階級』（法政大学出版局、一九七四年、増補版、一九八二年）参照。

解　題

田中　祐二

中川信義先生がご逝去されてはや3年目になる。その年（二〇一一年）の三月に「偲ぶ会」をおこない、そのとき遺著の話が出ていたのである。筆者が外国留学中（そのときは臨時で帰国）であり、また、本来解題執筆をお願いしていた杉本良雄先生が入院されて、急遽私がお引き受けすることになったのであるが、その私も一昨年から昨年にかけて入院したりして、大変遅くなったことを恐縮している。それでも、この出版事情の厳しい中、御茶の水書房から出版のご快諾をいただいたのが、私の退院後一カ月がたったときだと記憶している。幸いにも、中川先生はご生前に目次を作成されており、このとおり編集するようにと言い残されていたので、その点は助かったと思っている。しかし、実は原稿は初出に手が入っておらず重複が存在する。読者のみなさまにはその点ご留意いただくしかないと考えている。また、私は国際価値論の専門家ではない。注意深く中川先生の議論を読み込み、慎重を期してまとめたつもりである。しかし、思わぬミスもあるかもしれないことをおそれているしだいである。

1.「貨幣の相対的価値の国民的相違」について

マルクスは賃金の国民的相違を理論的に導出するのに、「貨幣の相対的価値」の分析に着手しており、価値法則の修正の議論の直後に触れている。中川氏の国際価値論研究の四つの柱の一つがこのテーマである。この問題について、日本の研究者の間で貨幣の相対的価値は貨幣の購買力に関係している、あるいは物価水準を表しているといった諸見解を氏は退けている。

まず、貨幣の価値と貨幣の相対的価値を厳密に区別して、後者の考察には前者の考察は捨象可能であることを確認した上で、議論に取りかかる。すなわち、「貨幣の価値は、貨幣材料である金銀の生産に世界的または国際社会的に必要な労働時間によって規定される。金銀ほどこの国際価値規定がよく当てはまるものはない」（本書九三ページ）とする。他方、後者について、貨幣は「他の諸商品の無限の系列でその価値を相対的に表現することができる。これが貨幣の相対的価値に他ならない」（本書九三ページ）。「貨幣の相対的価値は貨幣価値の諸商品の量による相対的表現であり、これは諸商品の貨幣形態または価格表を転倒することによって得られる」（中川信義「貨幣の相対的価値の国民的相違」『大月経済学事典』一〇二ページ）。

このように、貨幣の価値と貨幣の相対的価値とを区別したうえで、貨幣の価値変動は、他の諸商品の価値が一定であれば、国際間における貨幣の相対的価値に相違を引き起こさない点を、マルクスの説明、つまり、金銀の価値変動は世界市場においてはそれらの相対的価値に一様に影響するがゆえに、異なる諸国における労働者の貨幣賃金を考察する場合は、金銀の価値はつねに与えられたものとして前提される点を確認している。そこで、中川氏は、「これは何も貨幣賃金の比較の場合だけに限らない。貨幣の相対的価値であっても、したがってまた物価であっても、それが国際比較される場合には、貨幣の価値は一定として議論を進めなければならない」（本書九六ページ）。

そこで、例の『資本論』における「貨幣の相対的価値は、資本主義的生産様式がより高く発展している国民のもとでは、それがあまり発達していない国民のもとでより小さいであろう」（マルクス『資本論』②七二八ページ）の説明の解明に向かう。その際、シーニアがイギリスの労働の効率が高いので、その国が他のどの国よりも少ない費用で貴

図1（a）

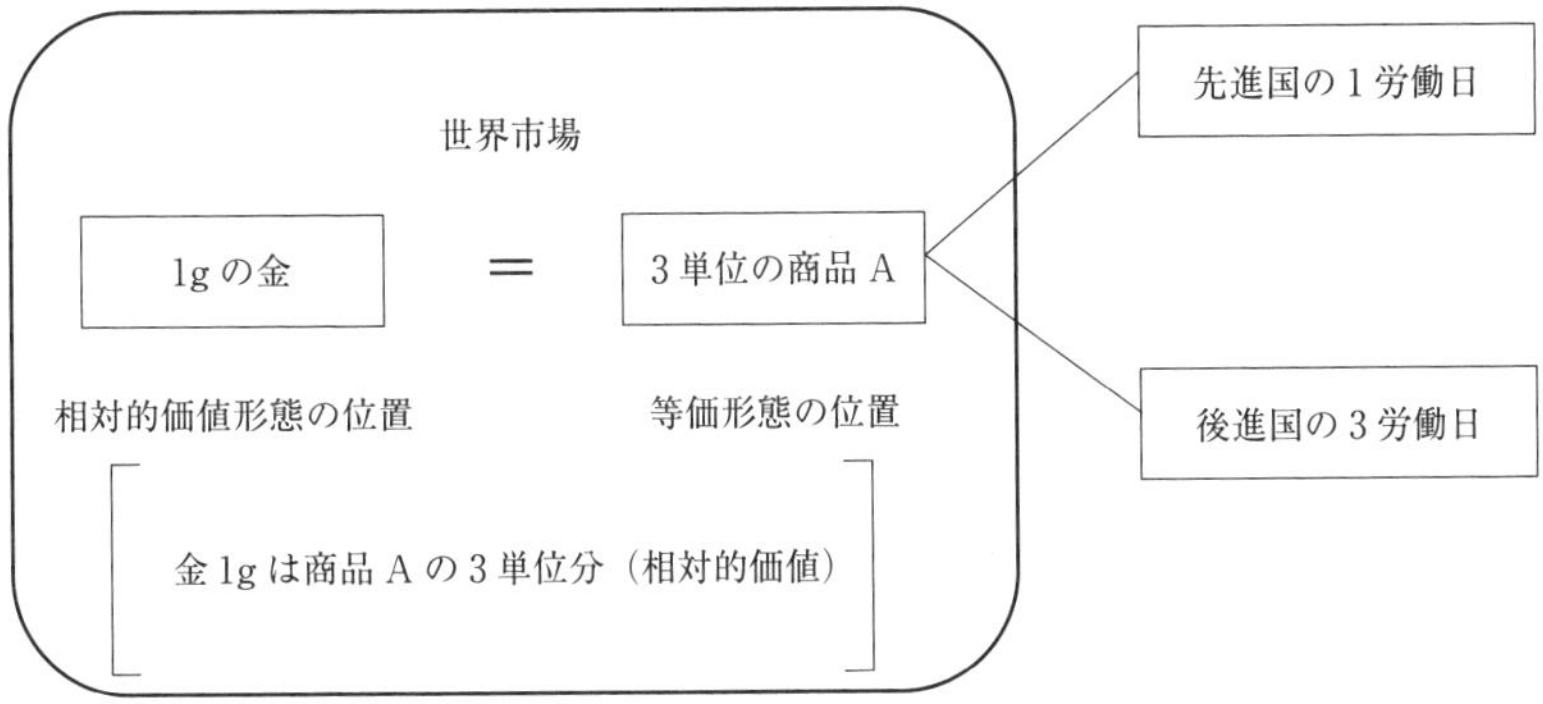

金属を獲得しているとの指摘をミルとともに正しいと評価する。これを図示すれば図1のようになる。世界市場において一単位の金の相対的価値は商品A3単位分であるとすれば、その3単位の商品Aを生産するのに、生産性がより発達した先進国では一労働日を、生産性がより遅れた後進国では三労働日を要することになる。したがって、金一単位の相対的価値は後進国でより先進国での方がより小さいことになる。しかるに、シーニアはこの貨幣の「獲得費」を貨幣の購買力と考えている点をミルは批判している。つまり、シーニアのように考えれば、先進国（イギリス）の物価は後進国（ベンガル）より高いということになるが、ミルはそれをも認めていない。そこで、この「獲得費」を貨幣の価値と考えるシーニアに対して、ミルは「貨幣の相対的価値」と考えていることになる。すなわち、図1（a）において金の「獲得費」すなわち「貨幣の相対的価値」は先進国は後進国の三分の一となる。そこで、貨幣の相対的価値は、「一定量の貨幣が代表しまたは支配する国民的労働量」（本書九七ページ）ということになり、先進国では後進国でよりもより小さい、ということになるであろう。以上が、中川氏のマルクスの「貨幣の相対的価値の国民的相違」の説明である。

　それでは、この説明とマルクスが「貨幣の相対的価値」の理由として説明したつぎの叙述と、どのように関係しているのか。「ある一国で資本主義的

図1(b)

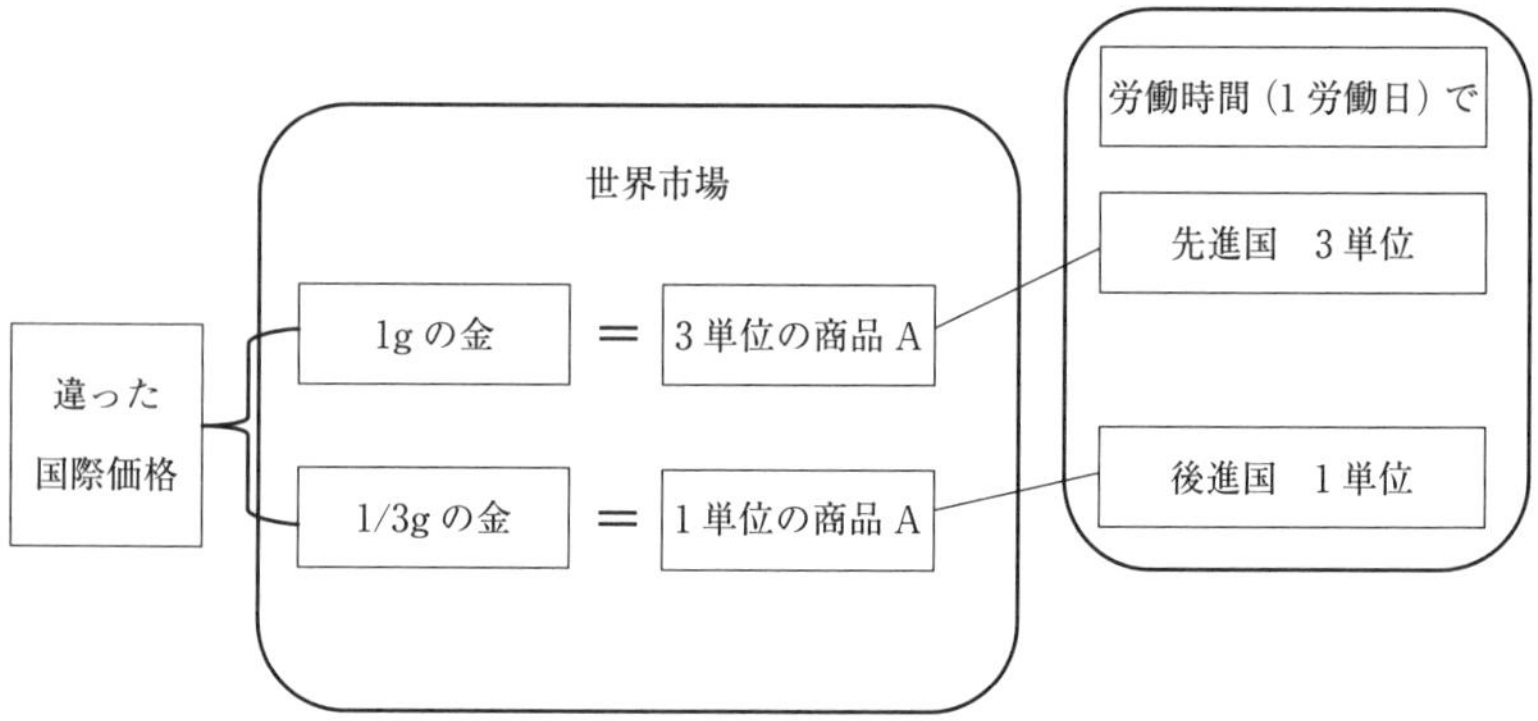

生産が発達していれば、それと同じ度合いでそこでは労働の国民的強度も生産性も国際的水準の上に出ている。だから、違った国々で同じ労働時間に生産される同種商品のいろいろに違った分量は、不等な国際的価値を持っており、これらの価値はいろいろに違った価格で、すなわち国際的価値の相違にしたがって違う貨幣額で、表現されるのである。だから、貨幣の相対的価値は、……」(『資本論』②大月書店七二八ページ)。

図1(b)はその模様を示している。先進国は労働の国民的強度と生産性が後進国の三倍であったとすれば、同一労働時間(一労働日)に同種商品を前者は三個、後者は一個生産するとしよう。先進国の一個と後進国の一個が同等の国際価値(国際価格＝一物一価)を持つとすれば、同一時間つまり一労働日に先進国の3個と後進国の一個は違った国際価値を持ち、違った価格すなわち前者が金一グラム、後者が金三分の一グラムの価格をもち「国際的価値の相違にしたがって違う貨幣額で表現される」ことになる。

ここにおいて、一定量の貨幣が代表しまたは支配する国民的労働量は(貨幣の相対的価値)、資本主義的生産様式が発達している国での方が未発達の国でよりも小さいので、逆に「労働力の等価は発達している国での方が未発達な国でよりも高くなる」(本書一〇四ページ)。このようにして、「貨幣の相対的価値の国民的相違」から「労賃の国民的相違」が説明されているのであるが、さらに「相対的な労働の価格、すなわち剰余価値に比べての労働の価格」、あるいは「生産物の価値に比べて労働の価格」を相対的労賃としてよび、その国際比較は「貨幣の相対的価値」の事情を考慮しない比較であるが、最も意味のある比較であると強調している。それは、「剰余価値または生産物の価値に比べて労働の価格は、未発達な国での方が発達している国でよりも高い。発達している国では未発達な国に比べて労働者が現実に受け取る賃金が高いということはあるけれども、労働の国民的強度も生産性も高いので、資本家が実際支払う賃金は剰余価値に対してははるかに少なくて済む」（本書一〇四ページ）。

中川氏は、以上のような論点をつぎのジョン・スチュアート・ミルの認識を説明するものであると考えている。「諸外国における工業労働の賃金はイギリスのそれよりも安い、しかも低賃金が資本家にとって一つの有利な条件となるところのあらゆる意味においてそうである、ということは、はたして正しいかどうか。ガンやリヨンの職人は一日に得るところの賃金は少ないかもしれないが、また為すところの仕事も少なくはないか。能率の程度（degrees of efficiency）を考慮しても、雇い主に対する彼の労働の費用は小さいだろうか。賃金はヨーロッパ大陸の方が低くても、競争において真の要素になる労働費（cost of labour）はほとんど同じではないだろうか」（J. S. Mill, *Principles of Political Economy*, pp. 681–82［菅間訳『経済学新原理』上巻四五一–五二ページ］）。ミルはこのあとイギリスとヨーロッパの利潤率の差ははなはだ小さいという事実を確認していると述べ、さらにイギリスの生産者たちはヨーロッパの生産者たちによって、低賃金を理由に競争に負けるというのは不合理な意見であるといっている。つまり、中川氏の議論において、このミルの論理は、先進国は後進国に比べて労働者が受け取る労賃は高いにもかかわらず、資本家が支払う労賃は低いということである。

2.「世界労働」について

国際価値論争は大きく二つのグループに分かれる。中川氏のグループは、名和統一、吉村正晴、松井清ら各氏とともに国際価値実体肯定説と、木下悦二、行沢健三、木原行雄ら各氏の国際価値実体否定説に分かれる。そして、中川氏は国際価値の実体を、「商品の出自を問わない」「その外国貿易部門の労働が国際分業の諸環を構成する」そういった労働を世界労働と把握する。これは「普遍的労働」（河上肇氏）、「世界的な普遍的労働」（名和統一氏）との定義をとらない。なぜならば、「『普遍的』という語は、金、銀、宝石などのように時間によってもまた場所によっても規定されないものを形容する言葉である。この点から言えば、労働に関して、空間を超えるが時間を超えない労働と空間も時間も超える労働と二つを区別しなければならない。国際価値の実体としての世界労働は前者すなわち空間を超えるが時間を超えない労働に対応し、『科学的労働』としての『普遍的労働』は後者すなわち時間も空間も超える労働に対応している」（本書六〇―六一ページ）。さらに、これは高畠素之氏と長谷部文雄氏によって世界労働と翻訳されている点を踏襲したものでもある。

さらに、この世界労働概念は、単に語義的処理に基づくものでなく、中川氏の壮大な学説史研究の一部である古典派経済学の「世界」概念から、「世界的または国際的」なる意味を次のように認識することによる。すなわち、ケネーの「異なる数カ国に跨がる世界共和国」、スミスの「大商業共和国」、そしてリカードの「文明社会全体にわたる諸国民の世界社会」あるいは「交換は文明社会のすべての諸国民を利益および友好関係という共通の結節点によって結びつけ、文明世界を単一の大社会（にする）」などを参考に世界労働概念に到達し、「国民労働の世界労働への発展

（つまり、発生史的方法）」を主張し、「国民的労働の普遍的労働への還元（つまり、還元主義）」との見解を退けるに至る。

さて、この出自を問わない、国際分業の諸環を構成する世界労働概念の背後に存在する認識対象の世界市場は、「資本主義的生産様式と前資本主義的または非資本主義的生産様式が同時並存する世界市場、端的にいって、資本主義的生産様式によって支配された世界市場」（本書一七四ページ）である。つまり、国際価値論研究という世界市場における理論研究を行うものにとって、宇野弘蔵氏の経済学方法論、すなわち「共同体と共同体の間に行われる商品交換」や「資本主義社会の成立の前提条件をなす国際的商品交換」は「必然的法則の根拠」になりえないとする意見にたいして、批判する。そのさい、中川氏の国際価値論の進め方の特徴は、「世界労働の土台のうえに国際価値、国際市場価値または国際市場価格を次々と把握していく」（本書一七四ページ）点にある。したがって、世界労働概念の解明が不可欠となる。

例によって、中川氏は学説史的考察をもって、世界労働導出の源泉としての世界市場の構造を把握してゆく。資本主義的生産様式に支配された世界市場として、マルクスはどのような世界市場を想定したか。それは、「その生産がまだ奴隷労働や夫役などという低級な形態で行われている諸民族が、資本主義的生産様式の支配する世界市場に引き込まれ、世界市場が彼らの生産物の外国への販売を主要な関心事までに発達させるようになれば、そこでは奴隷制や農奴制の野蛮な残虐のうえに過度労働の文明化された残虐がつぎ木されるのである」（*K.* 1, S. 250）。中川氏はここから、「これらの奴隷や農奴の労働も、その綿花や砂糖や小麦などの生産が同時に世界市場向けの商品生産を行っているかぎりは、世界労働であるとの結論を導き出した」（本書一七八ページ）。

さらに、同様の見解を「世界システム」論に発見する。アミンは、現代世界はすべて世界システムに統合されている、とする。この「世界資本主義システム」は開発世界が「中心部構成」、低開発世界が「周辺部構成」とよばれ、後者から前者に価値移転が起こり、これが「世界的規模における蓄積」である。そして、特にアミンの概念の特色を示す「貢納的生産様式」としてインド、中国、そしてエジプトをあげ、特徴点3点、すなわち（1）共同体または貢納的生産様式の優勢、（2）限定された部面における単純商品関係の存在、（3）遠隔地商業の存在、を紹介している（本書一七九‐一八〇ページ）。

ウェーラーステインもまた、唯一の社会システムは「世界システム」と呼び、共通の政治システムの有無によって「世界帝国」と「世界経済」にわけ、ヨーロッパに経済余剰の新たな収奪形態である資本主義的「世界経済」が生み出され、共通の政治システムの存在する「世界経済」が確立されたという。ウォーラーステインの「世界経済」が決定的に意味を持つ条件として、（1）当該世界の地理的規模の拡大と「世界経済」が生み出す多様な生産物、（2）「世界経済」を構成する各地域に適した「労働管理の方法」の開発、（3）比較的強力な国家機構の創出、の三つである。さらに、中川氏が注目しているのは、「中核部」における賃金労働と自営、「周辺部」にはブラジルとカリブ海諸国の奴隷制、東欧の「再販農奴制」、スペイン領新世界のエンコミエンダ制、そして「半周辺」にはイタリア、南仏に存在する分役小作制が存在している。さらに、これらの「労働管理様式」は「利潤が『不平等交換』の結果であるような、『ある市場における利潤目当ての生産』」による交換諸関係によって有機的全体が決定されている。

そこで中川氏はいう。すなわち、「彼らが『世界資本主義システム』や『世界システム』を見るところに、われわれは世界労働を発見する」。「互いに独立に営まれた各国民または各地域の私的諸労働の総体は、非常にさまざまな諸生産様式を含み、かつ国際交換によってのみ媒介される国際分業体制を形成するが、この場合これらの私的諸労働は世界労働となる。そして、ここに非常にさまざまな諸生産様式というのは、アミンのいう『周辺部資本主義構成』内のさまざまな『生産様式』であり、ウォーラーステインのいう『世界システム』の一環としてのさまざまな諸『労働管理様式』である。世界労働は、資本主義的賃労働だけでなく、このように『貢納的生産様式』や奴隷制、あるいは『再販農奴制』も世界市場に媒介されて国際分業体制の諸環となるところに成立する概念である」（本書一八三ページ）。

ここに、中川氏の世界労働概念が確立され、論理的にはこれをベースに国際価値、さらに国際市場価値が展開される。

3．「世界市場における競争と国際価値」について

さて、国際価値論の中枢部分である価値法則のモディフィケーションをどのように解釈するかという最重要課題がある。そこで、少し長いが、中川氏による「修正」の解釈を引用しておこう。

「価値法則のモディフィケーションは、それが国際間に適用される場合にのみ起こるものではない。価値法則のモディフィケーションは国内であっても起こる。すなわち、価値法則のモディフィケーションは、資本主義的生産様式の発展段階の相違に基づく国民的労働の強度および生産力の相違という厳然たる事実によって、たとえば世界市場においてある一日の労働が、他の国民の三日の労働と等しいというふうに行われるばかりか、国内でも、それより強度の大きいまたはより生産性の高い一時間の労働が、より強度の小さいまたはより生産性の低い三時間の労働と等しい、というふうにも行われるものなのである。そして、ここにいう単なる労働時間とは国内では、より強度が大きいまたはより生産性が高い労働時間と対比しての社会的必要労働時間のことであり、また世界市場では、この社会的必要労働時間にほかならない国民的必要労働時間のことであって、かつこれが国際間ではそのままの形では妥当しないこと

を示す言葉なのである。とうはいえ、価値法則のモディフィケーションは、価値法則の廃棄を意味するのではなく、それの貫徹を意味するのである」（本書九ページ）。

まず確認すべきは、中川氏にあっては国民経済レベルの市場価値法則、すなわち、個別諸価値の平均値（加重平均）として導出される市場価値を導くメカニズム（部門内競争）がそっくり世界市場で適用されうるとしていることである。そして第二に、国民経済においてはこうして形成された社会的価値によって個別諸価値は度量されることにより、より強度の大きく生産性の高い一時間労働がより強度が小さくて生産性の低い三労働時間とが等しいと評価されることになるが、世界市場でも同様に、国際的価値（国際市場価値）による度量をつうじてある国民の一労働日が他の国民の三労働日と等しい、ということになる。第三に、したがって、このように考えた社会的価値から国際的価値への度量単位の変更が価値法則のモディフィケーションということになる。この度量単位を労働時間単位で表現すれば、社会的必要労働時間（国民的必要労働時間）から、「世界的あるいは国際社会的に必要な労働時間」となる。この点はマルクスの以下の叙述が論拠になる。「たとえば、綿花の価値の尺度は、イギリスの労働時間によってきまるのではなく、世界市場における平均的必要労働時間によって決まる」（『一八六一—一八六三年草稿抄——機械についての断章——』マルクス・ライブラリ②、大月書店、一九八〇年、二三ページ）。そこで、このモディフィケーションを前提に、国際価値の導出をより詳しく見れば次のようになる。

中川理論では、「国際価格の形成はマルクスの市場価値論の国際的適用によって明らかにされる」（本書二六—二七ページ）のであり、したがって、世界市場において同種商品の生産部門における競争（部門内競争）を通じて様々な個別的価値（後述するが、序章および第三章では同じ意味に「国際個別的価値」という言葉が当てられる）の加重平均により国際市場価値が決まる。これが、国際需給一致のもとでこの理論がいう「国際市場価値の一般規定」である。そして、この国際市場価値は「世界労働という社会的実態を持つ国際価値」にほかならず、その大きさは「世界的または国際社会的に必要な労働時間」によって規定される」のである。一方で、国際需給不一致の場合には、「社会的労働時間のうちにただこれだけの分量が社会的欲望の充足のために必要だという」（マルクス）規定が加わり、これが「国際市場価値の特殊規定」とされる。

まず需給一致の場合（社会的欲望を捨象して）、同一部門内の生産条件の相違を上位、中位、下位の三つにわけるとすれば、商品総量の中でどのような量的比率を占めるかによって市場価値が異なる。すなわち、中位の生産条件のもとで生産された商品が大量を占めた場合にはその商品の個別的価値が市場価値を規定し、下位の生産条件が大量の場合はその商品の個別的価値が、そして上位の生産条件が大量の場合はその商品のそれぞれ個別的価値が市場価値の規定者になる。つまり、量的比率（大量）というウェートがかかった平均値であるので加重平均となる。世界市場においても同様である。いま、国際間で労働の強度を一定として労働の生産力の相違を考えれば、この相違は生産諸条件の相違によってさまざまな同種商品はさまざまな個別的価値をもつ。そして、「国際市場価値はさまざまな個別的価値の加重平均によって規定される」（本書一二二ページ）。

そうすれば、国際市場価値以下の個別的価値を持つ商品を生産する生産性の高い生産者は、国際特別剰余価値または国際超過利潤を獲得するが、反対に国際市場価値以上の個別的価値を持つ生産者はその剰余価値の一部を実現することができない。したがって、諸資本は各個別的価値を引き下げようとするし、個別的費用価格を低廉化しようとするであろう。これが世界市場における諸資本間の競争である。

次に、国際需給が不一致の場合（国際市場価値の特殊規定）はどうか。「商品量が過少な場合には、最悪の条件の下で生産される商品が市場価値を規定し、過大な場合には、最良の条件のもとで生産される商品が市場価値を規定する」（本書一二四ページ）。その際、「社会的必要労働時間のうちにただこれだけの分量が社会的欲望の充足のために必要だということ」（K. Ⅲ, S. 649）を、国民的領域でのマルクスの議論を引いた後、つぎのように展開される。「この場合には、商品の国際市場価値はその商品の生産のためにすでに投下された労働量によって規定されるのではなく、世界的または国際社会的な欲望の充足のために必要な労働時間によって規定される。この規定は、先の国際需給一致のもとで国際市場価値の一般規定に対して、それの特殊規定をなすものと言えよう」（本書一二四ページ）。

さて、ここで需給関係の問題から離れて議論をもう一度市場価値論の世界市場への適用問題に戻そう。本書の序章で以下のように述べられている。ここでは市場価値論の世界市場への直接的とも言える論理とは少し趣が異なる。まず、国民的労働の世界労働への還元の仕方である。国民的労働の中位の強度は国が異なれば異なる。だから、これらの種々の国民的諸平均は世界市場では段階状をなしており、その度量単位は世界労働の平均単位、すなわちその中位のまたは「通常の強度」である。ミルの説例、すなわちイギリスの一〇ヤールのラシャとドイツの一七ヤールのリンネルとの交換のように、異なる使用価値ラシャとリンネルが一定の量的比率で等値されるのは、「同じ労働」（ミル）を要したからである。マルクスの言葉で言えば、それぞれの商品が同等な人間労働または抽象的人間労働の同等な分量を有しているからである。だから、「より強度の大きい国民的労働がより強度の小さいそれにくらべて、同じ時間内に、より多くの価値を生産するのは、それぞれ段階状をなす諸国民的労働がそれらの共通の単位である世界労働に還元され、その世界労働の中位の、または『通常の強度』によって、価値すなわち国際価値が度量されるからのほかならない」（本書一五一一六ページ）。

このように導出された度量単位は「世界的労働の平均単位」（マルクス）であり、強度のより大きな国民的労働はそれがより小さい国民的労働より大きい価値を生産すると評価されることにより、この価値はより多くの貨幣で表現されることになる。「すなわち、世界市場では、国際価値の大いさは世界労働の分量、したがって世界的または国際的必要労働時間によって規定されるのであって、個別的必要労働時間によってそれが規定されるのではない。したがって、当然、世界市場では、同種の商品の国際価値の大いさは同一である。したがってまた、いま労働の国民的生産力に先に見たような相違があれば、それは、より生産性の高い国民的労働がより生産性の低い国民的労働に比べてより多くの国際価値を生産することによってあらわされることになる。

ところで、世界市場では個々の商品の国際価値の大いさは同一であるとしたが、少し立ち入ってみれば、この点は複雑な問題を含んでいることがわかる。一般に、国民的生産力が高い進んだ国でも、個別的生産力の点で相対的にさらにより高いまたはより低い産業部門があり、また、反対に、国民的生産力の低い遅れた国でも、個別的生産力の点で相対的にさらにより低いまたはより高い産業部門がある。したがって、たとえ同種商品であっても、労働生産力のこの相違に応じて個々の商品の生産に要する世界労働の分量は著しく異なってくる。これはいったいなんと呼ばれるか。一応、ここではこれを国際個別的価値と呼ぶことにしたい」（本書一八ページ）。

この「国際個別的価値」は、「労働生産力のこの相違に応じて個々の商品の生産に要する世界労働の分量は著しく異なってくる」のであるから当然「世界的労働の平均単位」で評価されていることになる。すなわち、「修正」されているのである。さらに「国際個別的価値」は個別的価値であるから世界市場における当該部門内での競争によって、均等化され国際市場価値が現れるであろう。問題は、各国民的労働はその中位の強度に照応して、「世界的労働の平均単位」で評価され、より大きな貨幣で表現されるということであろう。つまり、ある国民的生産力が進んだ国の国民的労働はどの部門も一括して、その中位の強度に照応して、評価され、同一比率でより多くの貨幣で表現されることによって「修正」されるであろう。これが中川氏の言う「国際個別価値」であると考えられる。しかし、当該国において相対的に生産性の高い部門の個別的価値は、そうでない部門のそれよりも、国際個別的価値は小さいであろう。そして、それは、国際的市場価値を下回るであろうから超過利潤が発生するであろう。そうでない部門はみずからの剰余価値の一部を実現できない。

この点を「国際間における労賃の相違」として中川氏の次のような議論は右の点を示していると考えられる。「労賃は多かれ少なかれ各国民の中位の労働強度に対応している」（本書一〇六ページ）ので、労賃は右の「修正」にしたがって、われわれが問題にしているより生産力の高い国においてはより多くの貨幣で表現されることになる。「マルクスによる労賃の国際比較のもう一つの意義は、資本主義的生産の発達した国においては、世界市場における競争においてそれ自体不利なより高い労賃をそのより高い労働の生産性と強度によってどれほど埋め合わせることができるか、また、それが未発達な国においては、競争において有利なより低い労賃がそのより低い労働の生産性と強度をどれほど埋め合わせることができるか、ということを明らかにして、労賃と生産性と強度、それに労働日とをそれぞれ別のものとしてではなく、競争諸要因を構成する同じものとして把握していることである」（本書一〇六ページ）。

4.「国際搾取」と「国際不平等交換」について

国際交換に関して、「国際平等交換」、「国際不平等交換」、「国際等価交換」および「国際不等価交換」の諸概念をめぐって、内外の議論は混乱を極めてきたが、中川氏により見事な交通整理がなされている。そして、この交通整理には、世界市場における価値法則のモディフィケーション、国際的市場価値、国際価値、世界労働といった中川理論の理論ツールがフルに活用されることになる。そういった意味でも、最後に紹介しておく意義は大きいであろう。

国際搾取概念に関しては、マルクスの叙述に基づき次のように展開される。「一方の諸国民は他方の諸国民の剰余労働の一部分を、これに対して交換で何ら対価を支払わずに引き続き領有する」（*Gr*, s. 755）。「より富んでいる国がより貧しい国を搾取する」（*Mw*. Ⅲ, s. 101）。「恵まれた国は、より少ない労働と引き替えにより多くの労働を取り返す」（*K*. Ⅲ, s. 284）。「ある国の三労働日は他の国の一労働日と交換されうる…。このような場合には、より富んでいる国がより貧しい国を搾取することになり、それは、たとえあとの方の国が交換によって、利益を得るにしても、そうである」（『剰余価値学説史』『全集』Ⅲ、二四八ページ）。したがって、このような不等労働量の国際間の交換が国際搾取であり、「今日の言葉で言えば、国際間の価値移転である。したがって、交換が価値を生むという主張とは全く無縁のものである」（本書七四ページ）。

そして、さらに議論は展開される。価値法則が貫徹される世界市場において、すなわち世界労働という価値実体を持つ国際価値に基づく不等労働量の交換、たとえば世界市場における異なる国の間での一労働日と三労働日の交換は、同等の国際価値量を生産されるものとして相互に交換される場合、これは等価交換である。しかし、不等労働量の交換であるので国際搾取である。国際価値論で問題にすべき国際搾取は、この国際価値に基づく等価交換のもとでの不等労働量交換である。等価交換があれば不等価交換がある。しかし、「労働力の価値以下への労賃の切り下げや国際価値どおりでない国際不等価交換は、現実にそのような方法による搾取が行われているとはいえ、これでもって搾取の説明としてはならないであろう」（本書八七ページ）との考えに基づき、国際搾取は国際等価交換に基づく不等労働量交換とされる。

しかし、注意が必要である。すなわち、このことを持って国際搾取といえるのはそれが生産性の相違によって起こる場合に限られ、労働強度の相違に基づく場合は搾取とは言えない。なぜならば、「労働の強度の場合には、一労働日と三労働日の交換といっても、強度のより大きい一労働日と強度のより小さい三労働日は労働の内包的大きさと外延的大きさという違いがあるとはいえ実質を備えた同じ労働量の交換である」（本書七七ページ）からである。他方、「労働の生産力の場合は、そのより生産的な国民的労働は、そのより生産的な国民が自分の商品をその価値ではなく国際価値で販売する限り、強度のより大きい国民的労働として数えられるだけであり、その労働は実質を備えたものではない」（本書七七ページ）。したがって、国際搾取とは、生産性の相違に基づく不等労働量交換ということになる。

さて、以上のように国際交換に関する諸概念を整理した上で、中川氏は国際交換に関する国外の論者の状況を詳しく分析している。

フランス派の「不平等交換」論争は、アルジリ・エマニュエル、シャルル・ベトレーム、サミール・アミン、クリスチャン・パロワ等によって展開された。そこで、中川氏はエマニュエル、アミン、パロワの理論を五点に要約している。第一に、資本の可動性および労働力の非可動性によって利潤率の国際的均等化を導く。第二に、日本の国際価値論争や（西）ドイツの国際価値論研究で重要な位置を占める、国際間における価値法則のモディフィケーションや貨幣の相対的価値の相違などの問題がその理論体系から抜け落ちていること。第三に、彼らの「不平等交換」論で国際搾取を証明しようとしているのか、国際不等価交換を証明しようとしているのか不明である。第四に、三者はそれぞれ、エマニュエル「不平等交換」論、アミン「世界価値の国民価値に対する優位性」論、パロワ「国際価値から世界生産価格への推移」が批判的に取り上げられること。第五に、エマニュエルの「不平等交換」論から、労働者階級の国際連帯に対する否定論が導きやすいこと。

この最後の点は、前の四つの点から結論され、しかもフランス派の代表たるエマニュエルの議論であるので敷衍すると次の通りである。表1-2（本書九〇ページ）がエマニュエルの「本来の意味の不等価」にあたるものであり、世

表．中川氏による「不平等交換」と不等価交換の区別

	フランス語	英　語	ドイツ語
不平等交換	échange inégal	unequal exchange	ungleicher Tausch
不等価交換	Échange entre non-equivalents	exchange of non-equivalents	Austausch von Nichtäquivalenten

（出所）　本書第二章の叙述による

界市場で利潤率は均等化し二五％で、価値法則の修正は考慮されておらず、したがって国際価値が導出されていない。この条件の下で、エマニュエルが「一七〇時間の労働を体化したそれぞれの生産物が、賃金以外二国間で一切相違していないにもかかわらず、二一〇B＝一三〇Aの比率で交換される。このように、他の条件がすべて等しい状況の下で、賃金の不平等が不平等交換の唯一の原因であることは明らかとなる」（Emmanuel［1972］p. 61）というばあい、資本の可動性で利潤率は均等化するという条件下で労働の不可動性のもとで賃金水準の違いが価値移転を引き起こすとの認識からもたらされる。しかし、中川氏は、この表の設定が資本の有機的構成も剰余価値率も違う両国の交換に基づいて四〇mがB国からA国への剰余価値の移転を示していると指摘した後に、エマニュエルの定義は、「『不平等交換』とは『交換の不平等』であり、『交換の不平等』は『賃金の不平等』である。『不平等』なるがゆえに『不平等』。しかし、大切なことは、この『不平等』を証明することである」（本書一三九ページ）と指摘している。もちろん、この指摘の背後に、国際価値に基づく等価交換を前提とした国際搾取が念頭に置かれていたことはいうまでもない。

ここで注意すべきは、中川氏が「不平等交換」と不等価交換を表のように厳密に区別していることである。すなわち、彼らフランス派の三人が échange inégal のタームでもって国際搾取（「国際等価交換のもとでの不当労働量交換」）を証明しようとしているのか、国際不等価交換を証明しようとしているのか不明であるということになる。この点に関して、ベトレームがアミンに送った手紙で、「さまざまな諸国によって供給される生産物は、それらの世界価値において交換されることが認められた時点から『不平等交換（échange inégal）』（わたしはそれを使用するのに反対した）という用語自体は放棄されるべきだと思われます。なぜなら、諸国間の『不平等』は、さまざまな諸国において同一の生産物を獲得するのに支出しなければならない労働量の不均等に由来するからです」と指摘しているのは、注目すべきである。いずれにしても、これは、明らかに彼らが「価値法則のモディフィケーションや貨幣の相対的価値の相違などの問題」を看過したことに起因している。くり返すなら、価値法則のモディフィケーションそれ自体が中川氏にとって資本不移動下の市場価値論の世界市場への適用であるので、そもそも資本の移動による利潤率の均等化という条件設定は最初から認められないものである。

さて、フランス派が国際不等価交換と国際搾取を含むあいまいな「不平等交換」論を展開したのに対して、ジフリー・ケイとアウグスティン・クエバは、「『不平等交換』を不等価交換の意味に解する見解」として、すなわち、本来不等価交換である事態を間違った「不平等交換」概念で捉えている、としている。紙幅の関係で前者のみ紹介しよう。たとえば、ケイは以下のようにいう。「産業資本は、商品の価値と等価の価格で売買するすべての商品の交換によって、社会の剰余生産物を剰余価値や利潤の形態で手に入れることができるのに対して、商人資本は不等価あるいは不平等交換で確保しなければならない」（本書一五二ページ）。「低開発世界は産業資本に広大な潜在的市場を提供し、この市場において産業資本は開発世界のプロレタリアートから絞り出す剰余価値を実現し得ただけでなく、不平等交換を増大させることができた。産業資本の利潤は、もう一つの仕方の不平等交換、すなわち原料や食料をその価値以下で買うことによって、同様に増大させたのである」（傍点は追加）（本書一五二ページ）。ここに、中川氏はケイが正当にも価値（国際価値）を措定している点と、不当にも不等価交換という事態を「不平等交換」という言葉で表している点をみている。

次に、本書では、ドイツ派の議論に移る前にベルギーのエルネスト・マンデルの議論が検討されている。マンデルは「『不平等交換』を不等労働量交換の意味に解する見解」として、すなわち、実際には国際価値にもとづく等価交換の下で生じている不等労働量交換を、マルクスの価値法則の世界市場での適用として捉えていながら、それを「不平等交換」と称している見解である。曰く、「不平等交換（ungleicher Tausch）にもとづく価値の喪失や獲得はどこから生じるのか。マルクスはそれに明白な回答を与えている。それは一般的な労働価値説を国際貿易に適用することによってである。資本主義時代の不平等交換は結局不等労働量交換に帰着する」（本書一五六ページ）。そこで、中川氏はフランス派との比較で次のように述べる。「マンデルによれば、こうして不等労働量交換は価値法則に対立するものではなくむしろそれの貫徹の結果としておこるものであり、それはまた、彼らフランス派の主張するように、利潤率の国際的均衡化によるものではなく、むしろこのような均等化がないにもかかわらず生じるのである」（本書一五七ページ）。

ドイツ派のクリステル・ノイジースおよびクラウス・ブッシュにおいては、さらにその概念は中川理論に近付いていく。ノイジースは次のようにいう。「国際価値との関連では、より生産的な国はより生産性の低い国に比べてより多くの価値を生産する。その労働はより大きな生産力の労働である。世界市場において不等国民的労働量が交換されても、それは不等価値が交換されるとはいわない」（本書一五七ページ）。つまり、等価値の（国際価値にもとづく）交換という認識に近付いているが、国際価値の措定に成功していないようである。

ブッシュは、「この不平等交換（ungleicher Tausch）の内容は不等価交換（ungleicher Tausch von Werten）として理解されるべきでなく、ただ、不等労働量交換としてのみ理解されるべきである」（Busch［1974］s. 57）（本書一五七ページ）。つまり、かれも同様に、国際価値に基づく等価交換を通じての不当労働量交換という考えに近接しているのである。

「アルジリ・エマニュエルやクリスチャン・パロワやサミール・アミンなどのフランスの著述家たちの帝国主義論においては、マルクスの国際価値論の基礎のうえで展開された不平等交換（ungleicher Tausch）のカテゴリーとは矛盾する不平等交換概念が発展させられている」（本書一五七―一五八ページ）といっており、前者の「不平等交換」を国際等価交換と直せば論理一貫するということであろう。

そこで、中川氏は次のように結論づける。「結論先取り的にいえば、この不等労働量交換は、国際等価交換のもとで、すなわち国際価値通りの交換のもとで行われるのである。そして、国際等価交換のもとでの不当労働量交換、これが国際搾取のなかみなのである」（本書一五八ページ）。「フランス派にたいする西ドイツ派の主張の特色は、とりわけ国際価値論の構成の中にあらわれ、前者が、さきにみたように、国際生産価格論の立場に立つのにたいし、後者は国際市場価値論の立場をとる。ここから、このような西ドイツ派によるフランス派の『不平等交換』論の批判が生まれてくるのである」（本書一五八―一五九ページ）。

以上、非力を顧みず思い切ってまとめてみた。中川先生が久保新一先生と共同で編集された、久保新一・中川信義編『国際貿易論』が出版されたのが一九八一年のことである。その中で中川先生は本書の第一章に当たる部分を執筆されている。以降、マルクス経済学分野で「貿易論」や「国際経済学」と称する本があまり見なくなったように思える。価値論をベースにした国際経済学は、理論的に大変骨の折れる作業であるからということはもとより、当該分野の理論離れがひびいているように感じる。経済学は、経済事象を質量面で分析する学問であり、概念的把握とともに定量的把握が重要である。特に、国際価値の措定とその量的規定は最重要課題と思う。その意味でも、本書が大いに役立つことを願うばかりである。

中川信義略歴・著作目録

中川信義略歴

一九三九年六月一五日　京都市に生まれる
一九五九年三月　京都府立鴨沂高等学校定時制卒業
一九六四年三月　京都学芸大学第一社会科学科卒業
一九六六年三月　九州大学大学院経済学研究科修士課程修了
一九六九年三月　九州大学大学院経済学研究科博士課程単位取得退学
同年　　四月　九州大学経済学部助手
一九七〇年一〇月　大阪市立大学経済研究所助手
一九七一年四月　大阪市立大学経済研究所講師
一九七四年四月　大阪市立大学経済研究所助教授
一九八五年四月　大阪市立大学経済研究所教授
二〇〇三年三月　大阪市立大学経済研究所退職
同年　　大阪市立大学名誉教授

学　位　経済学博士（九州大学、一九七三年七月）

在職中の主な役職
大阪市立大学経済研究所所長（一九九二年四月〜九三年三月）
大阪市立大学評議員（一九九〇年四月〜九二年三月）
専　攻　国際貿易論（資源経済論）
所属学会　国際経済学会、経済理論学会

留学・出張
一九七六年以降，イギリス・フランス・オーストリアへ留学・出張
一九七九年以降，韓国（慶北大学・高麗大学等）へ四回留学・出張
一九九六年以降　中国（九六年天津社会科学院客座教授就任）へ四回調査

中川信義著作目録

（著書）

＊共編著『国際貿易論』有斐閣、一九八一年一二月
＊編著『アジア新工業化と日米経済』東京大学出版会、一九九〇年三月
＊編著『国際産業論――グローバル・インダストリ論序説』ミネルヴァ書房、一九九三年三月
＊編著『アジア・北米経済圏と新工業化』東京大学出版会、一九九四年三月
＊編著『イントラアジア貿易と新工業化』東京大学出版会、一九九七年九月

（翻訳）

＊「トレンズ・エコノミスト論難（一）」大阪市立大学経済学会『経済学雑誌』第七〇巻一号、一九七四年一月
＊「トレンズ・エコノミスト論難（二）」大阪市立大学経済学会『経済学雑誌』第七〇巻四号、一九七四年四月
＊「トレンズ・エコノミスト論難（三）」大阪市立大学経済学会『経済学雑誌』第七〇巻五号、一九七四年五月

（論文）

＊「貨幣の相対的価値の国民的相違（一）――その世界市場での諸資本の競争との連関について――」九州大学大学院経済学研究科『経済論究』一九六九年三月

＊「貨幣の相対的価値の国民的相違（二・完）――その世界市場での諸資本の競争との連関について――」九州大学大学院経済学会『経済学研究』一九六九年六月
＊「戦後日本の再生産と貿易」世界経済研究協会『世界経済評論』第一五巻四号、一九六四年四月
＊「国際間における搾取について――世界市場と価値法則（一）――」大阪市立大学経済学会『経済学雑誌』第六五巻二号、一九七一年八月
＊「国際間における価値法則のモディフィケーションについて――世界市場と価値法則（二）――大阪市立大学経済学会『経済学雑誌』第六五巻五号、一九七一年一一月
＊「世界市場での競争と費用価格」大阪市立大学経済学会『経済学雑誌』第六六巻二・三号、一九七二年三月
＊「世界市場における価値法則と競争――価値法則の国際的適用――」高木幸二郎編『産業循環と恐慌の理論』ミネルヴァ書房、一九七二年三月
＊「帝国主義の批判」宇佐見誠次郎・宇高基輔編『マルクス経済学講座』第二巻、有斐閣、一九七二年一〇月
＊「先進資本主義国の発展途上国向け直接投資の動向――アメリカ・日本・西ドイツ」大阪市立大学経済研究所編『国際経済協力と発展途上国』（大阪市立大学経済研究所報・第二三集）日本評論社、一九七三年四月
＊「物価と賃金――国際比較の視角――」大阪市立大学経済研究所『研究と資料』第三四号、一九七三年一一月
＊「宇野弘蔵氏の世界経済論批判――世界経済論の対象と方法――」新日本出版社『経済』第一二一号、一九七四年五月
＊「海外直接投資の要因と趨勢――多国籍企業と世界経済（一）――」大阪市立大学経済研究所『研究と資料』第三六号、一九七四年一一月
＊「アメリカの海外直接投資と海外生産――多国籍企業と世界経済（二）――」大阪市立大学経済研究所『研究と資料』第三

七号、一九七五年六月
＊「都市部落における労働者の状態」部落問題研究所『部落問題研究』第四三号、一九七六年一月
＊「大都市における部落の変化と運動の課題」部落問題研究所『部落問題研究』第四八号、一九七六年六月
＊「多国籍企業と米欧間相互投資の現段階――『ヨーロッパの挑戦』時代への転換を見すえて――」世界経済研究協会『世界経済評論』第二〇巻六号、一九七六年六月
＊「多国籍企業と国際生産――アメリカ多国籍企業による世界の経済的分割――」国際経済学会『国際経済』第二七号、一九七六年一一月
＊「ラテン・アメリカにおける多国籍企業――直接投資・産業支配と外資政策――」尾崎彦朔・奥村茂次編『多国籍企業と発展途上国』（大阪市立大学経済研究所報・第二六集）東京大学出版会、一九七七年三月
＊「ヨーロッパにおけるアメリカの直接投資――多国籍企業と大西洋を越える投資（一）――」大阪市立大学経済研究会『経済学雑誌』第七六巻五号、一九七七年五月
＊「部落問題と国民融合――人種問題と『国民統合』との対比において――」部落問題研究所『部落問題研究』第五七号、一九七八年六月
＊「韓国における外資導入――『相互依存』世界における韓国経済（一）――」大阪市立大学経済研究会『季刊経済研究』第二巻一号、一九七九年六月
＊「国際価値論の基本問題――世界市場においてどのように価値法則が貫かれるか――」世界経済研究協会『世界経済評論』第二三巻八号、一九七九年八月
＊「労賃の国民的相違」岡崎栄松他編『解説資本論（一）』有斐閣、一九七九年一二月

＊「韓国における国家資本主義的発展の構造——再生産構造と貿易構造——」尾崎彦朔編『第三世界と国家資本主義』（大阪市立大学経済研究所報・第二九集）東京大学出版会、一九八〇年三月

＊「危機における韓国経済の再生産構造——『新興工業国』韓国の経済——」新日本出版社『経済』第二〇〇号、一九八〇年一二月

＊「多国籍企業」奥村茂次他編『近代国際経済要覧』（統計資料）東京大学出版会、一九八一年三月

＊「旧国際価値論争の総括——国際価値論の現段階——」エマニュエルなど著（原田金一郎訳）『新国際価値論争』拓殖書房、一九八一年六月

＊「多国籍企業と資本輸出をめぐる諸問題」信用理論研究会編『信用論研究入門』有斐閣、一九八一年九月

＊「多国籍企業と対外直接投資」林直道・杉本昭七編『講座・今日の日本資本主義』第一巻、大月書店、一九八一年一〇月

＊「国際貿易の理論問題」中川信義・久保新一編『国際貿易論』有斐閣、一九八一年一二月

＊「韓国における外資導入——『相互依存』世界における韓国経済（二）——」大阪市立大学経済研究会『季刊経済研究』第二巻一号、一九八二年四月

＊「新興工業国における外資導入——外国直接投資と対外債務——」奥村茂次・山崎春成編『現代世界経済と新興工業国』（大阪市立大学経済研究所報・第三一集）東京大学出版会、一九八三年三月

＊「『不等価交換』と国際価値論——エマニュエル、アミン、パロワの『不平等交換論』批判——」新日本出版社『経済』第二三〇号、一九八三年六月

＊「国際価値論をめぐる若干の理論問題」奥村茂次・村岡俊三編『マルクス経済学と世界経済』有斐閣、一九八三年九月

＊「韓国の対外直接投資と企業の多国籍化」大阪市立大学経済研究会『季刊経済研究』第六巻二号、一九八三年九月

＊「国際エネルギー価格と国際価値論」大阪市立大学経済研究会『季刊経済研究』第七巻一号、一九八四年六月
＊「石油価格と国際価値論」国際経済学会『国際経済』第三五号、一九八四年九月
＊「多国籍企業と国際産業体制」巽信晴・浜田博男編『先端技術と産業体制』（大阪市立大学経済研究所報・第三四集）東京大学出版会、一九八五年三月
＊「帝国主義論——現代世界経済把握の基本視座——」新日本出版社『経済』第二五三号、一九八五年五月
＊「国際的交換」木下悦二他編『資本論体系』第八巻、有斐閣、一九八五年八月
＊「韓国における外国直接投資と多国籍企業（一）」大阪市立大学経済研究会『季刊経済研究』第八巻四号、一九八六年三月
＊「解放理論の前進のために——独占資本主義と部落問題——」部落問題研究所『部落問題研究』第八七号（特別号）、一九八六年六月
＊「いわゆるＮＩＣｓの構造的特質と歴史的位置——韓国経済の再生産構造に即して——」土地制度史学会『土地制度史学会秋季学術大会報告要旨』（一九八六年度）、一九八六年一〇月
＊「韓国における外国直接投資と多国籍企業（二）」大阪市立大学経済研究会『季刊経済研究』第九巻三号、一九八六年一二月
＊「東アジア新興工業国としての韓国経済」奥村茂次編『アジア新工業化の展望』（大阪市立大学経済研究所報・第三六集）東京大学出版会、一九八七年三月
＊「貿易」大阪市立大学経済研究所編『データでみる大阪経済六〇年』（大阪市立大学経済研究所報・第三八集）東京大学出版会、一九八九年三月
＊「世界市場・世界商品・世界労働（一）」大阪市立大学経済研究会『季刊経済研究』第一二巻一号、一九八九年六月

＊「アジア新工業化と日本経済」中川信義編『アジア新工業化と日米経済』（大阪市立大学経済研究所報・第三九集）東京大学出版会、一九九〇年三月

＊「韓国資本主義分析への序説」大阪経済法科大学経済研究所『研究年報』第一〇号、一九九一年三月

＊「世界市場・世界商品・世界労働（二）」大阪市立大学経済研究会『季刊経済研究』第一四巻一号、一九九一年六月

＊「佐藤秀夫報告『国民的生産性格差概念の再検討』へのコメント」国際経済学会『国際経済――地域主義と世界経済――』第四二号、一九九一年一〇月

＊「『東アジア経済圏』と日本経済」（シンポジウム）、新日本出版社『経済』第三三二号、一九九一年一二月

＊「経済的不平等と部落問題の解決への展望」全国水平杜創立七〇周年記念事業中央集行委員会・全解連愛知県連、一九九一年一二月

＊「相互依存世界における韓国の新工業化――再生産・貿易・対外直接投資――」関寛治・西口清勝編『アジア太平洋の時代と日本』法律文化社、一九九二年三月

＊「変容する東アジア経済の発展構造と日本――日米の役割の変容――」（シンポジウム）、新日本出版社『経済』第三四五号、一九九三年一月

＊「日本経済とアジア・北米経済圏」中川信義編『アジア・北米経済圏と新工業化』（大阪市立大学経済研究所報・第四三集）、東京大学出版会、一九九四年三月

＊「二〇世紀末の資本主義アジアと日本」慶應義塾大学経済学会『三田学会雑誌』第八七巻二号、一九九四年七月

＊「世界市場論と現代資本主義」林直道編『現代資本主義論集』青木書店、一九九四年一二月

＊「『東アジア経済圏』における日本の役割――東アジア経済発展の構造と方向――」日本共産党中央委員会『前衛』第六五

五号、一九九五年一月
＊「世界価値論序説（一）」大阪市立大学経済研究会『季刊経済研究』第一七巻四号、一九九五年三月
＊「世界価値論序説（二）」大阪市立大学経済研究会『季刊経済研究』第一八巻一号、一九九五年六月
＊「アジア経済論と『新工業化』」新日本出版社『経済』第三八六号、一九九六年六月
＊「『アジア新工業化』と二一世紀アジア資本主義」経済理論学会編『アジア工業化と世界資本主義』（経済理論学会年報・第三四集）青木書店、一九九七年
＊「日本多国籍企業とイントラ・アジア貿易」中川信義編『イントラ・アジア貿易』（大阪市立大学経済研究所報・第四六集）東京大学出版会、一九九七年九月
＊「世界労働・世界価値・世界的市場価値（一）」大阪市立大学経済研究会『季刊経済研究』第二〇巻四号、一九九八年三月
＊「アジア経済危機と日本」新日本出版社『経済』第三四号、一九九八年七月
＊『部落問題研究所創立五〇周年』部落問題研究所、一九九八年九月
＊「世界労働・世界価値・世界的市場価値（二）」大阪市立大学経済研究会『季刊経済研究』第二一巻四号、一九九九年三月
＊「世界労働・世界価値・世界的市場価値（三）」大阪市立大学経済研究会『季刊経済研究』第二二巻一号、一九九九年六月
＊「中国経済訪問記――一九九六～九九年中国における日米独・韓国・台湾工場調査――」関西学院大学経済学部『経済学論究』第五三巻一号、一九九九年六月
＊「世界市場および世界価値に関する諸学説（一）」大阪市立大学経済研究会『季刊経済研究』第二二巻三号、一九九九年一二月
＊「世界市場および世界価値に関する諸学説（二）」大阪市立大学経済研究会『季刊経済研究』第二三巻四号、二〇〇〇年三

月
＊「韓国経済学者訪問記」立命館大学経済学部『立命館経済学』第四九巻五号、二〇〇〇年一二月
＊「クロスボーダーなM＆A（企業合併・買収）およびアライアンスと自動車産業の世界的再編成――世界的集中・集積序説――」大阪市立大学証券研究センター『証券研究年報』第一五号、二〇〇〇年一二月
＊「韓国経済訪問記――一九七九年三月～二〇〇〇年六月――」大阪市立大学経済研究会『季刊経済研究』第二三巻四号、二〇〇一年三月
＊「世界市場および世界価値に関する諸学説（三）」大阪市立大学経済研究会『季刊経済研究』二四巻一号、二〇〇一年六月
＊「中国のWTO加盟とアジア経済」（対談）新日本出版社『経済』第七七号、二〇〇二年二月
＊「世界市場および世界価値に関する諸学説（四）」大阪市立大学経済研究会『季刊経済研究』第二五巻一号、二〇〇二年六月
＊「世界市場および世界価値に関する諸学説（五）」大阪市立大学経済研究会『季刊経済研究』第二五巻二号、二〇〇二年九月
＊「日本，フランス，およびドイツの『国際価値論争』――世界市場および世界価値に関する諸学説（承前）――」大阪市立大学経済研究会『季刊経済研究』第二五巻三号、二〇〇二年一二月
＊「アジア新工業化とアジア共同市場」大阪市立大学経済研究会『季刊経済研究』第二五巻四号、二〇〇三年三月
＊「IT革命とIT多国籍企業――世界的集中・集積序説――」大阪市立大学証券研究センター『証券研究年報』第一七号、二〇〇三年三月

（調査報告）

＊「有明海周辺地域における主要工業の展開過程」『有明海大締切りに伴う鉱工業立地条件の変化に関する調査報告書』九州経済調査協会、一九六八年三月

＊「住宅環境の実態」杉之原寿一編『京都市竹田深草地区実態報告書』部落問題研究所、一九七五年九月

（学会報告その他）

＊「戦後日本の再生産と貿易」国際経済研究会全国大会、明治大学、一九七〇年一〇月

＊「多国籍企業と国際生産――アメリカ多国籍企業による世界の経済的分割――」国際経済学会、九州大学、一九七五年一〇月

＊「国際価値論の基本問題――世界市場においてどのようにして価値法則が貫かれるか――」国際経済研究会全国大会、明治大学、一九七八年一〇月

＊「石油価格と国際価値論」国際経済学会、専修大学、一九八三年一〇月

＊「いわゆるＮＩＣｓの構造的特質と歴史的位置――韓国経済の再生産構造に即して――」土地制度史学会秋季学術大会、東京大学社会科学研究所、一九八六年一〇月

＊「アジア新工業化と二一世紀アジア資本主義」経済理論学会、松山大学、一九九六年一〇月

（シンポジウム）

＊「Cominent on "Asia—Pacific Economic Development and MNCs" presented by Peng Lim Chee」九州大学国際シンポジウム一九九

二、福岡ガーデンパレス、一九九二年七月
＊「二〇世紀末の資本主義——日本とアジア——」慶應義塾カンファレンス『二〇世紀末の資本主義』慶應義塾大学、一九九三年一一月
＊「アジア新工業化と韓国経済」国際シンポジウム、天津社会科学院、一九九六年八月

（書評その他）

＊「部落問題研究所京都市竹田深草地区実態報告書」大阪市立大学経済研究所『研究と資料』第三八号、一九七六年二月
＊中村氏方著「近代市場経済原理試論」大阪市立大学経済研究会『季刊経済研究』第一八巻四号、一九九六年三月
＊田中祐二著「新国際分業と自動車多国籍企業——発展の矛盾」大阪市立大学経済研究会『季刊経済研究』第一九巻四号、一九九七年一〇月
＊「奥村茂次先生に贈る」『現代世界経済と資本輸出——奥村茂次教授退職記念論文集——』ミネルヴァ書房、一九八八年
＊「一枚の絵葉書とともに」『天地渺々と』珠玖拓治遺稿・追悼文集刊行会、一九九一年
＊「『頭脳流出』（brain drain）から『頭脳流通』（brain circulation）へ——華僑・華人に関する新しい研究に向けて」『游仲勲先生古希記念論文集』筍川出版会、二〇〇三年
＊「資料レファレンス（韓国関係）」『アジアの大都市 *News Letter : Asian Metropolises*』一九九五年五月
＊“The Asian Automotive Industry and the Economic Crisis” *WTO Osaka News Letter*, No.12, Word Trade Center Osaka, 一九九八年一一月
＊「世界同時不況の始まりか」『アジアの大都市 *News Letter : Asian Metropolises*』二〇〇一年一二月

（辞典項目）

＊「外国人労働者」「価値革命」「搾取」大阪市立大学経済研究所編『経済学辞典』第2版、岩波書店、一九七九年六月

＊「外国人労働者」「価値革命」「搾取」「等価交換・不等価交換」「国際価値論争」「資本の文明化作用」「資本主義」（林直道氏と共同執筆）「貿易理論Ⅰ」（吉村正晴氏と共同執筆）大阪市立大学経済研究所編『経済学辞典』第3版 岩波書店、一九九二年三月

＊「移民・移民労働者」「頭脳流出」「国際生産」「経済的相互依存関係」「世界的労働」「貨幣の相対的価値の国民的相違」経済学辞典編集委員会編『大月経済学辞典』大月書店、一九七九年四月

著　者：中川信義（なかがわ　のぶよし）

編　集：田中祐二（たなか　ゆうじ）　立命館大学経済学部教授
中本　悟（なかもと　さとる）　立命館大学経済学部教授
杉本良雄（すぎもと　よしお）　立命館大学経済学部講師

世界価値論研究序説《せかいかちろんけんきゅうじょせつ》

2014年9月1日　第1版第1刷発行

著　者——中川信義
編　集——田中祐二
中本　悟
杉本良雄

発行者——橋本盛作
発行所——株式会社御茶の水書房
〒113-0033　東京都文京区本郷5-30-20
電話　03-5684-0751(代)

印刷・製本所——シナノ印刷株式会社

Printed in Japan
ISBN978-4-275-01080-3　C3033

『資本論』と私　宇野弘蔵著（櫻井毅解説）　四六判・三八八頁　価格二八〇〇円

価値論・方法論の諸問題　山口重克著　A5変・二四〇頁　価格二八〇〇円

宇野理論とアメリカ資本主義　馬場宏二著　A5判・五二〇頁　価格四八〇〇円

マルクス経済学方法論批判——変容論的アプローチ　小幡道昭著　菊判・二九八頁　価格三二〇〇円

リカード経済学研究——価値と貨幣の理論　竹永進著　A5判・二三〇頁　価格三五〇〇円

労働価値説から価値法則へ　永田清著　A5判・二八〇頁　価格四八〇〇円

経済原論　菅原陽心著　菊判・三四二頁　価格三〇〇〇円

段階論の研究——マルクス・宇野経済学と〈現在〉　新田滋著　A5判・五六〇頁　価格九〇〇〇円

信用と貨幣——貨幣存立の根拠を問う　竹内晴夫著　A5判・三六〇頁　価格六四〇〇円

御茶の水書房
（価格は消費税抜き）